言視BOOKS

プロ野球 埋もれたMVPを発掘する本

〈1950-2014〉

出野哲也
ideno tetsuya

言視舎

[目次]

はじめに　プロ野球の埋もれたMVPを発掘する方法............ 4
参考文献・資料.. 8

プロ野球　埋もれたMVPを発掘する本 9
【1950 – 2014】

1950年代 10
1960年代 50
1970年代 90
1980年代 130
1990年代 170
2000年代 210
2010年代 250

年代別MVP 270

はじめに
プロ野球の埋もれたMVPを発掘する方法
── 選手のその年の実績を判断する基準とは？

　まず、大前提としてMVPに選ばれるのはどのような選手なのか。優勝チームで最も活躍した選手か、それともチーム順位に関係なく、最も優秀な成績を収めた選手に与えられるべきなのか。

　MVPの正式な名称は"最優秀選手"である。これをそのままの意味で受け取るなら、個人として最高の成績を残した選手ということになる。ところが1962年までの名称は"最高殊勲選手"であり、優勝した球団から選ぶことが大前提になっていた。その後もパ・リーグでは優勝チーム以外から選ばれたMVPがのべ11人出ているが、セ・リーグでは64年と74年に三冠王となった王貞治、そして2013年に年間本塁打新記録を達成したバレンティンの3回しか例がない。三冠王のような特筆すべき業績を成し遂げない限り、あるいは優勝チームに傑出した選手がいなかった場合でない限り、**MVPは優勝チームから選ぶのがコンセンサス**となっているのだ。

　それでは、**優勝チームの中で最も貢献度が高かったという判断基準**はどこにあるのだろう。それを測るための具体的な指標は示されていない。打者なら打率・本塁打・打点・OPS（出塁率＋長打率）、投手なら勝利・防御率・セーブなど、数多くの指標があるが、MVPを決めるに際してそのいずれを重視するかは、投票者の判断に委ねられている。こうした多くの要素をすべて網羅する総合的な指標があれば、誰もが納得できる結果になるのではないか。

　勝利に貢献した選手とは、単純に言えば多くの得点を稼ぐか、多くの失点を防いだ者である。年間を通じて一番これらの数値が高かった者こそ、MVPに最もふさわしい。その物差しとして、アメリカではWAR（Wins Above Replacement）という指標が開発され、メジャー・リーグではMVPその他の判断基準の一つになっている。最近では日本でもWARを測定しているが、計算方法は煩雑であり、また正確な守備データが近年のものしか手に入らないことから、古い時代のプロ野球にそのまま当てはめることはできない。

　そこで**本書では、野手はRCAA、投手はPRを判断の基準**としたい。

RC（Runs Created）とは安打数、塁打数、四死球数、盗塁数などを公式[*1]に当てはめ、その打者が年間でどのくらい得点力があったかを計る指標。**RCAA**（Runs Created Above Average）はそれをリーグ平均の数値と比較して、どれだけ優れている（あるいは劣っている）かを示したものだ。RCAAが10.0の打者なら、年間で10点分、同じ打席数に立った平均的な打者より多く得点を生み出したことになる。

　PR（Pitching Runs）も原理は同じで、各投手の防御率をリーグ平均と比較し、同じ投球回数で平均的な投手より何点低く抑えているかを表したものである[*2]。130回投げてPR10.0の投手は、同じ回数でPR5.0の投手よりも5点分自責点が少なかったということだ。

　ただし、RCAAはあくまで攻撃力だけを示すもので、守備の巧拙や守備位置による負担の大きさは考慮されていない。守備力がさほど求められない一塁や左翼を守る選手と、守備の要である捕手や二塁手、遊撃手の貢献度を、同じ尺度で判断するわけにはいかない。

　守備力を測る明確な指標があれば、その数値をRCAAに加算すればよいが、現実にはそのような指標は存在しない。メジャー・リーグでも使われているUZR（Ultimate Zone Rating）という統計を、日本でも計測している機関はあるが、そのデータが採集され始めたのは近年になってからである。

　それでも、守備位置の違いによる負担の大きさを反映する方法はある。プロ野球創成期から現在まで全年代のRCを集計し、それをポジション別に割り振ることで、その守備位置の難易度を、完璧ではないにせよ示すことが可能になる。

　具体的な数字で示すとわかりやすいだろう。1936年から2012年まで、投手を除いた全選手の通算RCを集計すると、総打数が3558970、RCが468403となった。これをレギュラー選手の年間打数の目安である500打数に換算すると、平均RCは65.8となる。全年代を通じて、平均的な選手は年間で65.8点を稼ぎ出しているということだ。

　この数字をポジション別に再集計し、**RC/500打数**を求めると次のようになる。

捕手………53.2　　左翼………70.2
一塁………76.0　　中堅………68.1
二塁………59.8　　右翼………68.1
三塁………68.0　　DH/代打………79.6
遊撃………58.2

打撃だけで守備にはつかないDH/代打の選手が、最も高いRC79.6を記録している。一般に守備の難易度が最も低いとされる一塁も76.0と高い数値で、やはり打撃優先のポジションと言える。逆に捕手は53.2と最も少なく、打力よりも投手リードを含めた守備力が優先されていることがわかる。遊撃手や二塁手も平均RCの65.8を大きく下回る守備重視のポジションだ。
　平均RCの65.8をこの数字で割った以下の数値が、すなわち**各ポジションの難易度**となる。

捕手………1.24　　左翼………0.94
一塁………0.87　　中堅………0.97
二塁………1.10　　右翼………0.97
三塁………0.97　　DH/代打………0.83
遊撃………1.13

　この補正値をRCに掛けることによって、守備位置の負担の違いを考慮した数値が算出される。例えば同じRC100の打者でも、ポジションが一塁であれば100×0.87＝87、捕手なら100×1.24＝124が修正後のRCとなり、この数値が攻守を含めた"真の貢献度"となるわけだ。

　RCAAとPRは、いずれもリーグ平均との差を示した数値なので、同一の基準での比較が可能だ。**本書ではこの二つをまとめてPlayer's Value＝PVと名付ける**。このPVの数値を基準にして、セ・パ両リーグが分立した1950年以降、**すべての年についてMVPの再検証する**のが本書の目的だ。

　けれども、単純にPVだけでMVPを決定するわけではない。冒頭に述べたように、優勝チームで最も貢献度の高い者をMVPとする習慣があるからだ。例えばPVがリーグ10位程度であっても、優勝を争っていた終盤戦で大活躍したとか、ライバルチームとの対戦で抜群の働きを見せたのであれば、MVP候補として検討する余地がある。その逆に表面上のPVは高くとも、内容が伴っていない場合も往々にしてある。最下位球団相手に勝ち星を稼ぎまくりながら、上位球団相手にはからっきしだった投手とか、ペナントレースの行方がほぼ決した時期に打ちまくり、帳尻合わせした打者などがそれに当てはまる。そうした点までも総合的に見ていかなければ、真に貢献度が高かったかどうかは判断できない。

　実際のMVPと同様に、基本線としては優勝チームから選んでいるが、最終盤まで優勝争いに加わった球団や、あるいは下位球団に所属していても、傑出

した成績を収めた選手は考慮の対象としている。私情を挟まず、あくまでも客観的な立場から選んだ結果、実際の投票と同じになることも多々あった一方、まったく異なる選手が浮かび上がってきたりもした。

　もちろん本書の結論が絶対に正しいわけではないし、MVPとはしなかった選手を貶める意図も全くない。一番の目的は、素晴らしい成績を収めていたり、優勝に多大な貢献があったにもかかわらず**見落とされていた選手を再評価する**ことと、そうした作業を通じてプロ野球について深い考察を巡らせたり、古い時代の選手たちに改めて目を向けたりしてもらうことにある。

　本書の記録は THE OFFICIAL BASEBALL ENCYCLOPEDIA 2004 を典拠としたほか、参考文献その他によって補っている。ただし特定期間および対戦相手の成績などは、ほとんどまとまった形で残っていないので「ベースボール・レコード・ブック」に掲載されているボックススコアや、新聞の縮刷版に当たって独自に集計した。古い時代の資料には犠飛や死球のデータが欠損していたり、ときには数字そのものが間違っていることもあって、必ずしも完璧に正確なデータとはなっていない場合がある。そのようなケースを除き、なおも数値に誤りがあるとしたら、それは著者の責任である。

　最後に、本書の出版を快く引き受けて頂いた言視舎の杉山尚次氏には、今回もまた大変お世話になったことをお礼申し上げたい。

著者

---

*1：RCの計算式は（a×b）÷c
　　a＝（安打＋四死球－盗塁死－併殺打）
　　b＝［塁打＋（0.26×四死球）＋｛0.52×（犠打飛＋盗塁）｝］
　　c＝（打数＋四死球＋犠打飛）
　　※RCには複数の計算式が存在するが、ここでは最も基本的なヴァージョンを採用した。

*2：PRの計算式は（投球回数÷9）/（リーグ防御率－個人防御率）

[参考文献・資料]

書籍・ムック・年次刊行物
THE OFFICIAL BASEBALL ENCYCLOPEDIA 2004（社団法人日本野球機構）
オフィシャル・ベースボール・ガイド（同）
プロ野球記録大鑑（宇佐美徹也著、講談社）
1934-2004 プロ野球70年史（ベースボール・マガジン社）
日本プロ野球偉人伝（同）
ベースボール・レコード・ブック（同）
南海ホークス栄光の歴史（同）
ライオンズ60年史（同）
プロ野球助っ人三国志（小川勝、毎日新聞社）
プロ野球最強選手ランキング（出野哲也、彩流社）
明日がわかるキーワード年表（細田正和・片岡義博著、彩流社）

新聞
朝日新聞
毎日新聞
読売新聞

ウェブサイト
日本野球機構オフィシャルサイト（http://www.npb.or.jp/）
日本プロ野球私的統計研究会（スタメンアーカイブ http://npbstk.web.fc2.com/order/index.html）
スタメンデータベース（http://www.geocities.co.jp/Athlete-Athene/3320/order/）
http://www.baseball-reference.com/

その他
日本プロ野球私的統計資料集　個人別
同上　期間別布陣

プロ野球　埋もれたMVPを発掘する本
【1950－2014】

＊本文中年間チーム順位（勝率順）でチーム名の後の
　★印は日本シリーズ優勝チーム
　◆印はパ・プレーオフ（1973－82）優勝チーム、▲印は敗退チーム
　△印はクライマックスシリーズ優勝チーム（パ2004〜、セ2007〜）

1950 セ・リーグ

実際のMVP＝小鶴誠（松竹）
本書でのMVP＝小鶴誠（松竹）、初
次点＝真田重男（松竹）

PVトップ10

1	小鶴誠	松竹	打率.355、51本、161打点	92.9
2	藤村富美男	大阪	打率.362、39本、146打点	91.2
3	藤本英雄	巨人	26勝14敗、防2.44	67.0
4	藤井勇	大洋	打率.327、34本、122打点	58.9
5	別所毅彦	巨人	22勝11敗、防2.55	54.7
6	大島信雄	松竹	20勝4敗、防2.03	52.2
7	岩本義行	松竹	打率.319、39本、127打点	47.3
8	真田重男	松竹	39勝12敗、防3.05	47.1
9	白石勝巳	広島	打率.304、20本、58打点	46.5
10	門前真佐人	大洋	打率.280、25本、110打点	42.4

　セントラル・リーグ結成初年度を制したのは、前年までの大陽ロビンスから親会社が変わった松竹だった。137試合で98勝し、勝率.737は今なおリーグ記録。得失点差も＋384で、2位中日の＋147の2.5倍以上の数字だった。
　MVPに選ばれた**小鶴**はその松竹の主砲。51本塁打、161打点はいずれも当時の新記録となり、打率.355も1位の**藤村**に7厘差の2位と、あと一息で三冠王となるところだった。PV92.9はリーグトップ。何より打撃2部門で新記録を樹立したインパクトは相当強い。
　松竹から小鶴以外の候補者を挙げるなら、PVで6～8位に入った3選手。6位の**大島**は、この年プロ入りしたばかりの新人である。と言っても年齢は28歳、慶応大や社会人で活躍していた実績の持ち主で、1年目から好成績を残したのも不思議ではなかった。防御率2.03はリーグ1位、新人王にも輝き、PV52.2はセ・リーグの新人投手では今なお史上最高記録である。
　エースの**真田**はPV47.1で大島より下だったが、39勝は2倍近く、投球回数はリーグ最多の395.2回で、大島の225.1回をはるかに上回っていた。防御

率が1点以上悪いにもかかわらず、大島とのPVの差が5.1点しかなかったのもこれが理由である。この他、江田貢一も23勝8敗、防御率2.83で、PVはリーグ11位の41.0。1球団からPV40以上の投手が3人も出たのは、この年の松竹が史上唯一である。投手がMVPに選ばれることも多い日本でなら、優勝チームで最多勝の真田がMVPでも不思議ではない。実際、当時はMVPが小鶴か真田かで意見が二分されたという。PV47.3で7位の**岩本**もかなりの好成績ではあったが、小鶴があまりに凄すぎたためMVP候補とはなり得ない。

松竹以外では、小鶴にわずか1.7点差のPV91.2だった藤村も候補の一人だが、タイガースは松竹に30ゲームの大差をつけられて4位だった。PV67.0で3位、投手では1位だった**藤本**は、リーグ1位は33完投だけでも26勝、防御率2.45、6完封の3部門で3位以内とバランスが良く、また防御率1位の大島より投球回数が135回も多かったことで、PVは投手では史上2位の大記録となった。ただ主要なタイトルを逃したこともあって、そこまでの好成績だったとの印象は薄く、巨人も3位どまりとあっては、藤村ともどもMVP候補とはしがたい。

松竹の908得点は、2位の大阪に142点の大差をつけて1位。"水爆打線"との物騒な異名をとった打撃陣の中でも、小鶴の打力は抜きん出ていた。ただでさえPVが真田の2倍近くもあり、本塁打・打点の新記録のインパクトも考慮すれば、小鶴をMVPに選んだ当時の判断は間違いなかったと思われる。次点はPVこそ大島に及ばないものの、投球回数の多さを評価して真田とした。

◆1950年のセ・リーグ年間チーム順位
　1松竹ロビンス、2中日ドラゴンズ、3読売ジャイアンツ、4大阪タイガース、5大洋ホエールズ、6西日本パイレーツ、7国鉄スワローズ、8広島カープ
◆1950年のセ・リーグのタイトルホルダー
　首位打者：藤村富美男、**最多本塁打**：小鶴誠、**最多打点**：小鶴誠、**最多盗塁**：金山次郎、**最多勝**：真田重男、**最優秀防御率**：大島信雄、**最多奪三振**：杉下茂
◆1950年のトピックス
　6月　国鉄スワローズ誕生。朝鮮戦争で特需景気。総評結成、企業のレッド・パージ始まる。警察予備隊令公布。パへつづく→

1950　パ・リーグ

実際のMVP ＝ 別当薫（毎日）
本書でのMVP ＝ 荒巻淳（毎日）、初
次点 ＝ 別当薫（毎日）

PVトップ10

1	別当薫	毎日	打率.335、43本、105打点	62.3
2	荒巻淳	毎日	26勝8敗、防2.06	52.4
3	土井垣武	毎日	打率.322、15本、72打点	46.5
4	飯田徳治	南海	打率.327、23本、97打点	39.2
5	林義一	大映	18勝11敗、防2.40	39.0
6	大下弘	東急	打率.339、13本、72打点	37.7
7	蔭山和夫	南海	打率.287、9本、66打点	34.5
8	中谷順次	阪急	打率.299、21本、98打点	30.8
9	呉昌征	毎日	打率.324、7本、45打点	30.6
10	飯島滋弥	大映	打率.322、27本、77打点	29.4

　パ・リーグ初年度の王者も、セ・リーグと同じく1年目の毎日オリオンズだった。大陽を継承した松竹とは違って、こちらは正真正銘の新生球団。リーグ分裂の混乱に乗じ、タイガースから主力選手を大量に引き抜いて結成したオリオンズは、前々年の覇者・南海、前年2位の阪急らを抑えて序盤戦から独走。2位南海に15ゲームの大差をつけて優勝を飾り、そのまま第1回の日本シリーズでも松竹を破って初代王者となった。713得点は南海に68点差で1位、124本塁打も2位の大映を33本も上回った。PVランキングでも上位3位を独占、9位にも**呉**が入っており、戦力の充実ぶりが窺い知れる。

　実際のMVPとなった**別当**も、タイガースから毎日に移籍した選手。前年も39本塁打、126打点を記録していた強打者で、43本塁打は2位の森下重好（近鉄）を13本も上回り、105打点ともどもリーグトップ。なお前年は飛距離の出るラビットボールを使用していたので、39本塁打でも修正本数は13.5本に過ぎなかったが、この年の修正本数は51.8本であり、実体を伴った数字であった。打率.335も1位の**大下**を4厘下回るだけの2位で、三冠王の可能性も充分あ

12

ったほど。ＰＶ62.3が１位だったのも当然だろう。

　しかしながら、２位のＰＶ52.4を記録した**荒巻**の貢献も見逃せない。セ・リーグの防御率１位だった大島と同様、荒巻もプロ１年目。社会人の強豪・別府星野組の出身で、"火の玉"と形容された速球を武器として、６月４日までは14勝１敗。年間ではいずれもリーグトップとなる26勝、防御率2.06だった。特筆すべきは被本塁打の少なさで、274.2回を投げて11本のみ。200回以上を投げた15人の中では最少だった。

　オリオンズは、野手では別当のほかにも**土井垣**、呉、本堂保次らタイガースからの移籍組が主力となっており、この４人は全員打率で10位以内。土井垣がＰＶ46.5で３位、呉が30.6で９位、本堂は18.7で17位だった。だが、投手にはプロ野球で実績のあった者はほとんどおらず、荒巻に次ぐ18勝を挙げた野村武史も、16勝の榎原好も新人同然だった。投手でチーム２位の野村はＰＶ10.3で、荒巻の５分の１以下。荒巻が投手陣において占めていた位置は、野手陣における別当以上に大きなものだった。最大のライバルである南海に対しては２完封を含む９勝２敗と、内容的にも充実しており、ＰＶでは別当に10点近い差をつけられていても、ＭＶＰにふさわしいのは荒巻だったと判断する。

◆1950年のパ・リーグ年間チーム順位
　１毎日オリオンズ★、２南海ホークス、３大映スターズ、４阪急ブレーブス、５西鉄クリッパース、６東急フライヤーズ、７近鉄パールス
◆1950年のパ・リーグのタイトルホルダー
　首位打者：大下弘、**最多本塁打**：別当薫、**最多打点**：別当薫、**最多盗塁**：木塚忠助、**最多勝**：荒巻淳、**最優秀防御率**：荒巻淳、**最多奪三振**：米川泰夫
◆1950年のトピックス
　→セより　　ＩＯＣが日本と西独のヘルシンキ五輪参加を満場一致で勧告。国際スキー連盟へも復帰へ。初の日本シリーズは毎日が優勝。

1951　セ・リーグ

実際のMVP ＝ 川上哲治（巨人）
本書でのMVP ＝ 別所毅彦（巨人）、初
次点 ＝ 松田清（巨人）

PVトップ10

1	岩本義行	松竹	打率.351、31本、87打点	69.1
2	杉下茂	名古屋	28勝13敗、防2.35	48.2
3	別所毅彦	巨人	21勝9敗、防2.44	46.9
4	松田清	巨人	23勝3敗、防2.01	46.4
5	藤村富美男	大阪	打率.320、23本、97打点	43.4
6	青田昇	巨人	打率.312、32本、105打点	41.8
7	金田正一	国鉄	22勝21敗、防2.83	39.7
8	金田正泰	大阪	打率.322、9本、58打点	38.7
9	川上哲治	巨人	打率.377、15本、81打点	38.3
10	藤村隆男	大阪	16勝16敗、防2.63	34.2

　西日本パイレーツがパ・リーグの西鉄と合併、7球団になったセ・リーグ2年目は、巨人が79勝29敗、勝率.731。2位名古屋に18ゲームの大差をつけて覇権を奪った。MVPに選ばれたのは川上。.377の高打率が評価され、1リーグ時代の41年以来、10年ぶり2度目の受賞となった。ところが、PVランキングでは川上の38.3は9位。野手ではリーグ5位、巨人の野手でも**青田**（41.8）の後塵を拝していた。

　なぜ打率で6分以上も高い川上が、青田より下のPVでしかなかったのか。理由の一つは長打力の違いによる。川上の本塁打は15本だったのに対し、青田は倍以上の32本で本塁打王。この本数の差は打点にも表れており、川上は81打点、青田は105打点でタイトルを獲得した。二冠王の青田をさしおいて、首位打者の川上がMVPに選ばれていたわけで、.377という数字が相当強い印象を与えていたことが窺える。

　もう一つの理由は、川上が一塁手だったことだ。一塁は野手の中で、最も守備の難易度が低いポジションである。これは他のポジションを守っていた野手

が、最終的にコンバートされるのが一塁であるケースが多いことからも証明できる。その分一塁手は打撃面での貢献が期待され、実際に一塁には強打者、それもスラッガー・タイプが多い。川上は打率こそ高いものの、長打力が一塁手としては標準以下であった（当時は標準以上でも、全年代との比較ではそうなる）ことから、PVの値が打率から想像されるほどには伸びなかったのだ。

　巨人でPVが最も高かったのは、21勝を挙げた**別所**の46.9。2位は新人ながら23勝の大活躍だった**松田**の46.4で、松田は防御率2.01、勝率.885の2部門で1位となり新人王も受賞している。5月から10月にかけて記録した19連勝は、40年スタルヒンの18連勝を抜き新記録となった。

　PVでは別所と松田の差はわずかに0.5点。勝利、防御率、勝率はすべて松田が上だったが、投球回数は別所が73.2回も上回っており、25完投も松田より10回も多かった。2位名古屋・3位大阪に対しては別所7勝7敗、松田7勝0敗だったから、この点には松田に分がある。しかし、前年王者の松竹が2位につけていた前半戦では、別所が松竹を4勝0敗と叩いて上位浮上の目を摘んでいた。こうした起用法なども含めて考えれば、別所の総合的な貢献度は松田より高かったと判断できる。

　その別所を抑え、投手で1位のPV48.2だったのはリーグ最多の28勝を挙げた**杉下**。とはいえ別所との差は1.3点しかなく、名古屋も2位とはいえ巨人には大分離されたので、MVP候補とまではいかない。リーグトップのPV69.1だった**岩本**は、打率と本塁打が2位、打点も3位で個人タイトルは取れず、松竹も借金4で4位に終わっていた。PVは別所より22.2点も高かったけれども、優勝への貢献度を考えれば、MVPは別所、次点は松田としたい。

◆**1951年のセ・リーグ年間チーム順位**
　1 読売ジャイアンツ★、2 名古屋ドラゴンズ、3 大阪タイガース、4 松竹ロビンス、5 国鉄スワローズ、6 大洋ホエールズ、7 広島カープ

◆**1951年のセ・リーグのタイトルホルダー**
　首位打者：川上哲治、**最多本塁打**：青田昇、**最多打点**：青田昇、**最多盗塁**：土屋五郎、**最多勝**：杉下茂、**最優秀防御率**：松田清、**最多奪三振**：金田正一

◆**1951年のトピックス**
　NHKがプロ野球をテレビ実験中継。プロ野球第1回オールスター戦開催。政府が「財閥解体完了」と発表。パへつづく→

1951　パ・リーグ

実際のMVP＝山本一人（南海）
本書でのMVP＝大下弘（東急）、初
次点＝蔭山和夫（南海）

PVトップ10

1	大下弘	東急	打率.383、26本、63打点	66.3
2	蔭山和夫	南海	打率.315、6本、28打点、42盗塁	37.0
3	別当薫	毎日	打率.309、16本、67打点	30.4
4	永利勇吉	西鉄	打率.294、14本、45打点	30.1
5	飯島滋弥	大映	打率.294、18本、63打点	27.1
6	木塚忠助	南海	打率.309、1本、34打点、55盗塁	25.6
7	江藤正	南海	24勝5敗、防2.28	24.8
7	米川泰夫	東急	19勝12敗、防2.35	24.8
9	中谷順次	阪急	打率.293、12本、52打点	23.0
10	柚木進	南海	19勝5敗、防2.08	22.5

　セ・リーグと同じく、パ・リーグでも南海が2位西鉄に18ゲーム差をつけて圧勝した。72勝24敗8分、勝率.750は2リーグ分立後の最高記録となり、西鉄の.558より2割近くも高かった。したがって、まずは南海の選手からMVP候補を探すことになる。
　この頃の南海は投打とも層が厚く、51年は5人のタイトルホルダーが出た。87打点の飯田徳治、55盗塁の**木塚**、24勝の**江藤**、防御率2.08の**柚木**、勝率.875の中谷信夫。PVでも4人がトップ10入りし、最上位の2位だったのは**蔭山**。早稲田大から南海入りして2年目、打率.315で2位となったほか、13三塁打が1位、42盗塁も3位でPVは37.0だった。蔭山は新人王にも選ばれている。前年もPV7位にランクしていれっきとしたレギュラーだったのだが、当時の規定で2年目も資格があったためだ。
　ところが、実際にMVPに選ばれたのは蔭山でも、投手でリーグ最上位のPV24.8だった江藤でもなかった。PV19.0で野手では10位、チーム内でも6位の山本（鶴岡一人）である。打率.311は3位だったが本塁打は2本、長打は

24本だけで、蔭山や木塚、飯田に比べてはるかに見劣りしていた。

それでもMVPとなったのは、兼任監督としての手腕を買われたものに他ならない。監督としての"鶴岡親分"の名声はとみに高く、南海を率いて3度目の優勝。単に試合における采配にとどまらず、選手集めの段階から関わっていた山本は、現在のGM兼監督のようなもので、なおかつ選手としても打率3位の好成績だったのだから、MVPに推されたのもわからないではない。けれども、純粋に選手としての評価は蔭山のほうが上だったのも疑いない。

南海勢以外にもう一人、MVP級の成績を残したのはPV66.3で1位の**大下**。東急が借金18を抱えて6位に沈んでいたので、その活躍も空しいものとなっていたが、バッティング自体は驚異的だった。打率.383は2位蔭山より6分8厘も高く、この時点でのプロ野球記録。その後も70年に張本勲が2厘上回るまで、19年間日本記録であり続けた。しかもたった89試合の出場で26本塁打を放ち、本塁打王も獲得。打点が伸びずに三冠王こそ逃したものの、打力は頭一つ抜けていた。

この数字を、全年代の平均と比較するとさらに凄いことになる。打率が4割目前の.398にまで跳ね上がるだけでなく、本塁打も44.8本。実質的に2試合で1本放っていた計算になる。PVも蔭山の1.5倍以上と、すべてにおいて並外れた水準だった。

大下の個人記録は、東急が6位であってもMVPに推すべきものなのか？ 独走した南海で最も貢献度の高かった蔭山がその栄誉に浴すべきなのか？ 難しいところだが、南海が蔭山以外にも好成績の選手が多く、総合力で優勝していたことを考慮し、大下に軍配を上げたい。

◆1951年のパ・リーグ年間チーム順位
 1南海ホークス、2西鉄ライオンズ、3毎日オリオンズ、4大映スターズ、5阪急ブレーブス、6東急フライヤーズ、7近鉄パールス
◆1951年のパ・リーグのタイトルホルダー
 首位打者：大下弘、**最多本塁打**：大下弘、**最多打点**：飯田徳治、**最多盗塁**：木塚忠助、**最多勝**：江藤正、**最優秀防御率**：柚木進、**最多奪三振**：阿部八郎
◆1951年のトピックス
 →セより　西日本パイレーツ、西鉄クリッパースに吸収合併され、西鉄ライオンズに。マッカーサー元帥罷免。電力会社発足。対日平和条約、日米安全保障条約調印。

1952　セ・リーグ

実際のMVP ＝ 別所毅彦（巨人）
本書でのMVP ＝ 別所毅彦（巨人）、2年連続2回目
次点 ＝ 与那嶺要（巨人）

PVトップ10

1	別所毅彦	巨人	33勝13敗、防1.94	55.3
2	梶岡忠義	大阪	21勝8敗、防1.71	44.9
3	杉山悟	名古屋	打率.306、27本、84打点	40.2
4	千葉茂	巨人	打率.312、10本、62打点	39.7
4	西沢道夫	名古屋	打率.353、20本、98打点	39.7
6	与那嶺要	巨人	打率.344、10本、53打点、38盗塁	39.2
7	藤村富美男	大阪	打率.314、20本、95打点	37.7
8	杉下茂	名古屋	32勝14敗、防2.33	37.6
9	真田重男	大阪	16勝9敗、防1.97	33.1
10	白坂長栄	大阪	打率.271、6本、43打点	25.1

　巨人、大阪、名古屋の3球団が75勝以上というハイレベルな争いを制したのは巨人。最終的には2位大阪とのゲーム差は3.5だったが、5月末以降は一度も首位を譲ることのない、安定した戦いぶりだった。PVランキングの10位まではすべて3強の選手で占め、11位以下も佐藤孝夫（国鉄、11位）を除いて18位までこの3球団の選手。4位以下の球団はすべて勝率5割未満と大きな格差が広がっていて、2年前の覇者・松竹などは34勝84敗、勝率3割にも満たず最下位に転落。翌年には大洋と合併し、セ・リーグは以後6球団体制となって現在に至る。

　MVPには33勝で最多勝、防御率1.94も2位の**別所**が選ばれた。実際、MVPは別所以外に考えられない。PV55.3はリーグ2位の**梶岡**を10.4点上回り、チーム2位の**千葉**に対しては15.6点差をつけた。投球回数371.1、完投数28、完封7も1位。2位・3位の大阪・名古屋に対しても5勝ずつを挙げていた。

　次点は大阪のエース梶岡か、巨人の野手で1位のPV39.7だった千葉か、

それとも僅差で同2位の**与那嶺**か。梶岡は防御率1.71でリーグトップ、巨人戦でも2完封を含む3勝3敗と健闘した。けれども大阪の失点は400で、巨人の389とほとんど差はなかった。両者の差を分けたのは得点で、大阪の600に対し巨人は650。となると、その打線において最も貢献度の高かった千葉か与那嶺のいずれかが、PVでは10点以上も上の梶岡より、次点としてふさわしいと考えられる。

千葉の打率.312は、巨人では与那嶺・川上・南村不可止に次いで4番目と、一見それほどの数字には見えない。だがリーグ最多の76四球を選んだ結果、出塁率は.412。首位打者になった**西沢**の.426に次いでリーグ2位の高率だった。10本塁打も青田の18本に次いでチーム2位、長打率.444も与那嶺に次ぎ2位だった。さらに守備面での負担が大きい二塁手であったことを考慮した結果、PVは野手ではリーグトップとなった。

来日2年目、フルシーズンでは1年目の与那嶺は打率.344が2位、出塁率.405と38盗塁は3位。タイガース戦で80打数28安打の打率.350とよく打っており、この点では71打数18安打で.254の千葉を上回る。与那嶺と千葉はシーズンを通じてずっと1・2番を組んでいて、千葉の24犠打はリーグ最多だった。他にも得意のライトヒッティングや盗塁の手助けなど、記録に表れない2番打者の仕事をこなしていたはずである。しかし、それを数字として表す方法がない以上は、PVで0.5点しか差がなく、大阪戦でずっといい打率を残していた与那嶺を上位とすべきと考える。

◆1952年のセ・リーグ年間チーム順位
 1読売ジャイアンツ★、2大阪タイガース、3名古屋ドラゴンズ、4大洋ホエールズ、5国鉄スワローズ、6広島カープ、7松竹ロビンス
◆1952年のセ・リーグのタイトルホルダー
 首位打者：西沢道夫、**最多本塁打**：杉山悟、**最多打点**：西沢道夫、**最多盗塁**：金山次郎、**最多勝**：別所毅彦、**最優秀防御率**：梶岡忠義、**最多奪三振**：金田正一
◆1952年のトピックス
 オスロ冬季五輪、日本は戦後初参加。白井義男がフライ級で日本人初の世界王者に。ヘルシンキ五輪開幕。パへつづく→

1952　パ・リーグ

実際のMVP＝柚木進（南海）
本書でのMVP＝柚木進（南海）、初
次点＝土井垣武（毎日）

PVトップ10

1	飯島滋弥	大映	打率.336、13本、59打点	41.3
2	土井垣武	毎日	打率.296、13本、72打点	37.8
3	飯田徳治	南海	打率.323、18本、86打点、40盗塁	33.6
4	柚木進	南海	19勝7敗、防1.91	31.7
5	深見安博	東急	打率.292、25本、81打点	29.0
6	大下弘	西鉄	打率.307、13本、59打点	27.2
7	別当薫	毎日	打率.279、18本、67打点、40盗塁	23.4
8	野口正明	西鉄	23勝12敗、防2.59	23.1
9	岡本伊佐美	南海	打率.299、11本、57打点	18.9
10	荒巻淳	毎日	7勝6敗、防1.86	18.6

　この年のパ・リーグは108試合の"予選リーグ"を行ない、上位4球団で改めて"決勝リーグ"を行なうという、NBAやNFLのような変則的な方式を採用した。決勝に進んだのは南海・毎日・西鉄・大映で、最終的に南海が毎日を1ゲーム差で振り切って2連覇を果たした。

　南海のMVP候補は投の**柚木**、打の**飯田**となる。柚木は防御率1.91のほか、104奪三振と勝率.731も1位、19勝は2位。PV31.7も投手では**野口**に8.6点差で1位だった。40試合中先発したのは17試合だけで、これは南海投手陣では5番目に過ぎなかったが、それでも完投は9回と最も多かった。リリーフの切り札的な起用をされつつ、いざ先発すれば大黒柱としての働きもしていたわけだ。飯田は打率.323と18本塁打は3位、86打点と29二塁打は1位、さらに40盗塁も3位とオールラウンドな働き。PV33.6はリーグ3位、柚木に1.9点差でチームトップだった。

　結論から言えば、実際のMVPになった柚木を本書でもMVPとした。2位の毎日に6勝4敗、3位の西鉄に4勝0敗だっただけでなく、負ければ毎日と

の優勝決定戦にもつれこむところだった10月9日の大映戦で1失点勝利。優勝を決めた試合での好投は、何よりもエース、そしてMVPの栄誉にふさわしいものだろう。飯田も目覚しい活躍ではあったが、決勝リーグの成績は44打数11安打、2本塁打と特筆するほどではなかった。

　リーグ1位の**飯島**でもPVが41.3にとどまっていたように、他球団にも突出して好成績を収めた選手はいなかった。もし大映が決勝リーグで勝っていたら飯島が、毎日だったら**土井垣**がMVPになっていたはず。特に土井垣は決勝リーグで36打数14安打、打率.389と大当たり。本塁打も4本放ち、4本目は10月8日の大映戦、優勝に望みをつなぐ決勝満塁弾だった。PVが飯田より高いこともあって、次点は土井垣を選びたい。

　前年にとてつもない成績を残した**大下**は、東急から西鉄へのトレード騒動もあって99試合の出場にとどまった。成績も彼にしては平凡なもので、トレードの交換相手で本塁打王になった**深見**にPVでも上を行かれていた。**別当**も過去2年ほどの好成績ではなく、以後は年齢もあって下り坂となっていく。中西太はプロ入りしたばかり、豊田泰光、野村克也らはまだプロ入り前のこの時期は、1リーグ時代の名選手たちが衰え始め、パ・リーグとなってからのスターが現われる間の端境期だった。

◆1952年のパ・リーグ年間チーム順位
　1南海ホークス、2毎日オリオンズ、3西鉄ライオンズ、4大映スターズ、5阪急ブレーブス、6東急フライヤーズ、7近鉄パールス
◆1952年のパ・リーグのタイトルホルダー
　首位打者：飯島滋弥、**最多本塁打**：深見安博、**最多打点**：飯田徳治、**最多盗塁**：木塚忠助、**最多勝**：野口正明、**最優秀防御率**：柚木進、**最多奪三振**：柚木進
◆1952年のトピックス
　→セより　血のメーデー事件。国際通貨基金（IMF）と世界銀行に加盟。日本長期信用銀行が設立。NHKの連続ラジオドラマ「君の名は」開始。

1953　セ・リーグ

実際のMVP＝大友工（巨人）
本書でのMVP＝大友工（巨人）、初
次点＝金田正泰（大阪）

PVトップ10

1	大友工	巨人	27勝6敗、防1.85	48.0
2	金田正泰	大阪	打率.327、8本、64打点	45.7
3	金田正一	国鉄	23勝13敗、防2.37	34.4
3	千葉茂	巨人	打率.320、12本、80打点	34.4
5	平井三郎	巨人	打率.291、11本、65打点	29.3
6	藤本英雄	巨人	17勝6敗、防2.08	28.8
7	西沢道夫	名古屋	打率.325、22本、81打点	27.5
8	藤村富美男	大阪	打率.294、27本、98打点	26.7
9	川上哲治	巨人	打率.347、6本、77打点	26.2
10	白石勝巳	広島	打率.267、7本、40打点	25.7

　巨人が2位の大阪に16ゲーム差をつけ、3連覇を達成。最初の31戦で25勝と開幕ダッシュに成功、最後の32戦でも11連勝を含む27勝。得失点差は+275、大阪の+136の2倍以上で、PVトップ10にも5人がランクされるなど、戦力の充実ぶりは際立っていた。

　実際にMVPに選ばれた**大友**が、本書でも文句なしのMVPだ。27勝、防御率1.85、勝率.818はいずれも1位。投球回数、奪三振、完投も**金田**に次ぎ2位だった。奪三振/与四球比2.75も1位、PV48.0は巨人で2位の**千葉**を13.6点も上回っていて、貢献度が最も高かったことに議論の余地はない。

　この頃の巨人投手陣は豪華そのものだった。戦前から活躍していた**藤本**、中尾碩志は30代半ばでもまだまだ健在で、31歳の別所も元気一杯。この年は藤本が17勝、別所16勝、中尾14勝で、大友を含め4人が防御率8位以内に入っていた。さらに21歳の新鋭・入谷正典も11勝で、防御率2.37も規定投球回不足ながら5位に相当した。

　これだけの顔触れの中にあってもなお、大友は頭一つ抜けた存在だった。投

球回数281.1回は、180〜190回だった藤本・別所・中尾より100イニング近くも多かった。対大阪戦も5完投を含む6勝1敗、7月以降は5度あった連戦の頭で必ず起用され、そのすべてで勝利を収めている。ペナントレースとは関係ないが、秋に行なわれた日米野球で、ジャイアンツ相手に1失点完投の快投を演じたことでも、改めて名を高めた。

ところで、野手では川上が打率.347で首位打者になっているが、PVは26.2でリーグ9位。51年と同じように、6本塁打が一塁手としては物足りなかったためである。長打のイメージが薄いチームメイトの千葉でさえ12本も打っていて、巨人のチーム内でも川上は6番目。そのため長打率.467も8位にとどまった。27本塁打、98打点で二冠の**藤村**も、PV26.7は8位と意外な低水準だった。

となると、次点は誰がふさわしいだろうか。巨人でPV2位だったのは千葉だが、その上の2位には大阪の主力打者だった**金田**がいる。打率.327は川上に次いで2位、11三塁打と87四球、出塁率.433は1位。四球が44しかなかった川上に比べると選球眼の差は明らかで、PV45.7は千葉を11.3点も上回り、1位大友とも2.3点の僅差だった。巨人戦で打率.260とあまり打てていなかった点が引っかかるが、千葉も大阪戦では.291と特別良かったわけではない。タイガースが大差をつけられたとはいえ、金田を次点として不足はないだろう。

◆1953年のセ・リーグ年間チーム順位
　1読売ジャイアンツ★、2大阪タイガース、3名古屋ドラゴンズ、4広島カープ、5大洋松竹ロビンス、6国鉄スワローズ
◆1953年のセ・リーグのタイトルホルダー
　首位打者：川上哲治、**最多本塁打**：藤村富美男、**最多打点**：藤村富美男、**最多盗塁**：金山次郎、**最多勝**：大友工、**最優秀防御率**：大友工、**最多奪三振**：金田正一
◆1953年のトピックス
　大洋松竹ロビンス誕生。独占禁止法改正公布。吉田茂首相のバカヤロー解散。スターリン死去。パへつづく→

1953　パ・リーグ

実際のMVP＝岡本伊三美（南海）
本書でのMVP＝岡本伊三美（南海）、初
次点＝中西太（西鉄）

PVトップ10

1	中西太	西鉄	打率.314、36本、86打点、36盗塁	48.1
2	岡本伊三美	南海	打率.318、19本、77打点、30盗塁	41.7
3	豊田泰光	西鉄	打率.281、27本、59打点	40.7
4	L・レインズ	阪急	打率.286、8本、49打点、61盗塁	35.6
5	蔭山和夫	南海	打率.303、8本、38打点、36盗塁	32.5
6	川崎徳次	西鉄	24勝15敗、防1.98	31.8
7	飯田徳治	南海	打率.296、12本、73打点、48盗塁	23.7
8	黒尾重明	近鉄	14勝11敗、防2.02	23.4
9	荒巻淳	毎日	17勝14敗、防2.14	22.6
10	大神武俊	南海	19勝8敗、防2.23	20.9

　9月の12連勝で抜け出した南海が3連覇したとはいえ、6球団が一度は首位に立つ未曾有の大混戦。4ゲーム差の2位に阪急が躍進し、6ゲーム差の3位が大映で、西鉄、毎日は勝率5割を割って4、5位に沈むという、例年とは様相の異なる年だった。

　MVPに選ばれたのは、打率.318で首位打者に輝いた**岡本**。PV41.7はリーグ2位の堂々たるもので、**蔭山**、**飯田**ら実力派のチームメイトたちを凌駕した。南海は9月以降24勝6敗の快進撃だったが、この間も岡本は104打数36安打で打率.346、21打点を叩き出し、蔭山の.336（113打数38安打）、9打点を上回っている。投手では**大神**の20.9がチームトップであり、南海の優勝に最も貢献したのが岡本だったのは一目瞭然だ。

　その岡本をも上回るPV48.1を記録したのは、高松一高から西鉄に入団して2年目の**中西**だった。36本塁打、86打点で二冠王となっただけでなく、打率.314も岡本に4厘差の2位で、弱冠20歳にしてあわや三冠王の大活躍だった。しかも本塁打は2位**豊田**に9本差をつけ、20本以上はこの2人だけ。全年代

との比較によって、改めてこの年の中西の本塁打数を算出すると、実に68.9本となる。もちろんこの時点での新記録であり、その後も60年近く破られることはなかった。8月29日に平和台球場での大映戦で放った特大弾は160mも飛んだとされ、伝説の一発として語り継がれている。巨体のイメージからは想像しにくいが、当時は足も速く36盗塁を決め、史上3人目の3割・30本・30盗塁を達成した。

それでもPVでは、岡本と6.4点差でそれほど大差にはなっていない。岡本は守備の負担の大きい二塁を守りながらこれだけの打撃成績を残したため、中西が驚異的な打棒を振るってもなお、僅差にとどめていたのである。優勝チームから選ぶという決まりがなく、個人成績を優先する傾向の強いメジャー・リーグなら、中西がMVPだったかもしれない。だが、西鉄が13.5ゲーム差の4位に終わったことを考えれば、岡本を選ぶのが順当だろう。

高卒新人ながら27本塁打を放った豊田も、PV40.7で3位と健闘。遊撃守備の粗さは今も語り草となるほどだが、これだけ打っていればその大部分は帳消しにできたはずだ。PV4位の**レインズ**も同じく遊撃手。長年低迷していた阪急が一時は首位に浮上した、その原動力は61盗塁を決めたこの黒人選手で、日系人でない外国人選手がトップ10入りしたのは初めてだった。

◆1953年のパ・リーグ年間チーム順位
　1南海ホークス、2阪急ブレーブス、3大映スターズ、4西鉄ライオンズ、5毎日オリオンズ、6東急フライヤーズ、7近鉄パールス
◆1953年のパ・リーグのタイトルホルダー
　首位打者：岡本伊三美、**最多本塁打**：中西太、**最多打点**：中西太、**最多盗塁**：L.レインズ、**最多勝**：川崎徳次、**最優秀防御率**：川崎徳次、**最多奪三振**：米川泰夫
◆1953年のトピックス
　→せより　ボストンマラソンで山田敬蔵優勝。街頭テレビに人気殺到。NHKテレビ開局。「ジェスチャー」人気。大晦日に「紅白歌合戦」。日本テレビ開局。

1954　セ・リーグ

実際のMVP ＝ 杉下茂（中日）
本書でのMVP ＝ 杉下茂（中日）、初
次点 ＝ 与那嶺要（巨人）

PVトップ10

1	杉下茂	中日	32勝12敗、防1.39	76.0
2	与那嶺要	巨人	打率.361、10本、69打点	58.8
3	別所毅彦	巨人	26勝12敗、防1.80	48.4
4	広岡達朗	巨人	打率.314、15本、67打点	46.0
5	長谷川良平	広島	18勝17敗、防1.82	44.7
6	大友工	巨人	21勝15敗、防1.68	44.6
7	渡辺博之	大阪	打率.353、7本、91打点	39.7
8	西沢道夫	中日	打率.341、16本、80打点	29.9
9	金田正泰	大阪	打率.309、4本、35打点	29.0
10	青田昇	洋松	打率.294、31本、74打点	28.8

　51年から名古屋鉄道（名鉄）が参画し、チーム名が名古屋となっていたドラゴンズは、再び中日新聞に経営を一本化。監督も3年ぶりに天知俊一が呼び戻された。夏場までずっと巨人と首位争いを展開していたが、9月に入って14勝5敗とスパートをかけ、この間8勝8敗と伸び悩んだ巨人を突き放して、初のリーグ優勝を果たした。

　プロ野球の歴史を通じて、最高の数字を残した投手はこの年の**杉下**だった。年間最多勝はスタルヒンと稲尾和久、防御率は村山実、奪三振は江夏豊がそれぞれの記録保持者である。しかしPVでは、杉下の76.0が50年藤本英雄の67.0を抑えて史上1位となる。

　杉下は32勝、防御率1.39、273奪三振、勝率.727、395.1回、7完封の6部門でリーグ1位。あと1つ完投していれば、これも1位だった。防御率は2位**大友**と0.28差で、それほど大きな開きはないようにも映る。しかしながら投球回数は大友より116.2回、2位の金田より49.2回も多かったのが、これほどまでにPVの値を押し上げたのだ。

中日で他にPVトップ10に入った選手は、8位の**西沢**（29.9）だけ。投手でチーム2位の石川克彦（21勝9敗、防御率2.24）も、杉下より50点以上も低い25.9でリーグ11位だった。5.5ゲーム差で2位だった巨人の選手は、6位までに4人もいたのと比べても、中日における杉下の存在は極めて大きかったことがわかる。巨人戦の成績も11勝5敗で、これは今でも巨人戦での最多勝利記録。完投も10回あり、7月18日以降の対戦では先発した6試合すべて完投、58回を投げわずか5失点と完璧に近かった。MVPに選ばれたのも当然過ぎるくらいで、もちろん本書のMVPでもある。日本シリーズでも杉下は3勝を稼ぎ、日本一の原動力となってシリーズMVPに輝いた。

　杉下が凄すぎて霞んでしまったが、**与那嶺**も素晴らしい成績を残していた。打率.361で首位打者となったほか、172安打、40二塁打、69四球など合計7部門でリーグトップ。PV58.8は野手で2位の**広岡**に12.8点差をつけた。巨人が優勝していたら、PV3位の**別所**と並んで有力なMVP候補だったはず。中日戦でも与那嶺は86打数31安打、3本塁打、11打点。打率.360、長打率は.558で、同カード3勝6敗の別所より上だったのは間違いない。中日では杉下以外に有力なMVP候補がいなかったこともあり、次点には与那嶺を選ぶ。PV46.0で4位の広岡は新人ながら打率.314、15本塁打の好成績だったが、これがピークでその後はこれほどの数字を残せなかった。

◆**1954年のセ・リーグ年間チーム順位**
　1 中日ドラゴンズ★、2 読売ジャイアンツ、3 大阪タイガース、4 広島カープ、5 国鉄スワローズ、6 大洋松竹ロビンス
◆**1954年のセ・リーグのタイトルホルダー**
　首位打者：与那嶺要、**最多本塁打**：青田昇、**最多打点**：杉山悟・渡辺博之、**最多盗塁**：吉田義男、**最多勝**：杉下茂、**最優秀防御率**：杉下茂、**最多奪三振**：杉下茂
◆**1954年のトピックス**
　名古屋ドラゴンズ（51年から3年間）が中日ドラゴンズに。ジョー・ディマジオ、妻マリリン・モンローと来日。力道山と木村政彦、蔵前国技館でシャープ兄弟と対戦。白井義男タイトル失う。パへつづく

1954　パ・リーグ

実際のMVP＝大下弘（西鉄）
本書でのMVP＝宅和本司（南海）、初
次点＝L・レインズ（阪急）

PVトップ10

1	L・レインズ	阪急	打率 .337、18本、96打点、45盗塁	70.2
2	C・ルイス	毎日	打率 .293、15本、90打点	54.3
3	宅和本司	南海	26勝9敗、防1.58	51.5
4	大下弘	西鉄	打率 .321、22本、88打点	48.5
5	山内和弘	毎日	打率 .308、29本、97打点	48.0
6	中西太	西鉄	打率 .296、31本、82打点	47.0
7	西村貞朗	西鉄	22勝5敗、防1.77	37.4
8	土井垣武	東映	打率 .289、7本、56打点	34.8
9	大津守	西鉄	18勝11敗、防1.78	34.5
10	関口清治	西鉄	打率 .276、27本、87打点	34.2

　新球団高橋ユニオンズが参加し、8球団体制となったこの年は、西鉄が開幕11連勝と先行。終盤に南海が猛追して一時は首位に立ったものの、西鉄が再逆転。0.5ゲーム差で初のリーグ優勝を果たす、劇的な展開となった。MVPは**大下**が受賞。打率.321は2位、88打点は本塁打王の**中西**を上回りチームトップ。投手で防御率1点台だった**西村**、**大津**、河村英文らを抑え、PV48.5も西鉄で最も良い数字だった。
　しかし、他球団には大下以上のPVだった野手が2人いた。毎日の**ルイス**、そしてリーグ最多のPV70.2だった**レインズ**である。来日2年目のレインズは打率.337で首位打者になっただけでなく、安打・二塁打など合計7部門で1位。96打点も打点王の**山内**に1点差だった。ルイスの打撃成績は90打点を除いてそれほど凄い数字ではないが、捕手であったことで守備位置修正の結果、PV54.3で2位にランクされた。外国人選手がPV1・2位を占めたのは史上初であり、パ・リーグではこの年が唯一である。
　投手では**宅和**がリーグ3位のPV51.5。26勝、防御率1.58、275奪三振の投

手三冠を制し、新人王を受賞した。南海が最後まで西鉄と優勝を争ったことを考えれば、宅和もMVPの候補たる十分な資格がある。高卒新人の19歳でこれだけの好成績を残したインパクトの強さも絶大だった。

　大下は確かに西鉄でトップのPVではあった。南海に逆転された9月30日から、優勝を決める10月19日までの12試合も38打数13安打、4本塁打、8打点とよく打ってもいた。だが、チーム2位の中西との差は1.5点。また西鉄勢はPVトップ10に5人を送り込んでおり、多くの選手が優勝に貢献していた。これに対し、南海でトップ10に食い込んだのは宅和のみ。打線は例年に比べて調子が上がらず、487得点はリーグ4位に過ぎなかった。投手陣は2位の防御率2.50ではあったが、個人でPR10位以内に入ったのも、これまた宅和だけだった。

　南海は8月22日から驚異の18連勝、1敗したのちさらに8連勝と猛烈に追い上げ、この間宅和は26勝中10勝を一人で稼いでいた。8月以降西鉄とは6試合対戦して5完投、5勝1敗、49.2回を投げ8失点のみ。9月5日と23日にはいずれも中1日で登板し完封勝利を挙げるなど、まさしく獅子奮迅の働きだった。西鉄に大差をつけられたのであればともかく、南海はわずか0.5ゲーム差の2位だった点を考慮して、宅和をMVPに選びたい。次点はPVで大下を21.7点も上回ったレインズ。PV70.2はパ・リーグの外国人選手で今なお史上2位であることを、正当に評価すべきだろう。

◆1954年のパ・リーグ年間チーム順位
　1西鉄ライオンズ、2南海ホークス、3毎日オリオンズ、4近鉄パールス、5阪急ブレーブス、6高橋ユニオンズ、7東映フライヤーズ、8大映スターズ
◆1954年のパ・リーグのタイトルホルダー
　首位打者：L.レインズ、**最多本塁打**：中西太、**最多打点**：山内和弘、**最多盗塁**：鈴木武、**最多勝**：宅和本司・田中文雄、**最優秀防御率**：宅和本司、**最多奪三振**：宅和本司
◆1954年のトピックス
　→セより　東急フライヤーズが東映フライヤーズに。高橋ユニオンズ、参入。電気洗濯機・冷蔵庫・掃除機が三種の神器。「ゴジラ」「七人の侍」「二十四の瞳」。「地獄門」カンヌでグランプリ。

1955 セ・リーグ

実際のMVP＝川上哲治（巨人）
本書でのMVP＝別所毅彦（巨人）、3年ぶり3回目
次点＝長谷川良平（広島）

PVトップ10

1	別所毅彦	巨人	23勝8敗、防1.33	45.9
2	長谷川良平	広島	30勝17敗、防1.69	41.0
3	杉下茂	中日	26勝12敗、防1.56	39.6
4	金田正一	国鉄	29勝20敗、防1.78	38.8
5	町田行彦	国鉄	打率.280、31本、71打点	35.5
6	与那嶺要	巨人	打率.311、13本、65打点	34.2
7	川上哲治	巨人	打率.338、12本、79打点	32.7
8	大友工	巨人	30勝6敗、防1.75	30.4
9	石川克彦	中日	17勝9敗、防1.44	29.1
10	小鶴誠	広島	打率.285、18本、67打点	26.6

　巨人が2位中日に15ゲーム差と、圧倒的な強さを発揮して優勝を奪還。8月中旬には中日が15連勝を記録して3ゲーム差にまで迫ったが、その反動か9月には大きな連敗を繰り返し、一気に差を拡げられた。
　MVPを手にしたのは、首位打者と打点王の二冠を制した川上で、これが3度目の受賞となった。しかしながら、川上のPV32.7は7位。例によって長打が少なかったのが理由で、本塁打は12本で4年ぶりに2ケタに乗せたものの、二塁打が15本しかなく、三塁打1本を加えた長打28本はリーグ17位どまりだった。野手では31本塁打でタイトルを獲得した**町田**が、PV35.5で1位。川上はチームメイトの**与那嶺**にも1.5点及ばなかった。巨人のチーム内、そしてリーグ全体でもPV1位だったのは、防御率1.33で1位となった**別所**だった。
　勝ち星では別所の23勝は5位どまり。チームメイトの**大友**は30勝で、**長谷川**とともに最多勝となっている。大友のPV30.4は別所より15.5点も低いけれども、7個もの勝ち星の差は簡単には見過ごせない。そこでその内訳を詳

しく見ていくと、中日相手に別所は6勝3敗、現在の規定を当てはめればセーブも4つあり、84.2回を投げて15失点だった。大友は4勝2敗、57.2回で21失点と、別所に比べてかなり見劣りする。99敗で断然最下位だった大洋に対しては、別所が2勝0敗、大友は6勝0敗。どこが相手でも1勝は1勝に違いないが、下位球団相手に多くの白星を稼いだ大友は、30勝という数字が示すほどその価値は高くなかった。

　また、別所は先発だけでなくリリーフでも多くの試合に投げ、登板50試合は大友より8試合多かった。沢村賞に選ばれたのが大友ではなく別所だったあたり、当時の選考者が勝利数だけにとらわれず、総合的な内容を評価していたことがわかる。本書でも51・52年に続いて、別所を3度目のMVPとしたい。

　次点は広島のエースとして、リーグ2位のPV41.0を記録した長谷川。広島の58勝中30勝と半分以上の星を稼ぎ、チームとしては5勝しかできなかった巨人戦でも、先発した5試合はすべて完投で4勝1敗、45回を投げ8失点にとどめた。大洋相手には13勝しており、これは同一球団相手の年間最多勝記録。この投球内容の素晴らしさを評価して、広島が4位だったとしても、巨人勢を抑えて次点とするにふさわしいと判断した。なおPVトップ10は上位4位までが全員投手で、これは史上唯一。10人中6人が投手だったのも、他には99年のパ・リーグの例があるだけだ。

◆1955年のセ・リーグ年間チーム順位
　1 読売ジャイアンツ★、2 中日ドラゴンズ、3 大阪タイガース、4 広島カープ、5 国鉄スワローズ、6 大洋ホエールズ
◆1955年のセ・リーグのタイトルホルダー
　首位打者：川上哲治、**最多本塁打**：町田行彦、**最多打点**：川上哲治、**最多盗塁**：本多逸郎、**最多勝**：大友工・長谷川良平、**最優秀防御率**：別所毅彦、**最多奪三振**：金田正一
◆1955年のトピックス
　大洋松竹ロビンス→大洋ホエールズ。神武景気スタート。炭労・私鉄・電産などが賃上げ決起大会、春闘の端緒。初の独禁法適用。日本、GATTに加盟。パへつづく→

1955　パ・リーグ

実際のMVP＝飯田徳治（南海）
本書でのMVP＝中西太（西鉄）、初
次点＝飯田徳治（南海）

PVトップ10

1	中西太	西鉄	打率.332、35本、98打点	69.1
2	山内和弘	毎日	打率.325、26本、99打点	56.3
3	飯田徳治	南海	打率.310、14本、75打点、42盗塁	38.9
4	豊田泰光	西鉄	打率.275、23本、76打点	38.6
5	榎本喜八	毎日	打率.298、16本、67打点	33.1
6	C・バルボン	阪急	打率.280、5本、48打点、49盗塁	30.2
7	戸倉勝城	阪急	打率.321、6本、64打点	29.2
8	米川泰夫	東映	22勝21敗、防2.26	28.8
9	河野旭輝	阪急	打率.283、9本、60打点	26.2
10	中村大成	南海	23勝4敗、防2.13	25.9

　リーグ史上最多の99勝で南海が2年ぶりのV。いきなり開幕10連勝を飾り、6月以降は3連敗が2度あったのが最多。シーズン最終日の10月9日、近鉄とのダブルヘッダー第1試合に勝っていれば史上唯一の100勝となっていた。

　これほど強かったにもかかわらず、打率と防御率で10位以内に入ったのは、打率4位の**飯田**と防御率3位の**中村**だけ。チーム打率.249は5位、防御率2.61も毎日に次いで2位だった。それでも得点と失点はともに2位。突出した個人成績を残した者は少なくても、選手層が格段に厚く、チーム全員の力で手にした優勝だった。

　実際のMVPに選ばれたのは飯田。タイトルはなかったが打率4位、打点6位、四球3位、盗塁2位と相変わらずのオールラウンダーぶりを発揮し、PV38.9はチーム1位、リーグ3位だった。しかし、この年は**中西**が打率.332、35本塁打で二冠を制しただけでなく、98打点も1位の**山内**に1点及ばなかっただけで、戦後初の三冠王に限りなく近づいていた。その結果PVも69.1と極めて高く、飯田を30.2点も上回った。南海戦の成績も84打数31安打の打率.369、

10本塁打、17打点。長打率は.810に達していた。

　当時の規定により、優勝した南海のベストプレイヤーである飯田がＭＶＰに選ばれたのは順当ではあった。しかし前述の通り、南海は個人の力よりも、全体のチーム力で勝っていた側面が大きかった。飯田の成績も素晴らしいものではあったが、三冠王まであと一歩だった中西を上回るほどではない。西鉄も夏場まで南海と熾烈な首位争いを演じて90勝、勝率.643と相当強かったことを考えても、本書のＭＶＰは中西、飯田は次点という結論になる。

　その他では毎日勢の台頭が目立った。レギュラー2年目の山内は31二塁打、99打点、出塁率.422の3部門で1位となり、ＰＶ56.3も2位と、スター選手としての地位を固めた。**榎本**は早実から入団したばかりだったが、高卒ルーキーとは思えないほどの打撃技術と選球眼を披露し、ＰＶ33.1で5位に食い込んだ。投手でも高卒2年目の中川隆が防御率2.08で1位、同じく3年目の植村義信が2.13で2位となっている。もっとも、山内と榎本がその後も長く強打者として活躍したのに対し、中川と植村は好成績を維持できず、オリオンズは南海や西鉄のような黄金時代を築くことはなかった。阪急も来日1年目の**バルボン**以下、**戸倉**、**河野**の3人がＰＶトップ10に入る健闘を見せた。

1950年代

◆1955年のパ・リーグ年間チーム順位
　1南海ホークス、2西鉄ライオンズ、3毎日オリオンズ、4阪急ブレーブス、5近鉄パールス、6大映スターズ、7東映フライヤーズ、8トンボユニオンズ
◆1955年のパ・リーグのタイトルホルダー
　首位打者：中西太、**最多本塁打**：中西太、**最多打点**：山内和弘、**最多盗塁**：森下正夫、**最多勝**：宅和本司、**最優秀防御率**：中川隆、**最多奪三振**：河村久文
◆1955年のトピックス
　→セより　高橋ユニオンズがトンボユニオンズに。ヴィクトル・スタルヒン（トンボ）、日本プロ野球初の300勝。昭和天皇、初の大相撲観戦。後楽園ゆうえんち、船橋ヘルスセンターオープン。

1956 セ・リーグ

実際のMVP = 別所毅彦（巨人）
本書でのMVP = 与那嶺要（巨人）、初
次点 = 吉田義男（大阪）

PVトップ10

1	与那嶺要	巨人	打率.338、13本、47打点	53.8
2	田宮謙次郎	大阪	打率.300、11本、42打点	38.3
3	吉田義男	大阪	打率.290、8本、34打点、50盗塁	37.9
4	藤尾茂	巨人	打率.276、14本、58打点	33.6
5	大崎三男	大阪	25勝14敗、防1.65	30.2
6	金田正一	国鉄	25勝20敗、防1.74	29.0
7	渡辺省三	大阪	22勝8敗、防1.45	28.9
8	大矢根博臣	中日	20勝13敗、防1.53	28.6
9	川上哲治	巨人	打率.327、5本、67打点	24.8
10	中山俊丈	中日	20勝11敗、防1.61	23.8

　8月中旬の段階では大阪が首位に立っていたのだが、18日からの直接対決で巨人が3連勝して逆転。25日からの3試合も2勝1敗と突き放し、最終的には4.5ゲーム差で逃げ切った。

　PVトップ10の表では、前年と同じ顔触れは**与那嶺・川上・金田**の3人しかいない。常連だった別所、杉下、大友らが消えた代わりに、**吉田**や**渡辺**など新しい名前が散見されるようになった。昭和30年代に入って、セ・リーグでも世代交代が進み始めたのだ。

　けれども、実際のMVPに選ばれたのは旧世代の別所だった。27勝で3度目の最多勝となっているが、PV19.6はリーグ14位。巨人でも堀内庄の20.9を下回っている。投球回数は340.1回で、堀内より150回近くも多かったし、巨人のエースが依然として別所だったのは疑いない。しかし、ジャイアンツでは他に候補者はいなかったのだろうか？

　いないどころか、野手にはPVトップ10に入った選手が3人もいた。9位の川上、4位の**藤尾**、そしてPV53.8で1位だった与那嶺である。与那嶺は打

率.338 で、54 年に次いで 2 度目の首位打者となったほか、出塁率.420 は 1 位、長打率.487 も 2 位。巨人では与那嶺の半分の PV に達した選手すら藤尾だけだった。

　前述したように、8月18日からの大阪 3 連戦に全勝した巨人は、以後優勝を決めるまで 30 試合を戦い、23 勝 6 敗 1 分だった。この間、与那嶺は 107 打数 41 安打で.383 の高打率、出塁率.431、長打率.561 と出色の働きだった。投手陣では別所が 6 勝 2 敗、堀内が 7 勝 1 敗、大友が 6 勝 2 敗。大阪とも 8 回対戦して 5 勝 2 敗 1 分、敗れた 2 試合の敗戦投手はいずれも別所だった。年間でも別所は大阪戦で防御率 2.31 ながら 4 勝 7 敗。こうした点を考えると、MVP は別所よりも与那嶺がふさわしい。

　なお、PV では 7 位までのうち 4 人を、4.5 ゲーム差で 2 位だったタイガース勢が占めている。中でも吉田は PV37.9 で 3 位。打率は 3 割に達しなかったがそれでも 4 位、50 盗塁も 2 年連続でリーグ最多だった。

　吉田の守備力は伝説の域に達しているが、本書では守備位置での修正は行なっていても、守備力そのものは数値化できていない。吉田の守備が伝説どおりのレベルであったなら、実際の貢献度は PV の数字が示す以上だった可能性は大いにあり、0.4 点差で 2 位のチームメイト**田宮**を上回っていたのはほぼ確実。巨人戦の成績も打率.342／OPS.881 で、田宮の.368／.927 と遜色ない。15.9 点差がある与那嶺を超えるほどではなかったとしても、次点には十分だ。

◆1956年のセ・リーグ年間チーム順位
　1 読売ジャイアンツ、2 大阪タイガース、3 中日ドラゴンズ、4 国鉄スワローズ、5 広島カープ、6 大洋ホエールズ
◆1956年のセ・リーグのタイトルホルダー
　首位打者：与那嶺要、**最多本塁打**：青田昇、**最多打点**：宮本敏雄、**最多盗塁**：吉田義男、**最多勝**：別所毅彦、**最優秀防御率**：渡辺省三、**最多奪三振**：金田正一
◆1956年のトピックス
　冬季五輪がコルチナダンペッツオ（イタリア）で開催。日本登山隊がマナスル初登頂。メルボルン五輪で日本は 4 個の金メダル。パへつづく→

1956 パ・リーグ

実際のMVP = 中西太（西鉄）
本書でのMVP = 中西太（西鉄）、2年連続2回目
次点 = 豊田泰光（西鉄）

PVトップ10

1	豊田泰光	西鉄	打率 .325、12本、70打点	68.9
2	山内和弘	毎日	打率 .304、25本、72打点	61.4
3	中西太	西鉄	打率 .325、29本、95打点	58.8
4	島原幸雄	西鉄	25勝11敗、防1.35	53.2
5	稲尾和久	西鉄	21勝6敗、防1.06	45.7
6	杉山光平	南海	打率 .303、12本、93打点	33.5
7	三浦方義	大映	29勝14敗、防1.77	31.3
8	榎本喜八	毎日	打率 .282、15本、66打点	29.3
9	種田弘	阪急	17勝8敗、防1.56	28.9
10	佐々木信也	高橋	打率 .289、6本、37打点	27.7

　9月上旬の段階で7.5ゲーム差を南海につけられていた西鉄が、見事な大逆転を演じ、0.5ゲーム差で2年ぶりの優勝を果たした。MVPは29本塁打、95打点で二冠王の**中西**が選ばれた。打率も.3246で、1位の**豊田**とは5毛差。前年に続いて惜しくも三冠王を逸している。なお最終戦では、監督の三原脩が中西・豊田の両者とも休ませ、2人ともタイトルが取れるように画策したことで知られている。
　しかし、PVで1位だったのは中西ではなく豊田だった。単純にRCだけで比較しても、豊田は107.7で中西の105.8を上回っている。しかも豊田は遊撃手であり、三塁手の中西より難易度の高いポジションを守っていたことが、これほどの差となったのだ。
　両者の終盤戦の成績はどうだったろうか。9月以降、優勝が決まるまでの35試合で、豊田は124打数34安打、2本塁打、14打点。打率／出塁率／長打率はそれぞれ.274／.362／.403だった。中西は130打数41安打、9本塁打、29打点で.315／.378／.569。OPSは豊田.765、中西.947と大差がついた。南海戦の

OPSも豊田は.844、中西は.995とかなりの開きがある。こうした材料を検討すると、10点以上あったPVの差は充分に詰められたと考えられる。

拙守で有名だった豊田は、この年も40個のエラーを犯している。豊田自身は「あの頃の平和台は（グラウンド状態が）ひどかった。ゴロなんて真っ直ぐに飛んでこなくて、イレギュラーしながら飛んできた」と述懐しているが、これは平和台に限った話ではなく、当時はどの球団も遊撃手のエラーは多かった。河野旭輝（阪急）は豊田より11個も多い51失策、毎日の葛城隆雄も同じく51個。鈴木武（近鉄）も豊田と同じ40個だった。こうした環境を考えれば、失策数だけをとってみた場合、豊田の守備は特別酷かったとは言えない。

実際に豊田の守備面でのマイナスが、どれほどあったかはわからない。中西の三塁守備も特別上手かったとは言われていない。けれども豊田の守備がプラスだったとは、当時の評判を信じる限りでは思えず、重要な試合での働きを買って、本書では中西をMVPとする。

次点は豊田と、PV 53.2という高レベルの数字を残した**島原**の争い。プロ野球新記録の47二塁打、リーグ2位のPV 61.4だった**山内**も見事だったが、オリオンズが優勝争いに加わっていなかったので、次点候補にはならないだろう。勝利数では**三浦**、防御率はチームメイトの高卒新人・**稲尾**に後れをとった島原だが、56年で最高の投手だったことは間違いない。9月以降の35試合でも19試合に登板、特に20日以降は18試合で8先発し5勝と大車輪の働きだった。けれどもPVで15点以上の開きがある以上、豊田を逆転するまでには至らないと判断した。

1950年代

◆1956年のパ・リーグ年間チーム順位
 1西鉄ライオンズ★、2南海ホークス、3阪急ブレーブス、4毎日オリオンズ、5近鉄パールス、6東映フライヤーズ、7大映スターズ、8高橋ユニオンズ
◆1956年のパ・リーグのタイトルホルダー
 首位打者：豊田泰光、**最多本塁打**：中西太、**最多打点**：中西太、**最多盗塁**：河野旭輝、**最多勝**：三浦方義、**最優秀防御率**：稲尾和久、**最多奪三振**：梶本隆夫
◆1956年のトピックス
 →セより　トンボ→高橋ユニオンズに。経済白書が「もはや戦後ではない」。テレビの普及本格化「一億総白痴化」。石原裕次郎スターダムに。

1957 セ・リーグ

実際のMVP＝与那嶺要（巨人）
本書でのMVP＝与那嶺要（巨人）、2年連続2回目
次点＝金田正一（国鉄）

PVトップ10
1	田宮謙次郎	大阪	打率.308、12本、56打点	43.7
2	与那嶺要	巨人	打率.343、12本、48打点	42.1
3	金田正一	国鉄	28勝16敗、防1.63	38.4
4	吉田義男	大阪	打率.297、8本、32打点	31.1
5	中山俊丈	中日	20勝15敗、防1.82	28.5
6	藤尾茂	巨人	打率.256、8本、30打点	24.8
7	宮本敏雄	巨人	打率.259、21本、78打点	22.6
8	広岡達朗	巨人	打率.244、18本、33打点	21.7
9	堀内庄	巨人	12勝10敗、防1.71	21.5
10	井上登	中日	打率.249、17本、61打点	20.8

　巨人、大阪、中日の三つ巴の展開となったが、最後に笑ったのは巨人。勝率は.581で、2リーグ分立後初めて6割を切ってしまったが、最後の8試合で6勝。1ゲーム差でタイガースを振り切って3連覇を達成した。なお得失点差では大阪が+87で、巨人の+78を上回っていた。
　PV42.1でチームトップだったのは**与那嶺**。リーグ打率が.228で3割打者が2人しかいなかったこの年、与那嶺の打率は.343。2位の**田宮**を3分8厘も上回り、断然1位であった。全年代との平均と比較して修正打率を割り出すと.3809となり、これは86年バースの.3805を4厘上回り、セ・リーグ史上1位となる。巨人の投手では**堀内**のPV21.5がトップ、リーグ全体では9位とあって、与那嶺が実際のMVPを受賞したのは当然だった。PVもチーム2位の**藤尾**に17.4点差をつけており、本書でも与那嶺をMVPとするのに異論はない。
　次点は誰にすべきだろう。巨人では藤尾、**宮本**、**広岡**、堀内が6〜9位にランクされているが、際立った活躍をした者はいない。宮本は21本塁打が首位に1本差の3位、78打点が1位だったのに、PVは意外に伸びなかった。

他球団では最後まで優勝を争った大阪の主砲で、リーグ1位のPV43.7を記録した田宮と、投手ではリーグトップとなるPV38.4だった国鉄の**金田**が、候補として挙げられる。田宮は打率.308が2位とはいえ与那嶺に大差をつけられ、本塁打や打点の数も大して変わらない。それでいてPVでは与那嶺を上回ったのは、四死球が11個（48対37）、盗塁が27個（37対10）も多かったことに加え、併殺打は7本（9対2）も少なかったことなどの理由による。2位タイガースの牽引者であったのは確かだが、巨人戦では78打数19安打、1本塁打、9打点。打率.244、OPS.734と今一つだった。

　金田は28勝、防御率1.63がいずれも1位で、奪三振306も1位の秋山登（大洋）に6個差の2位だった。何より価値が高いのは、巨人相手に2完封を含む7勝（3敗）を挙げていた点。86.1回を投げて自責点は16、防御率1.67と見事な数字で、前年に続いて2度目の沢村賞も受賞していた。

　巨人は大阪には3つの勝ち越し、中日とも五分の星だったが、国鉄にだけは11勝14敗と負け越していて、そのうちの半分が金田の白星。ペナントレースが混戦になり、面白くなったのは金田が巨人を叩いていたおかげでもあった。国鉄自体は4位にとどまりはしたが、金田の成績そのものは文句をつける点はなく、充分に次点の資格はある。

◆1957年のセ・リーグ年間チーム順位
　1読売ジャイアンツ、2大阪タイガース、3中日ドラゴンズ、4国鉄スワローズ、5広島カープ、6大洋ホエールズ
◆1957年のセ・リーグのタイトルホルダー
　首位打者：与那嶺要、**最多本塁打**：佐藤孝夫・青田昇、**最多打点**：宮本敏雄、**最多盗塁**：飯田徳治、**最多勝**：金田正一、**最優秀防御率**：金田正一、**最多奪三振**：秋山登
◆1957年のトピックス
　スタルヒン、自動車事故で死亡。国鉄の金田正一、中日戦で完全試合。長嶋茂雄が巨人入団決定。パへつづく→

1957　パ・リーグ

実際のMVP ＝ 稲尾和久（西鉄）
本書でのMVP ＝ 稲尾和久（西鉄）、初
次点 ＝ 野村克也（南海）

PVトップ10

1	野村克也	南海	打率.302、30本、94打点	78.6
2	山内和弘	毎日	打率.331、29本、81打点	62.1
3	稲尾和久	西鉄	35勝6敗、防1.37	58.0
4	豊田泰光	西鉄	打率.287、18本、59打点	53.9
5	中西太	西鉄	打率.317、24本、100打点	46.8
6	毒島章一	東映	打率.307、9本、43打点	35.9
7	小野正一	毎日	26勝9敗、防1.73	34.2
8	岡本伊佐美	南海	打率.273、19本、56打点	33.9
9	梶本隆夫	阪急	24勝16敗、防1.92	31.8
10	米田哲也	阪急	21勝16敗、防1.86	30.2

　夏場まで南海、毎日と首位争いをしていた西鉄が、8月に入って14連勝で一気に抜け出す。最終的にはこの両球団に7ゲーム以上の差をつけて2連覇を果たした。MVPは卓越した個人成績を残し、チームも2位だった南海の**野村**か。それとも王者西鉄のエースで、成績的にも極めて優秀だった**稲尾**か。実際に受賞したのは稲尾だが、どちらもまったくMVPとして恥じることのない、高次元の争いが繰り広げられた。

　野村はレギュラーに定着して2年目の22歳。前年の打率.252、7本塁打、54打点から、.302、30本、94打点へと飛躍的に打撃成績を向上させた。捕手で本塁打王となったのはリーグ史上ただ一人であり、PV78.6も1位。これまでパ・リーグの捕手では54年にルイス（毎日）が記録した54.3が最高だったが、これを20点以上も更新した。選手としての価値だけに着目するのであれば、野村がMVPでもおかしくない。

　西鉄では稲尾の他にも、**豊田**がPV53.9で4位、**中西**も46.8で5位と上位に入っている。だが優勝の原動力となったのは明らかに稲尾だった。35勝はパ・

リーグでは初の30勝台で、防御率も1位。奪三振は**梶本**に13個及ばず2位だった。PV58.0は野村、**山内**に次いで総合3位、投手に限ると**小野**に23.8点の大差で1位。この時点では投手としてのリーグ新記録でもあった。

しかも稲尾は、夏場から秋にかけて20連勝を成し遂げている。7月18日の大映戦から10月1日の毎日戦までで、この間14試合に先発して完投が10回、3完封。177.1回を投げて自責点18、防御率は0.91だった。また、同じ7月18日から西鉄は29試合で24勝2敗3分の快進撃を演じており、この間稲尾は12勝0敗、防御率0.96。南海戦も38回で5点を許しただけの防御率1.18、6試合で5勝1セーブ。三原監督から「神様、仏様、稲尾様」と賞賛されたのもこの時期で、その言葉が大袈裟に聞こえないほどの投げっぷりだった。

野村の成績は、捕手であることを考えれば凄いものだ。西鉄戦でも80打数27安打、3本塁打、9打点で打率.338、OPS.924とよく打っていて、野手では間違いなくMVP最有力候補だ。けれどもタイトルは本塁打王だけであり、本数も30本で2位山内とは1本差。歴史的なレベルというわけではない。また、南海投手陣の防御率2.68はリーグ4位。必ずしも野村の投手リードの責任ではないにしろ、プラス材料ともなり得ない。総合的に判断して、稲尾がMVPであったことに疑問はないだろう。

◆1957年のパ・リーグ年間チーム順位
1 西鉄ライオンズ★、2 南海ホークス、3 毎日オリオンズ、4 阪急ブレーブス、5 東映フライヤーズ、6 近鉄パールス、7 大映ユニオンズ

◆1957年のパ・リーグのタイトルホルダー
首位打者：山内和弘、**最多本塁打**：野村克也、**最多打点**：中西太、**最多盗塁**：河野旭輝、**最多勝**：稲尾和久、**最優秀防御率**：稲尾和久、**最多奪三振**：梶本隆夫

◆1957年のトピックス
→セより　高橋ユニオンズ消滅、大映スターズに吸収され大映ユニオンズ。なべ底不況（57年下期〜58年下期）。初のプロレス世界戦、力道山対ルー・テーズは引き分けに。

1958　セ・リーグ

実際のMVP＝藤田元司（巨人）
本書でのMVP＝藤田元司（巨人）、初
次点＝長嶋茂雄（巨人）

PVトップ10

1	長嶋茂雄	巨人	打率.305、29本、92打点、37盗塁	54.9
2	金田正一	国鉄	31勝14敗、防1.30	51.0
3	田宮謙次郎	大阪	打率.320、11本、62打点	48.8
4	藤田元司	巨人	29勝13敗、防1.53	45.9
5	大矢根博臣	中日	24勝13敗、防1.61	39.2
6	岡嶋博治	中日	打率.269、16本、40打点、47盗塁	34.6
7	小山正明	大阪	24勝12敗、防1.69	34.3
8	井上登	中日	打率.280、18本、54打点	33.4
9	藤尾茂	巨人	打率.283、11本、58打点	31.0
10	広岡達朗	巨人	打率.277、12本、41打点	26.0

　5月末に首位に立った巨人が、一時は2位以下を引き離して独走するかに思えたが、大阪が急追。8月中旬には0.5ゲーム差にまで迫られたが、結局抜かれるまでには至らず4連覇を決めた。

　この1958年から、プロ野球は新しい時代を迎えた。**長嶋茂雄**の登場によって、それまで学生野球が中心にあった球界の座標軸が、一気にプロ野球へと傾いたのだ。立教大学時代に東京六大学リーグのスターとして人気を博した長嶋は、巨人に入団したこの年、29本塁打・92打点の二冠王。打率.305も**田宮**に次ぎ2位と、いきなり三冠王に近い成績を残し、153安打・34二塁打・長打率.578も1位。PV54.9もまた1位であり、この時点での新人記録となった。

　それでも、実際のMVPを受賞したのは入団2年目でエースにのし上がった**藤田**だった。29勝、防御率1.53はともに**金田**に次いでリーグ2位。PV45.9も長嶋、金田、田宮に次いで4位である。別所や大友の衰えが進んでいた巨人の投手陣では、藤田以外に2ケタPVは皆無だった。オールスター前までは21勝6敗、33試合（24先発）、219.2回を投げて自責点35、防御率1.43。7完封

を含む16完投と圧倒的な数字を残していた。8月以降は8勝7敗と今一つだったように映るが、134.2回で自責点25、防御率1.67とそれほど悪くなってはいない。延長14回を無失点に抑えながら勝ちがつかなかった試合もあり、打線との巡り合わせが悪かっただけだった。

　長嶋はチーム101本塁打中、約3割に相当する29本を一人で放ち、すべての打撃部門でチームトップ。野手では**藤尾**（9位）と**広岡**（10位）もPV10位以内に入っていたから、長嶋は孤軍奮闘というわけではなかった。とはいえ、川上や与那嶺は前年までの水準ではなくなっていたので、打線における存在価値は、投手陣における藤田のそれと比較しても見劣りしない。

　5.5ゲーム差で2位だったタイガース戦での、両者の成績はどうだったか。藤田は7勝4敗、防御率2.07（100回、23点）、長嶋は99打数31安打、5本塁打、14打点、打率.313、OPS.899と甲乙つけがたい。だが3.5ゲーム差で迎えた9月21日の直接対決（ダブルヘッダー）において、藤田は第1試合で1失点完投、第2試合もリリーフで1.2回を投げ0点、セーブを記録し決定的な5.5ゲームにまで差を拡げた。この2試合で長嶋は8打数2安打0打点。最も重要な試合での活躍度を評価して、MVPは記者投票どおり藤田、次点は長嶋としたい。リーグ2位のPV51.0、投手三冠を独占した金田も相当な好成績だったが、国鉄が借金10の4位では候補とするには至らなかった。

◆**1958年のセ・リーグ年間チーム順位**
　1読売ジャイアンツ、2大阪タイガース、3中日ドラゴンズ、4国鉄スワローズ、5広島カープ、6大洋ホエールズ

◆**1958年のセ・リーグのタイトルホルダー**
　首位打者：田宮謙次郎、**最多本塁打**：長嶋茂雄、**最多打点**：長嶋茂雄、**最多盗塁**：岡嶋博治、**最多勝**：金田正一、**最優秀防御率**：金田正一、**最多奪三振**：金田正一

◆**1958年のトピックス**
　長嶋と金田が対決、4打席4三振。早実の王貞治が巨人入団。タイガース・藤村富美男、巨人・川上哲治が現役引退。若乃花が横綱に、栃若時代。パへつづく→

1958　パ・リーグ

実際のMVP ＝ 稲尾和久（西鉄）
本書でのMVP ＝ 稲尾和久（西鉄）、2年連続2回目
次点 ＝ 中西太（西鉄）

PVトップ10

1	稲尾和久	西鉄	33勝10敗、防1.42	58.3
2	葛城隆雄	大毎	打率.305、20本、85打点	44.7
3	中西太	西鉄	打率.314、23本、84打点	43.0
4	野村克也	南海	打率.253、21本、79打点	34.2
5	広瀬叔功	南海	打率.288、7本、31打点、33盗塁	34.1
6	長谷川繁雄	南海	打率.276、16本、60打点	30.0
7	杉浦忠	南海	27勝12敗、防2.05	26.0
8	皆川睦男	南海	17勝8敗、防1.83	25.5
9	山本八郎	東映	打率.282、8本、49打点	24.5
10	土橋正幸	東映	21勝16敗、防2.12	24.4

　西鉄がまたしても劇的な逆転優勝を果たした。7月末には首位南海に11ゲームもの大差をつけられていたが、9月14日から1分けを挟んでの13連勝で一気に抜き去る。8月以降、優勝が決まるまでの連敗は3連敗が一度あっただけで、この間は36勝10敗。4試合を残した時点で首位に立ち、そのままゴールインした。

　この大逆転劇の主人公も、またまた**稲尾**だった。13連勝中には7勝を一人で稼いだだけでなく、オールスター明けの48試合中31試合に投げて17勝1敗、さらに現在の規定に照らすと7セーブも挙げていた。この期間は168.2回を投げて自責点16、防御率は0.85。8月には43イニング連続無失点も記録し、年間では72試合登板のプロ野球記録を樹立、334奪三振もリーグ新記録。PV58.3も断然リーグ1位、投手では2位の**杉浦**の2倍以上で、どこから見ても文句のないMVPだった。もちろん実際のMVPも受賞。2年連続での戴冠は1リーグ時代も含め、プロ野球史上初の快挙であった。日本シリーズでも巨人相手に3連敗を喫したのち、稲尾が4連勝して奇跡的な日本一を達成。西鉄

と稲尾の名を、球史に永遠に刻み込んだ年となった。

　次点を選ぶなら**中西**だろう。PV43.0はリーグ3位。首位打者、本塁打王の二冠に加え、84打点も2位。ライオンズが全日程を終了した時点では1位タイだったが、まだ試合を残していた**葛城**が最終戦で単独首位に立ったため、1点差でまたも三冠王を逃した。南海戦でも154打数41安打の.266と打率こそ低めだったが、二塁打5本、本塁打11本で長打率.513、打点も36。これに加えて30四球を選んでいたので、出塁率.386と打率の低さをカバーできていた。

　西鉄の野手は全体的に不調で、PVで中西に次ぐのは豊田の21.9。打線は事実上中西が一人で引っ張っていた状態で、稲尾が凄すぎたためにMVPとはなれなかったけれども、中西にもその資格はあった。PV2位の葛城は打点王のほか、打率と本塁打も3位。主に遊撃手だったため、守備位置修正でさらに数値が上がっていたが、遊撃97試合のほかに三塁も37試合守っていたので、実質的にはここまで高いPVではなかった。

　また、この年は南海勢で新顔が登場している。PV5位の**広瀬**は22歳、7位のルーキー杉浦は23歳、8位の**皆川**は23歳。4位の**野村**（23歳）を含め、若手の台頭によってスムーズに世代交代を成し遂げた南海は、この後も引き続きパの強豪としての地位を保ち続ける。

◆1958年のパ・リーグ年間チーム順位
　1 西鉄ライオンズ★、2 南海ホークス、3 阪急ブレーブス、4 大毎オリオンズ、5 東映フライヤーズ、6 近鉄パールス
◆1958年のパ・リーグのタイトルホルダー
　首位打者：中西太、**最多本塁打**：中西太、**最多打点**：葛城隆雄、**最多盗塁**：C.バルボン、**最多勝**：稲尾和久、**最優秀防御率**：稲尾和久、**最多奪三振**：稲尾和久
◆1958年のトピックス
　→セより　大毎オリオンズ誕生（大映と毎日の合併）。日本シリーズで、西鉄が巨人に3連敗後、稲尾和久の連投で4連勝し3連覇（神様・仏様・稲尾様）。岩戸景気（58年下期〜61年下期）、高度経済成長本格化。

1959 セ・リーグ

実際のMVP = 藤田元司（巨人）
本書でのMVP = 長嶋茂雄（巨人）、初
次点 = 村山実（大阪）

PVトップ10

1	長嶋茂雄	巨人	打率.334、27本、82打点	71.2
2	村山実	大阪	18勝10敗、防1.19	53.9
3	小山正明	大阪	20勝16敗、防1.86	37.2
3	桑田武	大洋	打率.269、31本、84打点	37.2
5	藤田元司	巨人	27勝11敗、防1.83	36.8
6	森徹	中日	打率.282、31本、87打点	35.2
7	坂崎一彦	巨人	打率.284、15本、64打点	31.3
8	大和田明	広島	打率.265、23本、79打点	24.0
9	藤本勝巳	阪神	打率.278、24本、81打点	21.9
10	児玉泰	中日	20勝11敗、防2.07	21.7

　同率2位の大阪と中日に13ゲームの大差をつけ、開幕から独走した巨人がリーグ5連覇。MVPは27勝で最多勝、防御率1.83も2位だった**藤田**で、2年連続の受賞はセ・リーグでは初めてだった。しかし、PVでは藤田が36.8でリーグ5位だったのに対し、**長嶋**はその2倍近い71.2で1位になっていた。

　この年もセ・リーグは打率.230で、投高打低の状態が続いていた。3割打者は長嶋一人だけで、打率.334は2位の飯田徳治（国鉄）を3分8厘も引き離していた。セ・リーグの全年代の平均打率との比較によって、長嶋の修正打率を弾き出すと.368となる。本塁打と打点では**森**や**桑田**に及ばなかったが、それでもなお、この高打率によって長嶋の打撃成績は他の打者を圧倒していた。唯一のマイナス材料は、タイガース戦で打てていなかったこと。97打数18安打の打率.186、5本塁打、11打点、OPS.599に終わっていたが、最終的な大阪とのゲーム差がかなり離れていたので、大きな影響はなかった。

　27勝で最多勝となった藤田も、投手陣における孤軍奮闘ぶりは前年以上。他に10勝以上したのは安原達佳（12勝）と義原武敏（10勝）だけ、PVも藤

田以外では義原（13.0）の21位が最上位だった。それでもPVが長嶋の約半分とあっては、長嶋を差し置いてMVPに選出するのは難しい。

その長嶋を終生のライバルと位置づけていた**村山**の成績も見事だった。関西大学からタイガースに入団した村山は、新人ながら防御率1.19でタイトルを獲得した。中央大学から大洋に入った桑田が、新人記録の31本塁打を放ったために新人王を取り損ねはしたけれども、PV53.9は桑田に大差をつけてリーグ2位。MVPとなった藤田の1.5倍近い数字だった。

内容的にも、村山の294奪三振は藤田と比べて113個も多く、それでいて与四球56は37個も少なかった。奪三振/与四球比では、藤田の1.95に対し村山は5.25。9つあった勝利数の差は、ほぼ全面的に打撃陣のバックアップの差であった。巨人戦でも10試合に投げ、先発した6試合中5試合で完投。60回で自責点12、3勝4敗（2セーブ）でも防御率は1.80と見事なものだった。これだけの要因があれば、次点を藤田ではなく村山とするには十分だろう。

PVランキングは若手の台頭が著しく、大卒2年目の長嶋が1位、森が5位、新人の村山が2位、桑田が6位。7位の**坂崎**と9位の**藤本**も高卒4年目で同世代だった。10人中、最も高齢なのが**小山**と**大和田**の25歳で、セ・リーグにも新しい風が吹き始めていたことが感じ取れる。

◆1959年のセ・リーグ年間チーム順位
 1読売ジャイアンツ、2大阪タイガース、3中日ドラゴンズ、4国鉄スワローズ、5広島カープ、6大洋ホエールズ
◆1959年のセ・リーグのタイトルホルダー
 首位打者：長嶋茂雄、**最多本塁打**：森徹・桑田武、**最多打点**：森徹、**最多盗塁**：岡嶋博治、**最多勝**：藤田元司、**最優秀防御率**：村山実、**最多奪三振**：金田正一
◆1959年のトピックス
 初の天覧試合、長嶋が村山実からサヨナラ本塁打。世界卓球で日本が7種目中6種目で金の快挙。IOCが東京五輪の開催を決定。パへつづく→

1959 パ・リーグ

実際のMVP = 杉浦忠（南海）
本書でのMVP = 杉浦忠（南海）、初
次点 = 稲尾和久（西鉄）

PVトップ10

1	杉浦忠	南海	38勝4敗、防1.40	63.7
2	稲尾和久	西鉄	30勝15敗、防1.65	57.9
3	山内和弘	大毎	打率.320、25本、74打点	47.8
4	豊田泰光	西鉄	打率.300、17本、81打点	46.2
5	西園寺昭夫	東映	打率.300、11本、49打点	42.0
6	野村克也	南海	打率.263、21本、78打点	33.9
7	広瀬叔功	南海	打率.310、8本、45打点	30.8
8	米田哲也	阪急	18勝24敗、防2.11	30.6
9	葛城隆雄	大毎	打率.310、24本、95打点	28.9
10	杉山光平	南海	打率.323、9本、67打点	28.7

　4連覇を狙った西鉄は、主砲・中西がケガで59試合の出場にとどまる大誤算で、4位まで転落。代わって南海が4年ぶりに覇権を奪回した。4月下旬に首位に立ち、8月に一旦大毎に抜かれたもののすぐに抜き返して、最終的に6ゲーム差をつけた。

　プロ野球史上最高のシーズンを送った投手として、前に54年の杉下の名を挙げた。だが、59年の**杉浦**もそれに匹敵するか、あるいはそれ以上の内容だった。38勝、防御率1.40、336奪三振、勝率.905の四冠達成。勝率は2014年に田中将大が24勝0敗の10割を記録したが、その約1.5倍の38勝を挙げ、9割以上の勝率だった杉浦も田中にまったく引けをとらない。

　杉浦はリーグ新記録となる54.2回連続無失点を達成したが、その直前にも43回連続無失点を記録しており、約2カ月間で100イニング近くを投げ、2点しか取られなかった。この年のリーグ防御率は2.95で、56年以降の4年間では最も高く、どんな環境においても、杉浦の投球内容は史上最高級といってよいもの。自らも「59年に関しては、自分でもすごかったと思いますよ。三振

も狙って取れましたから」と振り返っているほどである。実際のMVPにも輝いたが、PV63.7も1位であり、本書でもMVPとするのに何の迷いもない。日本シリーズでも杉浦は4戦4勝の完璧な投球で巨人を下し、シリーズMVPに選ばれている。

　南海の投手で杉浦に次ぐPVだったのは、10勝、防御率1.92の皆川睦雄（18.6＝16位）。チーム2位の18勝を挙げた祓川正俊はPV8.4だった。打者では**杉山**が打率.323で首位打者となったけれども、PV28.7は10位どまり。**野村**が6位のPV33.9、**広瀬**が7位の30.8だったが、いずれも特筆するほどの数字ではない。

　優勝を争った大毎では、**山内**がPV47.8で3位。25本塁打は1位、打率.320も2位だったが、大事な終盤戦で死球を受け戦線離脱。山内自身のせいではないけれども、これが原因でオリオンズが首位争いから後退してしまったとあっては、MVP候補とはできない。

　というわけで、次点には**稲尾**を挙げる。南海戦で2勝5敗、防御率2.91と良くなかった点はマイナス材料でも、PVは前年並みの57.9という高水準をキープ。西鉄が4連覇を逃しても、個人としては充実したシーズンだった。

　この他、8位には阪急のエース**米田**がPV30.6でランクインしているが、18勝24敗と6つも負け越している。負けが先行した投手がPVトップ10に入ったのは初めてで、その後も67年の成田文男（14勝16敗）まで一度もなかった。リーグ3位の防御率2.11が示すように、投球内容にはまったく問題がなく、PVは米田のキャリアで最高。自己最多の29勝を挙げた68年は18.3でしかなかった。投手の成績を勝敗数だけで判断するのが誤りだということを示す好例だろう。

◆1959年のパ・リーグ年間チーム順位
　1南海ホークス★、2大毎オリオンズ、3東映フライヤーズ、4西鉄ライオンズ、5阪急ブレーブス、6近鉄バファロー
◆1959年のパ・リーグのタイトルホルダー
　首位打者：杉山光平、**最多本塁打**：山内和弘、**最多打点**：葛城隆雄、**最多盗塁**：C.バルボン、**最多勝**：杉浦忠、**最優秀防御率**：杉浦忠、**最多奪三振**：杉浦忠
◆1959年のトピックス
　セ・リーグ　近鉄パールス→近鉄バファローに。皇太子結婚パレード、テレビ、バカ売れ。首都高速道路公団法公布。三池争議始まる。貿易自由化へ。

1960 セ・リーグ

実際のMVP ＝ 秋山登（大洋）
本書でのMVP ＝ 長嶋茂雄（巨人）、2年連続2回目
次点 ＝ 秋山登（大洋）

PVトップ10

1	長嶋茂雄	巨人	打率.334、16本、64打点	56.5
2	並木輝男	大阪	打率.306、11本、61打点	36.8
3	堀本律雄	巨人	29勝18敗、防2.00	33.3
4	中利夫	中日	打率.312、7本、31打点、50盗塁	33.0
5	桑田武	大洋	打率.301、16本、67打点	32.0
6	秋山登	大洋	21勝10敗、防1.75	31.2
7	井上登	中日	打率.257、15本、64打点	25.8
8	佐藤孝夫	国鉄	打率.280、14本、47打点	25.0
9	権藤正利	大洋	12勝5敗、防1.42	24.5
10	三宅秀史	大阪	打率.271、12本、51打点	21.8

　西鉄を3年連続日本一に導いた名将・三原脩を招聘した大洋が、前年の最下位からリーグ優勝を果たす劇的な展開。実際のMVPに選ばれたのも、大洋のエースとして21勝を挙げた**秋山**だった。その秋山のPVはリーグ6位の31.2で、大洋では**桑田**の32.0についで2位。ホエールズのMVP候補はこの2人以外にいない。実際の投票では秋山の80票に次いで近藤和彦が54票、土井淳が22票だったが、近藤はリーグ2位の打率.316でもPVは20.7で11位。土井に至っては0.4に過ぎず、いくらリードを含めた守備面での貢献があったとしても、候補にはなりようがない。

　投手でPV1位だったのは、新人でリーグ最多の29勝を稼いだ**堀本**の33.3だが、秋山との差はほとんどない。野手も含めると**長嶋**の56.5が、他を圧倒して1位。打率.334、151安打、12三塁打、70四球など7部門で1位を占め、巨人が優勝していれば文句なしのMVPだった。

　果たして秋山は、長嶋との25.3点ものPVの差を跳ね返し、MVPに選ばれるほどの成績だったろうか？　大洋が2位だったときに首位のチームと対戦し

た試合、及び首位にいたときに2位と対戦した試合は合わせて24試合。その成績を調べると、秋山は9試合、41.1回を投げ0勝4敗、防御率2.40。他の主力投手では島田源太郎が8試合、48.2回で4勝2敗、1.66、鈴木隆は10試合、2勝1敗、2.20でいずれも秋山より良かった。

2位巨人との最終決戦となった9月26〜29日の3試合でも、初戦は島田が1失点完投勝利、2戦目は秋山が先発して6回1失点ながら勝ちはつかず、3戦目は秋山が同点の7回から登板して敗戦投手になっている（自責点は0）。秋山の内容も悪くはなかったものの、島田や鈴木には劣っており、何より首位攻防戦での0勝4敗は印象が良くない。大洋でトップのPVだった桑田も、首位攻防戦では62打数15安打（.242）、2本塁打、9打点とあまり打っていなかった。

巨人は防御率3.09が5位、打率.229は最下位で、得失点差は−15と考えられないほど酷いチーム状態だった。特に打線は長嶋と、2年目でレギュラーになったばかりの王貞治（PV19.5＝13位）以外は、ほとんど頼りにならなかった。それでも最終的に4.5ゲーム差まで大洋に迫ったのは、長嶋の打撃によるところが大きかった。大洋戦での成績も84打数30安打（打率.357）、3本塁打、11打点に23四球を選び、出塁率は.495に達していた。優勝チームからMVPを選ぶ必要のない本書では、大洋勢は2倍近いPVを残していた長嶋には及ばないと判断し、長嶋をMVPとする。次点は巨人戦で3勝3敗、防御率2.31だった秋山が、4本塁打、11打点でも打率.265に過ぎなかった桑田より上だろう。

◆1960年のセ・リーグ年間チーム順位
　1大洋ホエールズ★、2読売ジャイアンツ、3大阪タイガース、4広島カープ、5中日ドラゴンズ、6国鉄スワローズ
◆1960年のセ・リーグのタイトルホルダー
　首位打者：長嶋茂雄、**最多本塁打**：藤本勝巳、**最多打点**：藤本勝巳、**最多盗塁**：中利夫、**最多勝**：堀本律雄、**最優秀防御率**：秋山登、**最多奪三振**：金田正一
◆1960年のトピックス
　金田、プロ野球史上初の3,000奪三振。横綱栃錦引退、栃若時代から柏鵬時代へ。合言葉は巨人・大鵬・玉子焼き。プロレスのジャイアント馬場、アントニオ猪木がデビュー。2巨頭の時代へ。パへつづく→

1960 パ・リーグ

実際のMVP＝山内和弘（大毎）
本書でのMVP＝山内和弘（大毎）、初
次点＝榎本喜八（大毎）

PVトップ10

1	野村克也	南海	打率.291、29本、88打点	53.8
2	豊田泰光	西鉄	打率.287、23本、87打点	52.4
3	山内和弘	大毎	打率.313、32本、103打点	46.1
4	榎本喜八	大毎	打率.344、11本、66打点	45.8
5	田宮謙次郎	大毎	打率.317、12本、62打点	39.8
6	杉浦忠	南海	31勝11敗、防2.05	35.3
7	小野正一	大毎	33勝11敗、防1.98	34.7
8	張本勲	東映	打率.302、16本、56打点	27.3
9	小玉明利	近鉄	打率.301、20本、69打点	26.1
10	G・ミケンズ	近鉄	13勝10敗、防2.23	21.7

　西本幸雄が新監督に就任した大毎が、南海を4ゲーム差で振り切って、球団結成初年度以来10年ぶり2度目のリーグ制覇。MVPは32本塁打、103打点の二冠王に輝いた**山内**が38票を集め、**榎本**と**小野**の6票に大差をつけて受賞した。

　PVトップ10に4選手を送り込んだように、大毎には貢献度の高い選手が多かった。MVP候補は、チームトップのPV46.1だった山内、0.3点差で次ぐ榎本が双璧。**田宮**もPV39.8でリーグ5位だったが、OPS.892は山内の.975、榎本の.939に及ばず、守備・走塁面でのアドバンテージがそれほどあるわけでもない。むしろリーグ7位のPVではあっても、投手陣では最多の34.7だった小野のほうが、候補としてはふさわしいか。他球団では、リーグ最多のPV53.8だった**野村**も有力。**豊田**も52.4で僅差の2位だったが、山内・榎本との差はそれほどない上、西鉄が12ゲーム差の3位だったので候補からは外れる。

　まず山内と榎本の比較から始めよう。前述のように山内は本塁打・打点の2

冠を制し、長打率.580も榎本の.506に大差で1位。榎本は打率.344のほか、出塁率.389と170安打、37二塁打も1位。四球は2人とも67個で2位だった。両者で大きな開きがあるのは併殺打の数で、榎本の9個に対し山内はリーグワーストの23個。盗塁も榎本が15個で失敗は1度だけ、山内は5盗塁で失敗2だった。この結果、総アウト数（打数－安打＋犠打・犠飛・盗塁刺・併殺打）は榎本が337、山内が362で、山内のほうが25回も多くアウトになっていた。ただし南海戦の成績は、榎本が打率.344、1本塁打、15打点、OPS.923、山内が.366、4本塁打、21打点、OPS1.024で山内に軍配が上がる。両者はほぼ互角で明確な差はつかないことから、PVで上位の山内が榎本より上だろう。

小野は33勝で最多勝となったほか、67試合、5完封、勝率.750も1位。特筆すべきは、リリーフだけで21勝を挙げている点である。6月5日から29日にかけて、大毎はプロ野球記録となる18連勝していたが、この間小野は15試合に登板して10勝と、まさしく大車輪の働きだった。けれども南海戦では12試合で5勝5敗、防御率3.70で、チームメイトである中西勝己の6勝1敗、1.47に大きく見劣りする。PVで10点以上離されている山内、榎本ほどの貢献度があったとは考えにくい。

最後は野村だが、大毎戦では打率.294、5本塁打、15打点と可もなく不可もない数字で、大毎勢を上回るほどのインパクトはない。捕手でPV53.8はかなりの水準ではあっても、54年のルイス（54.3）には及ばず、歴史的な数字というわけでもない。実際の投票と同じく、本書でもMVPは山内、次点は榎本という結論になった。

◆1960年のパ・リーグ年間チーム順位
　1 大毎オリオンズ、2 南海ホークス、3 西鉄ライオンズ、4 阪急ブレーブス、5 東映フライヤーズ、6 近鉄バファロー
◆1960年のパ・リーグのタイトルホルダー
　首位打者：榎本喜八、**最多本塁打**：山内和弘、**最多打点**：山内和弘、**最多盗塁**：C.バルボン、**最多勝**：小野正一、**最優秀防御率**：小野正一、**最多奪三振**：杉浦忠
◆1960年のトピックス
　→セ・リーグ　反安保闘争が激化。ソニーが世界初のトランジスタテレビを発売。「国民所得倍増計画」を閣議決定。米大統領に民主党のケネディ当選。

1961　セ・リーグ

実際のMVP = 長嶋茂雄（巨人）
本書でのMVP = 長嶋茂雄（巨人）、3年連続3回目
次点 = 権藤博（中日）

PVトップ10

1	長嶋茂雄	巨人	打率.353、28本、86打点	80.5
2	権藤博	中日	35勝19敗、防1.70	46.8
3	近藤和彦	大洋	打率.316、11本、48打点、35盗塁	41.7
4	桑田武	大洋	打率.280、25本、94打点	35.3
5	井上登	中日	打率.293、4本、58打点	25.6
6	北川芳男	国鉄	15勝15敗、防1.90	20.9
7	三宅秀史	大阪	打率.273、15本、56打点	20.7
8	金田正一	国鉄	20勝16敗、防2.12	20.4
9	中利夫	中日	打率.271、13本、39打点、30盗塁	20.1
10	古葉毅	広島	打率.286、5本、34打点	19.8

　川上哲治新監督となった巨人が、中日とのデッドヒートを1ゲーム差で制しV奪回を果たした。MVPは**長嶋**が満票で受賞したが、中日にもMVP級の活躍だった選手がいた。新人ながら35勝を挙げ、PV46.8で2位だった**権藤**である。

　権藤の成績は驚異的だった。69試合に登板し、うち先発が44試合で完投が32試合。チームの全試合（130）の3分の1以上に先発し、約3割の試合を一人で投げ抜いた勘定になる。投球回数429.1は、47年別所（南海）の448.1回以来最多の数字だった。その酷使ぶりは「雨、雨、権藤、雨、権藤……」という有名なフレーズが示す通り。12完封、無四球試合8回、310奪三振など、主要8部門で1位。中日では権藤のほか、**井上**と**中**もPVトップ10に入ってはいたが、その差は20点以上もあった。最後まで巨人との優勝争いに食らいつくことができたのは、間違いなく権藤の働きによるもので、中日が優勝していれば確実にMVPに選ばれていただろう。

　それでもなお、満票でMVPに選ばれるほど長嶋も凄かった。打率.353は

自己記録であり、3年連続の首位打者。2位の**近藤**に3分7厘の大差をつけた。全年代との平均で修正打率を算出すると.380となり、57年の与那嶺、86年のバースに次いでセ・リーグ史上3位の高水準となる。28本塁打も**桑田**に3本差で1位。打点だけが桑田に8打点及ばず、三冠王こそ逃したものの、PV80.5は野手で2位の近藤や、権藤に30点以上の差をつける圧倒的な水準だった。

権藤の活躍は歴史的といってよく、新人であったことを考えればなおさらその価値は高い。とはいえ巨人戦では13試合、75.1回を投げ5勝4敗、防御率2.39。好成績ではあっても、飛びぬけたレベルとまではいかない。

長嶋の中日戦の成績は85打数27安打の打率.318に加えて、24四球を選び出塁率は.468。前年と同様にチーム打率がリーグ最低、王以外は平均レベルに達していた打者のいない巨人打線を、一人で引っ張っていた。その証拠に、巨人では長嶋以外に誰もPVトップ10には入っていない。野手で長嶋に次ぐのは王(打率.253、13本塁打)の15.9で、リーグ全体では15位。投手で最高位の中村稔(17勝10敗、防御率2.13)も14.8で16位にしかならなかった。優勝チームからMVPを選ぶという基本方針もあり、本書でも長嶋をMVPとする。

酷使の影響により、わずか4年で投手としてのキャリアを絶たれてしまったことを考えると、心情的には権藤にMVPを与えたい気もする。だがこの時点では、そのような未来が待っていることはわからなかったのだから、純粋に成績を根拠として選ぶしかない。

1960年代

◆**1961年のセ・リーグ年間チーム順位**
　1読売ジャイアンツ★、2中日ドラゴンズ、3国鉄スワローズ、4阪神タイガース、5広島カープ、6大洋ホエールズ

◆**1961年のセ・リーグのタイトルホルダー**
　首位打者:長嶋茂雄、**最多本塁打**:長嶋茂雄、**最多打点**:桑田武、**最多盗塁**:近藤和彦、**最多勝**:権藤博、**最優秀防御率**:権藤博、**最多奪三振**:権藤博

◆**1961年のトピックス**
　大阪タイガース→阪神タイガースに。実質経済成長率が14.5%、高度経済成長期のピーク。大阪・釜ヶ崎の暴動。ベルリンの壁構築。

1961　パ・リーグ

実際のMVP ＝ 野村克也（南海）
本書でのMVP ＝ 稲尾和久（西鉄）、3年ぶり3回目
次点 ＝ 野村克也（南海）

PVトップ10

1	稲尾和久	西鉄	42勝14敗、防1.69	65.4
2	野村克也	南海	打率.296、29本、89打点	58.4
3	張本勲	東映	打率.336、24本、95打点	55.7
4	土橋正幸	東映	30勝16敗、防1.90	54.6
5	山内和弘	大毎	打率.311、25本、112打点	49.1
6	豊田泰光	西鉄	打率.297、16本、60打点	44.4
7	久保田治	東映	25勝11敗、防2.16	34.6
8	田宮謙次郎	大毎	打率.328、11本、71打点	32.3
9	西園寺昭夫	東映	打率.258、22本、73打点	31.2
10	広瀬叔功	南海	打率.296、6本、46打点、42盗塁	31.0

　水原茂を新監督に迎えた東映が9月半ばに11連勝、南海を逆転し一旦首位に立つ。両者が同率首位で迎えた10月11日からの直接対決で南海が3連勝、最終的に2.5ゲーム差で2年ぶりの優勝を果たした。本塁打王となった**野村**が初のMVPを受賞。PV58.4は、南海で2位の皆川睦雄（23.1）の2倍以上であり、野手ではリーグトップだった。
　野村に匹敵するPVを記録したのは**張本**、**土橋**の東映勢。張本はPV55.7で3位。打率.336で初の首位打者となり、長打率.596も1位。単に打撃だけなら野村を凌駕していた。PV54.6で4位の土橋は25完投、9完封は1位、30勝と防御率1.90も2位だった。**稲尾**はさらにその上を行くPV65.4。78試合に登板し、これは長い間史上最多記録として残っていた。42勝も39年のスタルヒンと並んで史上1位。当時は単独最多記録として扱われていたが、のちの再調査でスタルヒンと同数だったことが判明した。防御率1.69、353奪三振も1位で、58年以来2度目の投手三冠。稲尾のキャリアを通じても、個人としては最高のシーズンであった。

まず東映の2人から検証を始めよう。南海との対戦で張本は91打数35安打、6本塁打、20打点。打率.385、出塁率.456、長打率.714と打ちまくっていた。けれども同じ野手の野村よりPVが低く、なおかつチームも優勝できなかった点がマイナスになる。土橋は南海戦で13試合に登板し5勝3敗、85.1回を投げ防御率1.69と立派な数字だ。しかしながら10月8日の西鉄戦で稲尾に2－4で投げ負け、単独首位の座を失うと、南海との最終決戦となった11日は延長10回に1点を失い、ジョー・スタンカとの投げ合いに敗れる。15日も完投しながら4失点でスタンカに敗れ、南海に優勝を決められた。土橋自身は好投していても、大事な試合に勝てなかったことに変わりはない。

稲尾は南海戦で開幕から9連勝、年間でも11勝2敗、96.2回で防御率1.49と圧倒した。東映には59.1回を投げ、防御率2.12ながら4勝5敗とやや分が悪く、特に9月18日からの4連戦で2敗。直前の17日の段階では、西鉄は3位とはいえ首位南海から1.5ゲーム差。これが4連戦終了時には、首位東映に4ゲーム差まで開いてしまった。土橋同様、終盤の大事な試合に勝てなかったのは印象が良くない。

とはいえ西鉄の81勝中、稲尾の42勝は全体の52％に相当する。稲尾に次ぐのは畑隆幸の13勝、若生智男の9勝で、6月22日以降この3人以外はたった2勝だった。稲尾の活躍がなければ、そもそも西鉄は優勝争いに絡むことすらできなかったのだ。登板数と勝利数、それにPVも歴史的水準であり、南海戦での投球内容を考えれば、PVで7点差をつけていた野村に劣る所は何もない。

その野村は東映戦で87打数22安打、1本塁打、7打点。打率.253、OPS.615。主砲としては大いに不満の残る数字だった。優勝チームで最も貢献度の高い選手ではあったが、ライバルとの試合でもっと打っていれば、終盤戦までもつれなかったのではとの疑問が残る。上位4人に大きな差はなかったが、本書のMVPは稲尾、野村は次点という結論に達した。

◆1961年のパ・リーグ年間チーム順位
　1南海ホークス、2東映フライヤーズ、3西鉄ライオンズ、4大毎オリオンズ、5阪急ブレーブス、6近鉄バファロー
◆1961年のパ・リーグのタイトルホルダー
　首位打者：張本勲、**最多本塁打**：野村克也・中田昌宏、**最多打点**：山内和弘、**最多盗塁**：広瀬叔功、**最多勝**：稲尾和久、**最優秀防御率**：稲尾和久、**最多奪三振**：稲尾和久

1962 セ・リーグ

実際のMVP = 村山実（阪神）
本書でのMVP = 村山実（阪神）、初
次点 = 小山正明（阪神）

PVトップ10

1	江藤慎一	中日	打率.288、23本、61打点	58.6
2	村山実	阪神	25勝14敗、防1.20	58.1
3	王貞治	巨人	打率.272、38本、85打点	45.6
4	長嶋茂雄	巨人	打率.288、25本、80打点	42.5
5	小山正明	阪神	27勝11敗、防1.66	38.1
6	金田正一	国鉄	22勝17敗、防1.73	34.3
7	森永勝治	広島	打率.307、11本、55打点	26.2
8	並木輝男	阪神	打率.290、10本、51打点	24.2
9	秋山登	大洋	26勝12敗、防1.92	22.9
10	柿本実	中日	20勝17敗、防2.06	20.0

　最終盤まで阪神と大洋が激しく競り合ったペナントレースは、阪神が4ゲーム差をつけて2リーグ分立後初の優勝を飾った。チーム打率は.223で5位、386得点も同じく5位と打線は弱かったが、防御率2.03は2位巨人に0.44差で1位。**村山**と**小山**の両エースが、実際のMVP投票でも92対73の激戦となり、MVPは村山、沢村賞は小山が受賞した。
　この2人をPVで比較すると、村山が58.1でリーグ2位、小山は38.1で5位と大きな差があった。勝利数は小山が27勝で村山より2勝多く、完封も小山の13回に対して村山は6回だけだった。ところが防御率は村山が0.44差で1位、小山は2位。奪三振は小山が270個で1位、村山が265個で2位、奪三振／与四球比も村山4.82、小山4.58とほぼ互角だったのに、防御率とPVは大差がついていた。
　優勝チームのPV1・2位とあって、MVPも2人のうちいずれかを選ぶべきだろう。PVでは村山が断然優勢だが、勝利数・完封数以外に、小山に有利な点はなかっただろうか。まずデッドヒートを繰り広げた大洋戦の成績は、村山

が13試合、8先発で70回を投げ3勝3敗、防御率1.41。小山は11試合（9先発）、83.1回で6勝3敗、1.19、完封も3回あって、小山のほうに分がある。

次に9月以降の成績で比較すると、小山は10試合すべて先発で81.1回を投げ防御率1.66。6勝4敗ながら5完投、4完封で、優勝を決めた10月3日、対広島のシーズン最終戦でも完封勝ちした。村山は11試合で8先発、72回を投げ防御率1.38は小山より良かったが、4勝4敗、4完投、0完封は見劣りする。こうした点を考慮に入れると、2人の差はPVの値ほど大きな開きはないとも思える。

ただ、小山は47試合中40試合で先発として起用されていたのに対し、村山は57試合中先発が38、リリーフが19。当時のエース級の投手の多くがそうであったように、ここ一番で切り札的に起用されていたのは村山だった。総合的には、やはり村山が小山を一歩リードしていたと思われる。MVPが村山、次点が小山という投票結果は妥当だろう。

PV1位の58.6だった**江藤**は、打撃タイトルこそなかったけれども打率4位、本塁打3位、打点6位、四球2位と全般的に高水準だった。ただ、PVがこれほど高い値になったのは、主に守っていたポジションが捕手だったからである。出場133試合のうち104試合が捕手、40試合が外野手。そのため守備位置修正で高い係数が与えられ、**王**や**長嶋**を上回ったのだ。江藤が正捕手を務めたのはこの年だけ、PV1位だったのも同様である。素晴らしい成績であったのは間違いないが、中日も優勝争いには絡むことがなく、村山・小山を押しのけるまでには至らなかった。

◆1962年のセ・リーグ年間チーム順位
　1阪神タイガース、2大洋ホエールズ、3中日ドラゴンズ、4読売ジャイアンツ、5広島カープ、6国鉄スワローズ
◆1962年のセ・リーグのタイトルホルダー
　首位打者：森永勝治、**最多本塁打**：王貞治、**最多打点**：王貞治、**最多盗塁**：河野旭輝、**最多勝**：権藤博、**最優秀防御率**：村山実、**最多奪三振**：小山正明
◆1962年のトピックス
　世界体操の男子団体で日本初優勝。ファイティング原田、19歳で世界フライ級王者に。世界バレーボールで日本女子が7戦全勝の完全制覇。パへつづく→

1962　パ・リーグ

実際のMVP＝張本勲（東映）
本書でのMVP＝野村克也（南海）、初
次点＝張本勲（東映）

PVトップ10

1	野村克也	南海	打率.309、44本、104打点	95.7
2	張本勲	東映	打率.333、31本、99打点	66.1
3	J・ブルーム	近鉄	打率.374、12本、74打点	60.6
4	山内一弘	大毎	打率.334、18本、72打点	48.8
5	和田博実	西鉄	打率.325、14本、54打点	43.0
6	豊田泰光	西鉄	打率.274、23本、67打点	40.7
7	稲尾和久	西鉄	25勝18敗、防2.30	31.7
8	吉田勝豊	東映	打率.306、18本、79打点	27.9
9	B・ピート	南海	打率.290、22本、75打点	27.5
10	榎本喜八	大毎	打率.331、17本、66打点	26.9

　東映が南海に5ゲーム差をつけ、球団創設以来初のリーグ優勝。MVPに選ばれたのは入団4年目、22歳の**張本**だった。打率.333はリーグ4位、31本塁打と99打点は2位で、優勝チームの主砲として申し分ない成績を残したと言えよう。PV66.1も堂々たる数字で2位。東映で他にトップ10に入ったのは27.9で8位の**吉田**だけ、投手でトップの久保田治は22.6で14位だったから、東映からMVPを選ぶとすれば張本以外の選択はない。

　だが、PVでは張本に29.6点の大差をつけて**野村**が1位だった。95.7はこの時点でプロ野球史上最高であり、個人成績から見れば野村がMVPとなる。野村は打率.309こそ9位にとどまったが、リーグ新記録となる44本塁打を放ち、104打点と併せて二冠王。長打率.636も1位だった。出塁率.440で1位だった張本とOPSで比較すると、野村1.036、張本1.037とほとんど同じだった。RCでも野村が123.4、張本は130.9と大きな差はないが、PVでは30点以上も野村がリードしているのは、野村が捕手、張本が左翼手で守備位置修正を加えたことによるものだ。

野村は133試合すべてに捕手として出場し、リーグ2位の盗塁阻止率.426を記録していた。それでいて打撃でも二冠王になっていたのだから、貢献度の高さは計り知れない。南海はエースの杉浦が故障で一時戦列を離脱、鶴岡監督も休養した時期があったほど苦しい状態だった。それでも終盤に追い上げ、残り1試合の時点まで優勝の望みを残していたのは野村の活躍があってこそだった。

　ただし直接対決での成績は、野村が東映戦で105打数32安打の打率.305、7本塁打、10打点、10四球でOPS.917。張本の南海戦は95打数42安打で打率.442、6本塁打、16打点と打ちまくった上、さらに19四球を選んでいた。その結果出塁率は.642、さらに長打率も.684に達し、OPSは1.326の驚異的な数字となる。この点は張本に大変有利だ。

　この年までMVPは必ず優勝チームから選んでいたので、張本が受賞したのは当然ではある。けれども、史上最高のPVを記録した野村以上だったかどうか。張本は守備の負担が少ないレフトであり、なおかつ拙守でも有名で、その点は優秀な捕手だった野村とは大きく異なっている。総合的に評価すれば、PVの差が示す以上の差が両者にはあったと判断し、本書は野村をMVP、張本を次点とした。実際の投票でも張本の70票に次いで野村にも61票が入っており、おそらくはこれが契機となって、MVPを優勝チームから選ぶという取り決めがなくなったのではないか。それだけ野村の価値の高さを、当時の投票者たちは正確に理解していたということだ。

◆1962年のパ・リーグ年間チーム順位
　1東映フライヤーズ★、2南海ホークス、3西鉄ライオンズ、4大毎オリオンズ、5阪急ブレーブス、6近鉄バファローズ
◆1962年のパ・リーグのタイトルホルダー
　首位打者：J.ブルーム、**最多本塁打**：野村克也、**最多打点**：野村克也、**最多盗塁**：広瀬叔功、**最多勝**：久保征弘、**最優秀防御率**：久保田治、**最多奪三振**：米田哲也
◆1962年のトピックス
　→セより　近鉄バファロー→近鉄バファローズに。キューバ危機。植木等が「無責任男」で絶好調、吉永小百合は優等生的青春スターに。本格的テレビ時代へ。

1963　セ・リーグ

実際のMVP＝長嶋茂雄（巨人）
本書でのMVP＝長嶋茂雄（巨人）、2年ぶり4回目
次点＝王貞治（巨人）

PVトップ10

1	長嶋茂雄	巨人	打率 .341、37本、112打点	82.0
2	王貞治	巨人	打率 .305、40本、106打点	70.0
3	金田正一	国鉄	30勝17敗、防1.98	44.0
4	柿本実	中日	21勝13敗、防1.70	42.0
5	豊田泰光	国鉄	打率 .292、20本、70打点	41.2
6	古葉毅	広島	打率 .339、7本、37打点、32盗塁	39.9
7	伊藤芳明	巨人	19勝8敗、防1.90	32.7
8	江藤慎一	中日	打率 .290、25本、70打点	31.7
9	稲川誠	大洋	26勝17敗、防2.42	27.4
10	興津立雄	広島	打率 .303、19本、93打点	26.7

　巨人が開幕2戦目から13連勝、6月9日から再び13連勝し、8月1日時点で貯金32。2位中日に11ゲームの大差をつけて独走していた。しかしその後負けが込み、最終的には2.5ゲーム差まで迫られて何とか逃げ切った。投手では**伊藤**が19勝、リーグ最多の10完封で防御率1.90は2位。PVも7位の32.7と健闘してはいたが、やはり優勝の原動力となったのは、PV1・2位のON砲だった。チーム本塁打143本中54％に相当する77本、568打点中38％の218打点を2人で叩き出す、圧倒的な存在感。ON以外の巨人の野手で最多のPVは、国松彰の9.0でしかなかった。

　実際のMVPを受賞したのは、打率 .341 で首位打者となり、打点王と合わせて二冠を制した**長嶋**。37本塁打、112打点はいずれもこの時点での自己記録となっただけでなく、そもそも30本／100打点の大台に乗ったのが初めてであった。PV82.0も1位で、61年の80.5を更新する自己最高の数字となった。12.0点差で2位だったのは、前年から一本足打法を取り入れて完全開花した**王**。40本塁打で2年連続タイトルを獲得、40本台は50年の小鶴・藤村以来13

年ぶりだった。当然、MVP候補もこの2人に絞られる。

　単純に打撃3部門の数字だけを眺めれば、長嶋が有利に思える。打率で王を大きく凌駕し、本塁打も3本しか差がないからだ。だが四球数は王が123個で、86個の長嶋より37個も多い。そのため出塁率では王が.452で、長嶋の.437をリード。OPSでも長嶋1.094、王1.092とほぼ互角になっている。

　しかし、最後まで競り合った中日との対戦成績は、長嶋が90打数26安打（打率.289）、5本塁打、16打点、18四球だったのに対し、王は98打数17安打の打率.173。4本塁打、9打点も長嶋を下回った。22四死球は長嶋より多かったけれども、1割以上もあった打率の差は埋められない。また、守備面でも三塁手である長嶋のほうが、一塁手の王よりも負担は大きい。長嶋の守備力が大きなマイナスであったなら話は別だが、数字上で判断する限りそのようなことはなかった。実際の投票結果と同様、長嶋がMVPであったと判断していいだろう。

　この頃まではまだ、長嶋と王の成績はほぼ拮抗していて、長嶋が優位を保っていた。だが翌64年以降は王が急速に力をつけ、二人の実力差は大きく開いていく。以後長嶋のPVが王を上回ることは一度もなく、その差が10点以内に収まったのも71年（4.0点差）のみ。63年はONのパワーバランスが逆転する境界の年だった。

1960年代

◆1963年のセ・リーグ年間チーム順位
　1読売ジャイアンツ★、2中日ドラゴンズ、3阪神タイガース、4国鉄スワローズ、5大洋ホエールズ、6広島カープ
◆1963年のセ・リーグのタイトルホルダー
　首位打者：長嶋茂雄、**最多本塁打**：王貞治、**最多打点**：長嶋茂雄、**最多盗塁**：高木守道、**最多勝**：金田正一、**最優秀防御率**：柿本実、**最多奪三振**：金田正一
◆1963年のトピックス
　鈴鹿サーキットで第1回日本グランプリ自動車レース開催。横綱大鵬、史上初の6場所連続優勝。力道山が暴力団員に刺され死去。パへつづく→

1963 パ・リーグ

実際のMVP = 野村克也（南海）
本書でのMVP = 野村克也（南海）、2年連続2回目
次点 = 稲尾和久（西鉄）

PVトップ10

1	野村克也	南海	打率.291、52本、135打点	92.1
2	張本勲	東映	打率.280、33本、96打点、41盗塁	48.0
3	山内一弘	大毎	打率.283、33本、86打点	40.2
4	広瀬叔功	南海	打率.299、14本、60打点、45盗塁	31.1
5	和田博実	西鉄	打率.272、16本、55打点	27.8
6	J・ブルーム	近鉄	打率.335、9本、62打点	26.5
7	J・バーマ	西鉄	打率.274、19本、57打点	25.2
8	榎本喜八	大毎	打率.318、18本、64打点	24.7
9	稲尾和久	西鉄	28勝16敗、防2.54	24.0
10	関根潤三	近鉄	打率.296、12本、66打点	22.9

　開幕から独走していたのは南海で、オールスター時点では2位東映に8ゲーム差をつけていた。ところが、一時は南海に14.5ゲームの大差をつけられていた西鉄が8月以降急浮上。最後の25試合は19勝4敗2分、シーズン最後の近鉄4連戦に全勝して、奇跡的な逆転優勝を成し遂げた。

　実際のMVPに選ばれたのは、惜しくも優勝を逃した南海の**野村**。52本塁打を放ち、50年小鶴の51本を更新するプロ野球新記録を樹立したことが評価された。優勝チーム以外からMVPが選ばれたのは、2リーグ分立後初めて。PV92.1は前年の95.7には及ばなかったとはいえ、2位**張本**につけた44.1点差は前年以上。パ・リーグ全選手の中で、その価値は頭一つどころか二つほど抜けて高く、優勝を逃したとしてもMVPの座は揺るがない。

　優勝した西鉄では、正捕手として打撃でも活躍した**和田**がチーム最多のPV27.8だったが、同ポジションの野村の3分の1以下とあっては、MVPに推すのは難しい。チーム2位のPV25.2だった**バーマ**の成績も、野村はもちろんPVリーグ2位の張本、3位の**山内**に見劣りする。それならばチーム3位で

はあっても、28勝を挙げ最多勝となった**稲尾**のほうがまだふさわしいと思える。

稲尾のPV24.0は、投手ではリーグトップでも総合では9位。西鉄の劇的な追い上げが始まった8月以降、稲尾はチーム最多の13勝、7セーブを挙げた一方で6敗を喫し、148回を投げて防御率も2.80と彼にしては平凡だった。同期間では田中勉が10勝3敗、防御率2.22、若生忠男が8勝3敗、2.37、リリーフ中心の安部和春も8勝0敗6セーブ、1.43と、他に優れた投手たちがいた。8月以降の快進撃は稲尾ももちろんだが、他の投手たちやロイ、バーマ、ウィルソンの"外人三銃士"を筆頭とする打撃陣も含めた、チーム全体で成し遂げたものだった。優勝チームでトップのPVが30にも満たなかったのは、この年の西鉄が初めてだったことがそれを証明している。

ただし南海戦での年間成績だと、稲尾は7勝2敗、115回を投げ防御率1.72。若生（2勝3敗、2.97）や田中（3勝2敗、4.24）よりはるかに良い。安部は5勝0敗2セーブ、1.09と素晴らしかったが、投球回数は41.1回で稲尾の約3分の1だった。打者でも和田は78打数21安打（打率.269）、4本塁打、14打点、OPS.795。バーマも109打数32安打（打率.294）、3本塁打、12打点、OPS.800と特別に良いわけではない。こうした点を考えれば、追い上げた時期の成績がそれほど良くはなかったとしても、次点は稲尾だろう。

◆1963年のパ・リーグ年間チーム順位
　1西鉄ライオンズ、2南海ホークス、3東映フライヤーズ、4近鉄バファローズ、5大毎オリオンズ、6阪急ブレーブス
◆1963年のパ・リーグのタイトルホルダー
　首位打者：J.ブルーム、**最多本塁打**：野村克也、**最多打点**：野村克也、**最多盗塁**：広瀬叔功、**最多勝**：稲尾和久、**最優秀防御率**：久保征弘、**最多奪三振**：稲尾和久
◆1963年のトピックス
　→セより　中ソ対立激化。NHK初の大河ドラマ「花の生涯」。「鉄腕アトム」「8マン」「鉄人28号」「狼少年ケン」人気テレビアニメ続々と。

1964　セ・リーグ

実際のMVP＝王貞治（巨人）
本書でのMVP＝王貞治（巨人）、初
次点＝ジーン・バッキー（阪神）

PVトップ10

1	王貞治	巨人	打率.320、55本、119打点	83.3
2	長嶋茂雄	巨人	打率.314、31本、90打点	66.0
3	G・バッキー	阪神	29勝9敗、防1.89	51.2
4	桑田武	大洋	打率.299、27本、96打点	48.2
5	豊田泰光	国鉄	打率.275、24本、59打点	41.8
6	吉田義男	阪神	打率.318、8本、29打点	36.4
7	江藤慎一	中日	打率.323、21本、72打点	33.7
8	J・マーシャル	中日	打率.280、31本、88打点	28.4
9	城之内邦雄	巨人	18勝16敗、防2.23	27.9
10	山内一弘	阪神	打率.257、31本、94打点	23.4

　前年のパ・リーグに続いて、セ・リーグでも優勝チーム以外からMVPが生まれた。ペナントレースを制したのは、大洋を最後の最後でひっくり返した阪神。だがMVPは、長年日本プロ野球の最多記録として残っていた55本塁打を放った王が手にした。

　全年代の平均と比較した修正本塁打数では、王は56.9本となって最多記録ではない。パ・リーグでは中西が53年に68.9本を記録しており、その後も55、56年と合計3度60本に達していた。62年には野村も58.6本打っていたので、この時点でも王の本数は史上5位であった。とはいえ、50年小鶴の56.4本を更新するセ・リーグの最多記録であったことには変わりない。なお2013年、バレンティンが放った60本塁打は修正本数だと65.2本となり、名実ともに王の本数を抜いている。

　それはそれとして、王が素晴らしい活躍だったのは間違いない。本塁打は2位のクレス（大洋）に19本差、119打点も桑田に23点差で二冠王。打率だけが.320で、江藤に3厘及ばず三冠王にはならなかったが、PV83.3は長嶋に

17.3点差をつけ1位だった。優勝した阪神との対戦でも、打率こそ89打数21安打の.236にとどまっていたが、9本塁打、18打点に加え27個の四死球を選んでいたので、出塁率は.414、長打率は.584の高率であった。

　王以外にMVPは考えられない、というわけではない。阪神にも強力な候補がいたからだ。29勝、防御率1.89の2部門で1位となり、PV51.2でリーグ3位だった**バッキー**である。阪神投手陣では、前年まで村山と二枚看板を形成していた小山が、山内との"世紀のトレード"で東京へ移籍。村山も22勝こそ挙げたものの、防御率3.32は17位、PVは-3.6とキャリア最悪の数字だった。もともと当時の阪神は打力が弱く、投手陣が頼みのチーム。そのような危機的状況でバッキーは孤軍奮闘し、特に最終盤の天王山となった9月20・26日の大洋との4試合で3勝。年間でも大洋戦は9勝2敗、98.2回で防御率2.55。8月以降は11勝4敗、12完投、2完封の防御率1.34とほぼ完璧で、MVPに選ばれてもまったくおかしくなかった。

　それでもなお、年間本塁打記録のインパクトの強さを考えればMVPは王だろう。巨人はチーム打率.235こそリーグ最下位ながら、560得点は1位。これは147本塁打、505四球がともに1位だったからだが、本塁打の37％、四球の24％は王が一人でもたらした。また巨人の得失点差+88は、阪神の+58、大洋の+60を上回っている。本来であれば11ゲームも差をつけられて3位に沈む戦力ではなく、優勝を逃したのは選手の責任ではなかった。MVP級の働きだったバッキーだが、王がそのさらに上を行ったのが不運だった。

◆**1964年のセ・リーグ年間チーム順位**
　1阪神タイガース、2大洋ホエールズ、3読売ジャイアンツ、4広島カープ、5国鉄スワローズ、6中日ドラゴンズ
◆**1964年のセ・リーグのタイトルホルダー**
　首位打者：江藤慎一、**最多本塁打**：王貞治、**最多打点**：王貞治、**最多盗塁**：古葉竹識、**最多勝**：G.バッキー、**最優秀防御率**：G.バッキー、**最多奪三振**：金田正一
◆**1964年のトピックス**
　冬季インスブルック五輪。東京オリンピック開催、標語は「世界は一つ、東京オリンピック」。日本は金16個の活躍。パへつづく→

1964　パ・リーグ

実際のMVP ＝ ジョー・スタンカ（南海）
本書でのMVP ＝ 野村克也（南海）、3年連続3回目
次点 ＝ 広瀬叔功（南海）

PVトップ10

1	広瀬叔功	南海	打率.366、12本、58打点、72盗塁	64.0
2	野村克也	南海	打率.262、41本、115打点	62.7
3	D・スペンサー	阪急	打率.282、36本、94打点	61.3
4	張本勲	東映	打率.328、21本、72打点	51.0
5	J・ブルーム	近鉄	打率.294、13本、69打点	30.6
6	小山正明	東京	30勝12敗、防2.47	29.1
7	高倉照幸	西鉄	打率.317、16本、61打点	26.6
8	土井正博	近鉄	打率.296、28本、98打点	26.1
9	J・スタンカ	南海	26勝7敗、防2.40	24.4
10	榎本喜八	東京	打率.298、17本、71打点	24.1

　前年最下位の阪急が戦力を整え、南海と激しいデッドヒートを展開。オールスター以降の直接対決で南海が大きく勝ち越し（10勝4敗）、3.5ゲーム差で3年ぶりに優勝を果たした。MVPに選ばれたのはチーム最多の26勝を挙げた**スタンカ**で、外国人選手としてはリーグで初の受賞だった。

　けれども、スタンカのPV24.4はリーグ9位、投手でも**小山**に次いで2位。南海では**広瀬**が打率.366、72盗塁の2部門で1位、**野村**も41本塁打、115打点の二冠を制し、PVもこの2人が1・2位を占めた。スタンカ、広瀬、野村の3人では誰が最もMVPにふさわしかったのか？

　スタンカの26勝は3位、防御率2.40は2位。1位の妻島芳郎（東京）は規定投球回ぎりぎりの151.1回しか投げていないので、実質的に1位と言っていい。しかし、投球回数は277.2回もあったにもかかわらず6位。防御率がスタンカより下だった小山はリーグ最多の361.1回も投げていて、そのためPVは小山が逆転していた。

　ただ、スタンカは優勝を争った阪急戦で12試合に投げ8勝1敗、防御率

2.57（77回、22点）と極めて強かった。オールスター以降に限ると5勝0敗、2.09。この間は他球団との対戦を含めても12勝2敗。本来のエースである杉浦忠が8勝7敗、最後の1カ月は1勝もできなかったのをカバーしていた。8月20日以降の南海は9勝14敗と苦しんでいたが、そのうち6勝をスタンカが稼ぎ、優勝決定直前の3試合（9月13日阪急戦、16・17日西鉄戦）ですべて勝利投手となっている。最も苦しい時期に、最も頼りになった投手であって、PVの値以上の貢献度だったのは確かだ。

広瀬も.366は右打者としての最高打率であり、89試合目まで4割をキープ。100試合を消化した時点でもなお.399だった。31回連続盗塁成功の新記録も樹立し、OPS.968は、長打力で圧倒的に優っている野村の.877を軽く上回ってリーグ1位。ただし終盤は故障もあって欠場が多かった点がマイナス材料となる。野村のPV 62.7は広瀬を1.3点下回り、62・63年に比べると30点以上も下がっている。これでも相当高い水準には違いなく、実際二冠王にもなっているが、打率が21位の.262にとどまったこともあって、不調だったような印象を与えている。

阪急戦の成績は広瀬が79打数30安打（.380）、1本塁打、6打点、12盗塁、OPS.943。野村は116打数36安打（.310）、9本塁打、27打点で、OPS.943は広瀬と同率だった。しかしながらオールスター後の阪急戦は、野村が打率.390、5本塁打、15打点で、欠場の多かった広瀬の.314、5盗塁より貢献度は高かった。

三者とも一長一短があって容易に決め難いが、スタンカはPVが広瀬・野村の半分以下では、どれだけ内容が濃くてもMVPとするには難しい。広瀬と野村の比較では、後半戦の阪急との直接対決でよく打った野村のほうが上と判断し、MVPは野村、次点は広瀬という結論に至った。

◆1964年のパ・リーグ年間チーム順位
　1南海ホークス★、2阪急ブレーブス、3東映フライヤーズ、4東京オリオンズ、5西鉄ライオンズ、6近鉄バファローズ
◆1964年のパ・リーグのタイトルホルダー
　首位打者：広瀬叔功、**最多本塁打**：野村克也、**最多打点**：野村克也、**最多盗塁**：広瀬叔功、**最多勝**：小山正明、**最優秀防御率**：妻島芳郎、**最多奪三振**：尾崎行雄
◆1964年のトピックス
　→セより　大毎オリオンズ→東京オリオンズに。東海道新幹線開通。

1965　セ・リーグ

実際のMVP＝王貞治（巨人）
本書でのMVP＝王貞治（巨人）、2年連続2回目
次点＝江藤慎一（中日）

PVトップ10

1	王貞治	巨人	打率 .322、42本、104打点	82.0
2	江藤慎一	中日	打率 .336、29本、74打点	63.8
3	高木守道	中日	打率 .302、11本、48打点、44盗塁	34.5
4	桑田武	大洋	打率 .267、24本、75打点	32.2
5	長嶋茂雄	巨人	打率 .300、17本、80打点	29.1
6	村山実	阪神	25勝13敗、防1.96	28.0
7	近藤和彦	大洋	打率 .308、9本、33打点	24.9
8	黒木基康	大洋	打率 .283、25本、61打点	19.7
9	山内一弘	阪神	打率 .261、20本、65打点	18.0
10	山本一義	広島	打率 .256、15本、59打点	17.7

　巨人V9の最初の年。国鉄から大エース金田正一、東映からは好打者の吉田勝豊と、投打に大補強を施して臨んだが、5月半ばまでは勝率5割前後にとどまっていた。それでも6月に首位に立つとその座を一度も譲ることなく、最終的には2位中日に13ゲーム差。全球団に対し5つ以上勝ち越す完全優勝だった。

　MVPは42本塁打、104打点の二冠に輝いた**王**。打率.322だけが**江藤**に1分4厘及ばず、2年続けて江藤に三冠を阻まれた。PVも王が82.0で1位、江藤が63.8で2位、あとの選手は40以下と、この2人だけが抜きんでていた。巨人が独走で優勝した以上、MVPは王以外に考えられないが、次点は誰になるだろうか。

　巨人で2位のPV29.1だったのは**長嶋**だが、打率はジャスト3割、本塁打も5年ぶりに20本を下回るなど、彼にしては平凡な成績。投手陣では金田が防御率1.84でリーグ1位、PVも14.8（15位）で、20勝を挙げた中村稔の14.1を上回っていたけれども、勝利数11、投球回数141.2では候補になり得

ない。

　最も印象的な活躍をした巨人の投手は、金田でも中村でもなく宮田征典だった。リーグ最多の69試合に登板し、うち2試合を除いてすべてリリーフ。マウンドに上がる時間帯から"8時半の男"との異名がつき、20勝（うち先発で1勝）に加えて、現在の規定であればセーブも22あった計算になる。セーブポイントは41となり、88年の郭源治が44で更新するまでの記録であった。まさしく大車輪の働きであり、MVP投票でも王の650点に次いで2位の605点を獲得した。川上監督も「何とか宮田に取らせられなかったのか」と記者たちに嘆いてみせたと言われている。

　しかしながら、宮田のPVは12.9で20位以内にも入らない。69試合に登板し、164.2回に投げたのはリリーフ投手としては確かにすごい。しかし、当時のエース級投手は先発に加えてリリーフで登板することも多かった。例えば稲尾は42勝した61年は30先発で25完投、これに加えて救援登板が48試合。杉浦忠が38勝した59年は35先発で19完投、さらにリリーフで34試合に投げていた。これに比べれば、宮田の起用法は先発がほとんどなかった分、負担は少なかったと言える。歴史的というほどの数字ではなく、PVはそれを正しく反映している。

　宮田は王に及ばないだけでなく、江藤と比べてもPVは50点以上開きがある。江藤は巨人戦でも85打数23安打、4本塁打、19打点。打率は.271とさほど高くはなかったが、19四球を選んで出塁率は.404、OPSも.839と充分な働きだった。宮田が巨人の優勝に大きく貢献したのは間違いないけれども、次点はPVランキングの通りに江藤とするのが順当だろう。

◆1965年のセ・リーグ年間チーム順位
　1読売ジャイアンツ★、2中日ドラゴンズ、3阪神タイガース、4大洋ホエールズ、5広島カープ、6サンケイスワローズ
◆1965年のセ・リーグのタイトルホルダー
　首位打者：江藤慎一、**最多本塁打**：王貞治、**最多打点**：王貞治、**最多盗塁**：高木守道、**最多勝**：村山実、**最優秀防御率**：金田正一、**最多奪三振**：村山実
◆1965年のトピックス
　プロ野球が初のドラフト会議、巨人＝堀内恒夫、阪急＝長池徳二ら入団。国鉄スワローズがサンケイスワローズに。シンザンが史上初の5冠馬。F1ホンダ初優勝。戦後初の赤字国債発行を決定。パへつづく→

1965　パ・リーグ

実際のMVP ＝ 野村克也（南海）
本書でのMVP ＝ 野村克也（南海）、4年連続4回目
次点 ＝ ダリル・スペンサー（阪急）

PVトップ10

1	野村克也	南海	打率.320、42本、110打点	96.9
2	D・スペンサー	阪急	打率.311、38本、77打点	76.2
3	尾崎行雄	東映	27勝12敗、防1.88	50.4
4	T・ロイ	西鉄	打率.292、22本、77打点	34.5
5	張本勲	東映	打率.292、23本、88打点	34.2
6	三浦清弘	南海	11勝3敗、防1.57	30.0
7	広瀬叔功	南海	打率.298、15本、55打点、39盗塁	29.8
8	小山正明	東京	20勝20敗、防2.35	26.3
9	小池兼司	南海	打率.268、17本、63打点	24.7
10	小玉明利	近鉄	打率.304、13本、50打点	23.4

　南海が前半戦で17連勝するなど独走し、7月4日時点で2位東映に20.5ゲーム差。6月は1敗だけ、オールスター前に56勝11敗、勝率.836。9月26日に優勝が決まった時点でも82勝36敗、残り19戦で17勝すれば空前絶後の100勝に届くところだったが、その後は6勝13敗だった。

　MVPは打率.320、42本塁打、110打点で戦後初の三冠王となった**野村**。独走したチームの攻守の柱だったことからも当然の受賞だろう。PV 96.9もパ・リーグ史上1位の数字だった。南海の野手では、**広瀬**と**小池**がPVトップ10に入ってはいたが、野村の3分の1以下の数値でしかない。投手では**三浦**が防御率1.57で1位、PV 30.0は6位だったが、先発は17試合のみ。勝ち星も11しかなく、いずれにせよ野村を脅かすほどではなかった。

　ただ、三冠王を獲得した経緯に関しては若干の説明を要する。この年はずっと、野村と**スペンサー**が熾烈な本塁打王争いを繰り広げていた。だがスペンサーは8月には8打席連続で歩かされるなど（しかも対戦相手は南海ではなく無関係の東京）、勝負を避けられるケースが多かった。15日の試合では精密機械

と呼ばれるほどのコントロールを誇った**小山**が4つの四球を出し、スペンサーは「リーグで最高の投手がなぜ逃げる。野村とは勝負するのに」と憤慨したという。小山は「次の打者と勝負したほうが勝算が高い。危険を冒して勝負することはない」と説明していて、確かにそうした側面はあっただろうが、外国人にタイトルを取らせたくないための策略と勘繰られたのも仕方はなかった。スペンサーは結局、野村との差が2本しかなかった10月5日に交通事故に遭い、戦列を離れてタイトルは絶望となったが、もし他球団の投手たちがまともに勝負をしていれば、どうなったかはわからない。

　無冠だったとはいえ、スペンサーの出塁率.423、長打率.649は、いずれも野村を抑えてリーグトップだった。PV76.2は、野村とは大差がついたものの前年に続いて2位。外国人選手としても、54年のレインズ（阪急）の70.2を更新する新記録となった。阪急は4位どまりで優勝争いと無縁だったが、それでも次点はスペンサーだろう。

　投手でリーグトップのPV50.4だった**尾崎**は、プロ4年目の20歳（開幕時点）。4年間で3度目の20勝で、翌66年も24勝、この時点で98勝もしていた。だが65年は378回、最初の5年間で1256回も投げた酷使がたたって、その後は9勝しか追加できずに終わっている。この年高卒新人で20勝を挙げ、PV22.8で11位の池永も、黒い霧事件に巻き込まれて70年、実働6年、103勝で球界を去った。本来なら70年代のパ・リーグを盛り上げていたはずの好投手たちが、不幸な形で消えて行ったのは残念なことだった。

◆1965年のパ・リーグ年間チーム順位
　1南海ホークス、2東映フライヤーズ、3西鉄ライオンズ、4阪急ブレーブス、5東京オリオンズ、6近鉄バファローズ

◆1965年のパ・リーグのタイトルホルダー
　首位打者：野村克也、**最多本塁打**：野村克也、**最多打点**：野村克也、**最多盗塁**：広瀬叔功、**最多勝**：尾崎行雄、**最優秀防御率**：三浦清弘、**最多奪三振**：尾崎行雄

◆1965年のトピックス
　→セより　日本初の大リーガー村上雅則が南海と契約。市川崑監督の記録映画「東京オリンピック」公開、賛否両論。ベトナム戦争、北爆開始。

1966　セ・リーグ

実際のMVP＝長嶋茂雄（巨人）
本書でのMVP＝王貞治（巨人）、3年連続3回目
次点＝長嶋茂雄（巨人）

PVトップ10

1	王貞治	巨人	打率.311、48本、116打点	86.2
2	長嶋茂雄	巨人	打率.344、26本、105打点	58.9
3	村山実	阪神	24勝9敗、防1.55	44.8
4	江藤慎一	中日	打率.321、26本、91打点	41.4
5	中暁生	中日	打率.322、18本、47打点	40.9
6	山本一義	広島	打率.300、15本、70打点	33.5
7	高木守道	中日	打率.306、17本、59打点	33.0
8	堀内恒夫	巨人	16勝2敗、防1.39	31.1
9	城之内邦雄	巨人	21勝8敗、防2.01	29.1
10	遠井吾郎	阪神	打率.326、11本、55打点	26.3

　前年と同じく序盤戦はもたついた巨人だったが、6月12日から8月16日まで40勝7敗の快進撃。最終的に2位中日に13ゲーム差をつけたのも、まったく同じだった。異なるのは実際のMVPを受賞したのが王ではなかったことで、打率.344で首位打者の長嶋が5度目の栄冠を手にした。
　けれども、PVでは王が長嶋に27.3点の大差で1位になっている。王の48本塁打は、2位の長嶋と江藤を22本も上回る圧倒的な本数。全年代の平均との比較で割り出した修正本塁打数は56.6本で、プロ野球記録の55本を放った64年の56.9本に匹敵する数字だった。さらに142四球は、前年の138個を更新する自己記録。うち41回は故意に歩かされたものだった。出塁率は.495に達し、長打率.715と合わせたOPSは1.210。長嶋は出塁率.413／長打率.586／OPS.999だったから、打撃面では王のほうが比較にならないほど優れた数字を残していた。
　長嶋がMVPだったのは首位打者となったことに加えて、打点も105あって、王の116とそれほど差が開いていなかったこともあったのだろう。けれども5

割近い出塁率の王が目の前にいれば、打点が多くなるのは当たり前のこと。3番王・4番長嶋の組み合わせだったのは78試合で、その逆は34試合だった。王の前の一・二番は、柴田・黒江・土井・国松らが打っていたが、この4人の出塁率はそれぞれ.359、.309、.299、.316で、柴田以外は軒並み低い水準だった。このことからもMVPは王、次点は長嶋とするのが妥当だろう。

　この他、投手で特筆すべきは第1回ドラフトの1位指名で巨人に入団した、18歳の**堀内**だった。初登板から13連勝、4連続完封を含む44イニング連続無失点の新人記録も樹立するなど、その活躍は鮮烈の一言。防御率1.39、勝率.889の2部門で1位、PV31.1も村山に次いで投手では2位だった。MVP候補とまではいかなくとも、V2への貢献度は極めて高かった。

　中日勢も目立っていて、PVトップ10内に江藤・**中**・**高木**の3人を送り込んだ。これで江藤は5度目、中は3度目のトップ10入りで、高木も2年連続。60年代の中日は優れた野手が多く、チーム自体も優勝こそ一度もなかったが、61・63・65・66・67年と10年間で5回も2位になっている。それでいて一度も優勝できなかったのは、もちろん巨人が強すぎたのが一番の理由ではあったのだが、この期間だけで監督交代が5回もあるなど、フロントレベルでの方向性が定まらなかったことも影響していた。

1960年代

◆1966年のセ・リーグ年間チーム順位
　1読売ジャイアンツ★、2中日ドラゴンズ、3阪神タイガース、4広島カープ、5サンケイアトムズ・大洋ホエールズ
◆1966年のセ・リーグのタイトルホルダー
　首位打者：長嶋茂雄、**最多本塁打**：王貞治、**最多打点**：王貞治、**最多盗塁**：柴田勲、**最多勝**：村山実、**最優秀防御率**：堀内恒夫、**最多奪三振**：村山実
◆1966年のトピックス
　サンケイスワローズがサンケイアトムズに。ボストンマラソンで君原健二が優勝、日本勢4位まで独占。連続テレビ小説「おはなはん」平均視聴率46％。パへつづく→

1966　パ・リーグ

実際のMVP ＝ 野村克也（南海）
本書でのMVP ＝ 野村克也（南海）、5年連続5回目
次点 ＝ 榎本喜八（東京）

PVトップ10

1	野村克也	南海	打率.312、34本、97打点	88.2
2	榎本喜八	東京	打率.351、24本、74打点	51.8
3	張本勲	東映	打率.330、28本、90打点	45.7
4	D・スペンサー	阪急	打率.278、20本、63打点	30.8
5	J・バーマ	西鉄	打率.260、23本、53打点	27.4
6	小山正明	東京	20勝13敗、防2.07	27.3
7	稲尾和久	西鉄	11勝10敗、防1.79	22.4
8	種茂雅之	東映	打率.291、2本、39打点	21.4
9	池永正明	西鉄	15勝14敗、防2.18	20.7
10	J・ブルーム	南海	打率.294、6本、33打点	20.6

　前年秋に監督に就任したばかりの蔭山和夫の急死を受け、急遽鶴岡が監督に復帰した南海が、4ゲーム差で西鉄を振り切り3連覇。前年14勝していたスタンカが息子の事故死にショックを受け退団、17勝の林俊宏も故障で1勝もできず、アメリカ帰りの村上雅則も期待外れとチーム状態は万全ではなかったが、リーグ最少の94失策だった守備を含めた総合力で逃げ切った。西鉄は最後の4試合に全勝すれば追いつける位置につけていながら、初戦に敗れてあっさり希望は潰えた。

　PV88.2で7度目の1位となった**野村**がMVPで、本書でも文句なしのMVPとした。34本塁打、97打点で5年連続の二冠王、打率.312も3位。数字的にはいずれも三冠王だった前年よりは下がり、連続40本塁打／100打点以上も4年で途切れてしまったが、出塁率.406は自己記録だった。

　また、この年のパ・リーグは1試合の平均得点が3.32で、56年の3.31以来の低水準。平均打率.238は59年以降では唯一の2割3分台、625本塁打も前年より85本も減っていた。それまでの数年間と比べるとかなりの投手優位

となっていて、野村の成績は見た目以上に良かったことになる。それに加えて、南海では野村以外でPVトップ10に入ったのが10位の**ブルーム**（20.6）だけ。野村に次いでチーム2位の18本塁打、53打点だったケント・ハドリはPV12.1で21位。故障に悩まされた広瀬は11.0でさらに下だった。投手でトップの渡辺泰輔（16勝7敗、防御率2.12）はPV19.8で12位、皆川（18勝7敗、2.12）は17.8で13位とあって、例年以上に野村のワンマンチームに近い状態だった。

野村のためにかすんでしまったが、**榎本**のPV51.8も相当ハイレベルだった。リーグ全体で3人しか3割打者がいなかった中にあって、榎本の打率は.351。修正打率に換算すると.377となり、51年の大下（修正で.398）以来の高打率となる。本塁打も自身初の20本台となる24本で、長打率.571は野村をも上回ってリーグトップ。出塁率.439も1位で、単純にRCだけなら119.8で野村の113.2より高かった。守備位置修正の結果、捕手の野村と一塁手の榎本（しかも榎本は守備に関心のないことで有名だった）には大差が生じたのだが、MVP級の打撃成績を残していたのは間違いない。オリオンズは借金8で4位とチーム自体は冴えなかったけれども、2位の西鉄も**バーマ**のPV27.4がトップ、総合では5位と榎本を凌ぐほどではなく、次点とするには何の問題もない。

◆1966年のパ・リーグ年間チーム順位
1南海ホークス、2西鉄ライオンズ、3東映フライヤーズ、4東京オリオンズ、5阪急ブレーブス、6近鉄バファローズ
◆1966年のパ・リーグのタイトルホルダー
首位打者：榎本喜八、**最多本塁打**：野村克也、**最多打点**：野村克也、**最多盗塁**：山本公士、**最多勝**：米田哲也、**最優秀防御率**：稲尾和久、**最多奪三振**：田中勉
◆1966年のトピックス
→セより　新三種の神器＝クーラー、カラーテレビ、カー。総人口が1億人を突破。ビートルズ来日。GSブーム。

1967　セ・リーグ

実際のMVP＝王貞治（巨人）
本書でのMVP＝王貞治（巨人）、4年連続4回目
次点＝柴田勲（巨人）

PVトップ10

1	王貞治	巨人	打率.326、47本、108打点	83.9
2	中暁生	中日	打率.343、10本、36打点	34.0
3	藤田平	阪神	打率.291、16本、44打点	33.8
4	柴田勲	巨人	打率.287、18本、50打点、70盗塁	33.7
5	江藤慎一	中日	打率.277、34本、78打点	33.0
6	D・ロバーツ	サンケイ	打率.270、28本、89打点	31.9
7	L・ジャクソン	サンケイ	打率.296、28本、79打点	31.6
8	高木守道	中日	打率.292、19本、66打点	27.6
9	権藤正利	阪神	9勝6敗、防1.40	27.0
10	G・バッキー	阪神	18勝12敗、防2.30	25.9

　巨人は5月以降一度も首位から滑り落ちることなく、2位中日に12ゲーム差で余裕の3連覇。559得点で335失点、得失点差＋224はV9時代を通じて最大の点差だった。2番目に多かった阪神でも＋82だったから、いかに巨人の戦力が充実していたかがわかる。

　ただ、個人でPVトップ10に入っていたのは4年連続1位の**王**と、PV33.7で4位に食い込んだ**柴田**の2人だけ。58年にプロ入りして以来、9年連続で最低でも5位以内に入っていた長嶋はPV12.4にとどまり、野手でも15位以内に入れなかった。打率.283は自己最低、四球も37しかなく、出塁率は.334で前年より8分近くも下降していた。31歳となって、さしもの長嶋にも衰えが見え始めていた。

　一方、27歳の王は絶頂期を迎えていた。47本塁打、108打点で二冠、打率.326も3位でこの時点での自己最高。長打率.723も同じく自己最高であり、PV83.9は前年ほどではなくとも4年連続で80点台に乗った。**江藤**もリーグ2位の34本塁打は放っていたが、PV33.0は5位とはいえ一時ほどの高レベ

ルではなく、ライバル不在といっていい状況だった。その結果、2位の中には49.9点の大差。PVの1位・2位の点差としてはリーグ史上最大となった。

柴田は、セ・リーグでは50年に金山（松竹）が74盗塁を決めて以来、最多となる70盗塁。これは43年に呉昌征が決めた54個を更新する巨人の球団記録ともなった。それ以上に、王に次いで2位の64四球を選んでいたのが大きく、出塁率.374は5位。PVで柴田より上の中、**藤田**との点差もほとんどない。巨人の投手では金田のPV17.4（19位）が最多と、際立って好成績を残した者がいなかったため、次点は柴田で決まりだ。

ところが、実際の投票では柴田はたったの14ポイントしか集められず、巨人でも王・城之内・金田・長嶋・堀内・土井に次いで7番目でしかなかった。打率が12位でしかなかったのが理由なのだろうが、これほど多くの盗塁を決めていた割には、記者たちに与えるインパクトは思いのほか低かったようだ。なお次点は2位の中日で29勝を挙げ、11勝の大差をつけ最多勝となった小川健太郎だったが、PV21.4は14位。巨人との差が大きく開いていたこともあり、次点とするには物足りない。

この他に目立ったのは、ともに28本塁打を放ったサンケイの外国人コンビ。**ロバーツ**がPV31.9で6位、**ジャクソン**が31.6で7位に入った。セ・リーグの野手で、日系人以外の外国人選手がトップ10に入ったのは64年のマーシャル（中日、PV28.4＝8位）以来で、同一球団から2人は初めて。その後も78年のヒルトンとマニエル（ヤクルト）までこうした例はなかった。

◆1967年のセ・リーグ年間チーム順位
　1 読売ジャイアンツ★、2 中日ドラゴンズ、3 阪神タイガース、4 大洋ホエールズ、5 サンケイアトムズ、6 広島カープ
◆1967年のセ・リーグのタイトルホルダー
　首位打者：中暁生、最多本塁打：王貞治、最多打点：王貞治、最多盗塁：柴田勲、最多勝：小川健太郎、最優秀防御率：権藤正利、最多奪三振：江夏豊
◆1967年のトピックス
　ボクシング世界ヘビー級王者モハメド・アリ、徴兵拒否でタイトル剥奪。藤猛がJ・ウエルター級の世界王者に。パへつづく→

1967　パ・リーグ

実際のMVP ＝ 足立光宏（阪急）
本書でのMVP ＝ 足立光宏（阪急）、初
次点 ＝ 野村克也（南海）

PVトップ10

1	野村克也	南海	打率 .305、35本、100打点	77.8
2	張本勲	東映	打率 .336、28本、88打点	59.2
3	土井正博	近鉄	打率 .323、28本、93打点	46.1
4	足立光宏	阪急	20勝10敗、防1.75	38.8
5	C・ボレス	近鉄	打率 .305、31本、76打点	34.4
6	成田文男	東京	14勝16敗、防2.11	28.4
7	池永正明	西鉄	23勝14敗、防2.31	27.6
8	D・スペンサー	阪急	打率 .274、30本、68打点	27.3
9	榎本喜八	東京	打率 .290、15本、50打点	24.5
10	大杉勝男	東映	打率 .291、27本、81打点	24.0

　戦前からの歴史を持つ名門・阪急が、球団結成32年目にして初のリーグ優勝。4連覇を狙った南海が開幕から下位に沈み、9月6日時点では阪急だけが貯金25、2位東映以下は貯金ゼロで、最終的に2位になった西鉄には9ゲーム差をつけた。チーム本塁打143本は球団新記録、518得点も球団史上初めてのリーグ1位と、打力が改善されたのが大きな理由だった。

　MVPに選ばれたのは、20勝を挙げ防御率1.75で1位の**足立**。PV 38.8 はリーグ4位、投手では1位だった。ほかにPVで10位以内に入った阪急の選手は8位の**スペンサー**だけで、入団2年目ながら27本塁打を放った長池徳二は23.7で11位。以下外野手のウィンディ（19.4）が14位、遊撃手の阪本敏三（19.2）が15位に入っていた。足立以外の投手では、梶本隆夫（15勝、防御率2.44）の20位が最高位。実際の投票では、梶本は足立（662ポイント）に次ぐ530ポイントを集めていたが、PVが12.8しかないとあっては次点候補にも挙げられない。足立に次ぐ18勝を挙げていた米田のPVは9.1とさらに低かった。

阪急が1位のときに2位だったチームとの対戦で、足立は9試合に投げて6勝1敗、防御率1.48（61回、10自責点）。年間防御率よりも良い数字であり、実に頼りがいのあるエースだった。なお同様の条件でスペンサーは63打数19安打（打率.302）、6本塁打、12打点、OPS.958。こちらも年間の成績より良かったが、足立との差を詰められるほど際立った数字でもない。阪急からMVPを選ぶなら、候補は足立以外にはいない。

　PV77.8でまたしても1位になったのは**野村**。35本塁打、100打点で二冠王は6年連続となり、打率.305も3位。PV2位の**張本**を18.6点上回り、選手としての価値が最も高かったのは明らかだ。しかし、南海は戦後初めて勝率5割を下回り、順位も4位で初めてBクラスに転落。鶴岡体制になってからは最悪のシーズンを送った。

　南海が負け越しだろうがBクラスだろうが、野村の成績が真に歴史的なものであったなら、MVPでもおかしくはない。しかし、捕手としての守備位置補正を除外すればそこまでの数値ではなく、野村自身の水準と照らし合わせても、前年のPV88.2から比べて10点以上下がっている。毎年これだけの好成績を残していれば、どんなにすごい数字であっても、印象が薄くなるのは否めない。結成32年目での初優勝の原動力になった足立と比べると、印象度では足立のほうが優っている。PVは40点近い差があったのを承知の上で、MVPにはあえて足立を選びたい。

> ◆1967年のパ・リーグ年間チーム順位
> 　1阪急ブレーブス、2西鉄ライオンズ、3東映フライヤーズ、4南海ホークス、5東京オリオンズ、6近鉄バファローズ
> ◆1967年のパ・リーグのタイトルホルダー
> 　**首位打者**：張本勲、**最多本塁打**：野村克也、**最多打点**：野村克也、**最多盗塁**：西田孝之、**最多勝**：池永正明、**最優秀防御率**：足立光宏、**最多奪三振**：鈴木啓示
> ◆1967年のトピックス
> 　→セより　大鵬、2度目の6場所連続優勝。「核家族」が流行語に。ミニスカート大流行。赤塚不二夫漫画『天才バカボン』『もーれつア太郎』のキャラ席巻。

1968　セ・リーグ

実際のMVP ＝ 長嶋茂雄（巨人）
本書でのMVP ＝ 王貞治（巨人）、5年連続5回目
次点 ＝ 江夏豊（阪神）

PVトップ10

1	王貞治	巨人	打率.326、49本、119打点	86.2
2	長嶋茂雄	巨人	打率.318、39本、125打点	56.5
3	D・ロバーツ	サンケイ	打率.296、40本、94打点	48.6
4	外木場義郎	広島	21勝14敗、防1.94	44.8
5	安仁屋宗八	広島	23勝11敗、防2.07	41.8
6	江夏豊	阪神	25勝12敗、防2.13	41.5
7	江藤慎一	中日	打率.302、36本、93打点	40.4
8	木俣達彦	中日	打率.289、21本、59打点	35.0
9	山内一弘	広島	打率.313、21本、69打点	31.5
10	G・バッキー	阪神	13勝14敗、防2.19	30.8

　巨人のV4は、それまでの3年間ほど楽ではなかった。6月には5年ぶりに7連敗を喫し、伏兵・広島に首位を明け渡す。7月になって首位に立ったものの、8月末には阪神に0.5ゲーム差まで迫られ、2ゲーム差で迎えた9月28日からの直接対決3連戦に勝ち越し、何とか振り切った。

　MVPに選ばれたのは39本塁打、125打点がいずれも自己記録の長嶋だったが、PVでは王がはるかに上だったのは66年と同様。王と長嶋のPVの差も29.7点で、66年の27.3点とほとんど同じ。異なる点は、66年は長嶋が首位打者、王が本塁打と打点の二冠だったのに対し、68年は王が首位打者と本塁打の二冠で、長嶋は打点王になっていたことだった。

　この年はほぼ年間を通じて3番王・4番長嶋の打順で、その逆は9試合のみ。王が走者として塁上にいた回数は、144安打＋131四死球－49本塁打で226回。失策による出塁、野手選択による走者の入れ代わりなどを数に入れなくてもこれだけあって、長嶋は打点を稼ぐには絶好のシチュエーションにあった。これに対し、王は四球が121個で長嶋より55個も多い。その結果442打数は

長嶋より52も少なく、それだけ打点を稼ぐ機会に恵まれなかった。打数あたりの打点を計算すると王＝0.269、長嶋＝0.253で王が逆転する。当時の投票者が、打点の多さを理由として長嶋をMVPに選んでいたなら、その根拠は大して強固ではなかったことになる。

　阪神戦での成績は王が81打数20安打、4本塁打、17打点、20四球。打率/出塁率/長打率はそれぞれ.247/.482/.444だった。長嶋は98打数28安打、11本塁打、28打点、8四球で.286/.340/.673と、ライバルとの対決では長嶋のほうが数字が良かった。

　それでは、阪神に2ゲーム差まで迫られた9月1日以降の成績はどうか。王は111打数36安打、13本塁打、36打点、31四球で.324/.465/.712。9月18日の阪神戦でバッキーから頭部死球を受けながら、3日後の中日戦では2本塁打5打点と不死身ぶりも見せつけた。長嶋も131打数41安打、8本塁打、27打点、18四球で.313/.393/.557とかなりの好成績ではあったが、OPS.950は王の1.177に比べると見劣りする。阪神戦でのアドバンテージはこれで相殺され、PVの値が示す通り王をMVPとすべきだと考える。

　ところで、この年は**江夏**が大記録を達成した年である。史上最多の年間401奪三振で、61年の稲尾の記録を48個も上回ったのだ。江夏は25勝もリーグ最多だったが、PV41.5は**外木場**、**安仁屋**の広島勢の後塵を拝し、投手で3位、総合6位とさほどでもなかった。しかしながら、巨人に対しても13試合に投げ6勝3敗、防御率2.39（90.1回、24点）。完封が5回、うち1-0での完封が4回と投球内容も抜群だった。外木場は対巨人4勝3敗（1完封）、防御率2.57、安仁屋が5勝4敗、2.89（0完封）だったことを考えても、実質的には江夏が上であり、実際に沢村賞も江夏が受賞している。当時の世評も「阪神が優勝していればMVPは江夏」との声がもっぱらだった。PVは長嶋が15.0点上回っていても、次点は江夏としたい。

◆1968年のセ・リーグ年間チーム順位
　1読売ジャイアンツ★、2阪神タイガース、3広島東洋カープ、4サンケイアトムズ、5大洋ホエールズ、6中日ドラゴンズ
◆1968年のセ・リーグのタイトルホルダー
　首位打者：王貞治、**最多本塁打**：王貞治、**最多打点**：長嶋茂雄、**最多盗塁**：古葉竹識、**最多勝**：江夏豊、**最優秀防御率**：外木場義郎、**最多奪三振**：江夏豊
◆1968年のトピックス
　江夏豊、シーズン401個奪三振の新記録。パへつづく→

1968 パ・リーグ

実際のMVP = 米田哲也（阪急）
本書でのMVP = 皆川睦男（南海）、初
次点 = 野村克也（南海）

PVトップ10

1	野村克也	南海	打率.260、38本、99打点	70.6
2	皆川睦男	南海	31勝10敗、防1.61	64.6
3	張本勲	東映	打率.336、24本、65打点	47.2
4	G・アルトマン	東京	打率.320、34本、100打点	46.1
5	矢野清	阪急	打率.301、27本、66打点	35.3
6	土井正博	近鉄	打率.309、20本、80打点	34.0
7	鈴木啓示	近鉄	23勝21敗、防2.48	31.0
8	榎本喜八	東京	打率.306、21本、77打点	27.6
9	池永正明	西鉄	23勝13敗、防2.45	27.5
10	阪本敏三	阪急	打率.278、7本、48打点、50盗塁	24.9

　前年覇者の阪急と南海が、年間を通じて激しい鍔迫り合いを展開。残り3試合で両者が首位に並び、優勝決定戦の可能性も取り沙汰されたが、最終戦で阪急は**矢野**がサヨナラ本塁打。その直後に南海が敗れて、劇的な形で2連覇を達成した。

　実際のMVPに選ばれたのはリーグ2位の29勝を挙げた米田だったが、PV18.3は阪急の投手では1位でも、リーグ全体では12位にとどまっている。阪急では矢野が94試合の出場ながらリーグ5位の27本塁打を放ち、PV35.3も5位とチームで最も高かったが、規定打席に達していないのではMVP候補とはし難い。阪急でPV2位の阪本も24.9で10位にとどまった。優勝チームの選手のPVがこれほど下位なのは極めて珍しく、他球団で好成績を残した選手をMVPに選ぶべきだろう。

　僅差で優勝を逃した南海には、MVPにふさわしい候補者が2人いた。毎度おなじみの**野村**、そしてリーグ最多の31勝を挙げた**皆川**である。特に皆川の成績は、真に驚異的だった。現時点で最後の30勝投手となっただけでなく、

防御率1.61も2位の村上雅則（南海）に0.77の大差をつけて1位。27完投、8完封も1位で、PVは64.6。61年に稲尾が記録した65.4にわずかに及ばないだけで、当時はパ・リーグ史上2位、現在でも3位にランクされている。投手で2位の**鈴木**にも33.6点差で、これも58年の稲尾が記録した32.3点を更新し、今に至るまで破られていない。なおベストナイン投票では、皆川は165対17で米田に圧勝している。阪急が優勝したのでMVPは米田の手に渡ったけれども、最高の投手が皆川だったことは誰もが認識していたのだ。

野村は打点王こそ1点差で**アルトマン**に譲り、7年連続の二冠王は逃したものの、38本塁打で8年連続キング。打率.260はレギュラー定着後では2番目に低かったが、その分自己最多の103四球を選んで、出塁率は.399の高率。PV70.6も8年連続1位となった。阪急戦の成績も89打数26安打（打率.292）、9本塁打、17打点、OPS1.057と申し分なかった。

PVの数値に従うなら野村で決まりだが、前年と同じく、彼自身が設定してしまった高いハードルに達したとは言い難い。逆に皆川は、投手としては例外的に高いPVを記録しただけでなく、阪急戦も16試合で8勝4敗、5完投、防御率1.79（95.1回、19自責点）。敗れた試合でも5点以上失ったのは一度だけと、内容的にも文句のつけようはない。実際の投票でも皆川は米田に次いで2位、野村は矢野をも下回る4位だったが、本書では皆川をMVP、野村を次点とする。

◆**1968年のパ・リーグ年間チーム順位**
　1阪急ブレーブス、2南海ホークス、3東京オリオンズ、4近鉄バファローズ、5西鉄ライオンズ、6東映フライヤーズ
◆**1968年のパ・リーグのタイトルホルダー**
　首位打者：張本勲、**最多本塁打**：野村克也、**最多打点**：G.アルトマン、**最多盗塁**：安井智規、**最多勝**：皆川睦男、**最優秀防御率**：皆川睦男、**最多奪三振**：鈴木啓示
◆**1968年のトピックス**
　→セより　広島カープ→広島東洋カープに。東京五輪マラソン銅メダルの円谷幸吉が自殺、遺書に「もう走れません」と。東大闘争、日大闘争激化。東京・府中で3億円事件。

1969 セ・リーグ

実際のMVP＝王貞治（巨人）
本書でのMVP＝王貞治（巨人）、6年連続6回目
次点＝長嶋茂雄（巨人）

PVトップ10

1	王貞治	巨人	打率.345、44本、103打点	82.3
2	D・ロバーツ	アトムズ	打率.318、37本、95打点	57.7
3	木俣達彦	中日	打率.268、33本、60打点	48.5
4	長嶋茂雄	巨人	打率.311、32本、115打点	40.0
5	江夏豊	阪神	15勝10敗、防1.81	38.7
6	藤田平	阪神	打率.293、19本、54打点	36.9
7	伊藤勲	大洋	打率.266、23本、60打点	29.0
8	山本一義	広島	打率.294、21本、66打点	28.5
9	村山実	阪神	12勝14敗、防2.01	27.4
10	高橋一三	巨人	22勝5敗、防2.21	26.9

　序盤戦では苦労しながら、一旦首位に立つとその座を最後まで守り抜くという、ここ数年の巨人のパターンが踏襲された。5月27日までは16勝15敗で貯金1だったのが、6月に入ってトップに立ったあとは事実上の独走でV5。勝率.589は過去5年間で最も低かったものの、9月終了時点で2位の大洋が貯金2、3位阪神も貯金1と、他球団の不甲斐なさにも助けられた格好だった。得失点差は巨人が+127、阪神が+49でプラスはこの2球団だけだった。
　MVPはこの時点で自己最高となる打率.345で首位打者、44本塁打で8年連続のタイトルを獲得した王。111四球は例年より少なく、PV82.3はここ5年間では最少ながら、それでも2位のロバーツに24.6点差をつけての圧勝だった。巨人では長嶋が115打点で王の三冠を阻んだものの、PV40.0は4位。投手では22勝で最多勝となった高橋の10位が最高で、2人とも王の相手とはならなかった。
　他球団にもこれといった候補は不在だった。江夏は前年に続いて巨人キラーぶりを発揮し5完封、30イニング連続無失点も記録。PV38.7も5位、投手で

は1位と健闘していた。とはいえ、勝ち星は前年より10も減らして15勝どまり。防御率1.81は前年よりも良く、リーグ1位でもあったから、勝ち星が減ったこと自体は江夏の責任ではない。それでも、奪三振数も262にまで減ったこともあって、これでも凄い数に違いはないけれども、インパクトの強さは前年ほどではなかった。

　次点は優勝チームでPV2位の長嶋、最終的に2位だった阪神で最多PVの江夏、王に次ぎリーグ2位のPVだったロバーツのうちの誰かだろう。ロバーツは8月20日に故障して戦列を離脱、116試合の出場にとどまったにもかかわらず、打率.318と37本塁打は2位、95打点は3位。巨人戦の成績も72打数23安打（打率.319）、本塁打は4本だけでもOPSは.930もあった。けれどもチームは5位と低迷し、またアトムズの野手ではロバーツ以外にも東条文博がPV22.6で12位、ボブ・チャンスも20.3で15位と好成績の選手がいた。彼一人が打線を引っ張っていたということではない。

　この点は江夏も同様で、防御率では2位に**村山**、3位に鈴木皖武とトップ3を阪神勢で独占していた。その点、巨人では王と長嶋以外の野手では、高田繁の17位が最高。長嶋のチーム内における存在価値は、ロバーツや江夏と同等以上にはあった。PVは前年より16.5も下がったけれども、他の候補者も決め手を欠いているので、独走した巨人で2番目の貢献を認めて次点としてよいだろう。

1960年代

◆1969年のセ・リーグ年間チーム順位
　1読売ジャイアンツ★、2阪神タイガース、3大洋ホエールズ、4中日ドラゴンズ、5アトムズ、6広島東洋カープ
◆1969年のセ・リーグのタイトルホルダー
　首位打者：王貞治、最多本塁打：王貞治、最多打点：長嶋茂雄、最多盗塁：柴田勲、最多勝：高橋一三、最優秀防御率：江夏豊、最多奪三振：江夏豊
◆1969年のトピックス
　サンケイアトムズ→アトムズに。巨人・金田投手前人未踏の400勝、引退表明。大鵬の連勝が45でストップ、誤審が問題に。パへつづく→

1969　パ・リーグ

実際のMVP ＝ 長池徳二（阪急）
本書でのMVP ＝ 長池徳二（阪急）、初
次点 ＝ 永淵洋三（近鉄）

PVトップ10

1	長池徳二	阪急	打率.316、41本、101打点	54.3
2	張本勲	東映	打率.333、20本、67打点	50.5
3	永淵洋三	近鉄	打率.333、20本、74打点	43.9
4	土井正博	近鉄	打率.300、27本、72打点	32.7
5	山崎裕之	ロッテ	打率.301、14本、60打点	30.6
6	基満男	西鉄	打率.295、10本、41打点	27.6
7	木樽正明	ロッテ	15勝9敗、防1.72	27.1
8	鈴木啓示	近鉄	24勝13敗、防2.50	26.7
9	阪本敏三	阪急	打率.284、13本、40打点、47盗塁	24.2
10	大杉勝男	東映	打率.285、36本、99打点	24.0

　万年下位の近鉄が、就任2年目の名将・三原脩の采配によって前半戦を2位阪急に3ゲーム差の首位で折り返す、意外な展開になった。両球団の熾烈な争いは最終盤まで続き、4試合を残した時点で阪急がゲーム差なしの首位。最後の直接対決で阪急が3連勝し、3連覇を飾った。得失点差も阪急+80、近鉄+64と大きな開きはなかった。ロッテは3位に甘んじていたが、得失点差だと+80で阪急と同数の1位だった。

　MVPに選ばれた**長池**は41本塁打、104打点で二冠王、打率.316は4位で、長打率.622も1位。PV 54.3もリーグトップ、チーム2位だった**阪本**の2倍以上だった。阪急で10位以内に入ったのはこの2人だけで、優勝チームであるにもかかわらずPV 10以上の投手は一人もいなかった。チーム1位の米田でさえ7.9、18勝を挙げた梶本も5.4。長池の貢献度は阪急では突出しており、MVPとするのに何の異論もあるまい。

　PVランキングには、躍進著しい近鉄が3選手を送り込んでいた。中でも2年目の**永淵**は打率.333、**張本**と同率で首位打者。リーグ3位の27本塁打を放

った土井を上回るPV43.9で、3位に食い込んだ。エースとして24勝した鈴木はPV26.7で8位。阪急戦では4勝3敗、防御率3.23と平凡で、特に後半戦は1勝もできなかったので、近鉄の次点候補は永淵と土井の争いになる。

阪急戦では永淵が96打数29安打（打率.302）、1本塁打、10打点、OPS.735だったのに対し、土井は87打数25安打（.287）、7本塁打、16打点、OPS.933とかなり上回っている。次いで阪急に0.5ゲーム差で迎えた9月以降、優勝を決められるまでの31試合を比較すると、永淵は111打数38安打の打率.342、5本塁打、19打点でOPS.979。土井は109打数28安打で打率.257、8本塁打、21打点でOPS.850と、今度は永淵が優勢だった。10月以降の12試合ではOPS.887対.838で土井が上になるが、10点以上あるPVの差を逆転するほど、土井に有利な材料が多いわけではない。

張本は打率、本塁打が永淵と同数、打点は7点下回っていたが、71対37と2倍近く多い四球を選んだこと、二塁打も27対18とずっと多かったため、PV50.5は6.4点永淵より多かった。1位の長池とも3.8点の僅差だが、東映が4位に沈んでいてはMVP候補になりようがない。次点は永淵が妥当だ。

前年まで8年連続PV1位だった野村はケガのため106試合の出場にとどまり、PV15.7は20位にまで転落していた。大黒柱がこのような状態では南海が勝てるはずはなく、2リーグ分立後初めての最下位となってしまった。野村は自身の存在の大きさを、このような形で証明したとも言える。名将・鶴岡に代わり監督を引き継いだ飯田徳治は1年限りで辞任し、翌70年からはいよいよ野村が選手兼任監督となる。

◆1969年のパ・リーグ年間チーム順位
 1阪急ブレーブス、2近鉄バファローズ、3ロッテオリオンズ、4東映フライヤーズ、5西鉄ライオンズ、6南海ホークス
◆1969年のパ・リーグのタイトルホルダー
 首位打者：永淵洋三・張本勲、**最多本塁打**：長池徳二、**最多打点**：長池徳二、**最多盗塁**：阪本敏三、**最多勝**：鈴木啓示、**最優秀防御率**：木樽正明、**最多奪三振**：鈴木啓示
◆1969年のトピックス
 →セ・り　夏の甲子園決勝で三沢商・太田幸司と松山商・井上明が投げ合い、延長18回0－0で引き分け、再試合で松山商が制す。東京オリオンズ→ロッテオリオンズに。

1970 セ・リーグ

実際のMVP＝王貞治（巨人）
本書でのMVP＝王貞治（巨人）、7年連続7回目
次点＝平松政次（大洋）

PVトップ10
1	王貞治	巨人	打率.325、47本、93打点	82.4
2	木俣達彦	中日	打率.283、30本、65打点	55.2
3	平松政次	大洋	25勝19敗、防1.95	35.9
4	村山実	阪神	14勝3敗、防0.98	33.6
5	松原誠	大洋	打率.281、30本、85打点	30.1
6	江夏豊	阪神	21勝17敗、防2.13	29.6
7	田淵幸一	阪神	打率.244、21本、40打点	28.3
8	堀内恒夫	巨人	18勝10敗、防2.07	26.7
9	藤田平	阪神	打率.275、9本、51打点	21.8
10	安藤統夫	阪神	打率.294、10本、30打点	20.1

　巨人が5月24日以降ずっと首位を守ってV5を達成したが、楽な戦いにはならなかった。10月8日の時点では2位阪神に0.5ゲーム差。10日からの直接対決3連戦で2勝1敗と勝ち越し、以後閉幕まで8勝1敗のラストスパートで何とか逃げ切った。

　実際のMVPは王が5度目の受賞。打率.325はリーグでただ一人の3割以上であり、3年連続の首位打者。47本塁打で9年連続の本塁打王、2位の**木俣**と**松原**に17本差。打点だけが長嶋より12少ない93点で2位だった。PV82.4で7年連続の80点台となり、2位の木俣には27.2点の大差。巨人で2位の**堀内**はPV26.7と王の3分の1以下で、当然本書でも王がMVPである。

　木俣は打率.283が4位、30本塁打が2位、65打点も5位。セ・リーグの捕手が30本塁打以上したのは初めてで、打率5位以内に入ったのも藤尾茂、江藤に次いで3人目だった。またONと江藤以外で、セ・リーグの日本人野手がPV50以上を記録したのは51年の岩本以来。中日は5位と冴えなかったが、木俣は個人としては次点候補として十分な数字を残していた。

実際の投票では長嶋が次点だったが、打点王にこそなっていたものの、ＰＶ17.5は11位とあって対象外。他の次点候補は、リーグ最多の25勝で沢村賞に輝いた**平松**、防御率0.98でプロ野球記録を樹立した**村山**、2位阪神のエースとして21勝を挙げた**江夏**の3人が挙げられる。だが江夏は"黒い霧事件"の関連で、6月に1カ月間の出場停止処分を受けていた。その間阪神は6勝12敗と大きく負け越し、結果的にはこれが響いて優勝を逃したとあって、とても次点には推せない。村山は防御率が素晴らしかっただけでなく、巨人戦でも4勝2敗、57.1回で防御率1.57。兼任監督という難しい状況であったことを考えるとなおさらその価値は高いが、投球回数は156回で16位。投球の質は良くても量はやや不足だった。

その点平松は最多勝、防御率と投球回数は2位で質量ともに申し分ない。しかも巨人戦では32イニング連続無失点で、2年前に江夏が達成した対巨人戦の記録を塗り替えた。年間では15試合（12先発）で7勝5敗、7完投、4完封。102回を投げ自責点は17のみ、防御率は1.50と他球団との対戦よりも良く、ペナントレースの混戦を演出した。江夏ですら巨人戦は15試合で6勝6敗、111.1回を投げて防御率2.83であり、平松の活躍は特筆に値する。実際の投票では6位にとどまったが、大洋が69勝の3位と中日より上位だったことも考慮し、次点には木俣を抑えて平松を選びたい。

◆1970年のセ・リーグ年間チーム順位
　1読売ジャイアンツ★、2阪神タイガース、3大洋ホエールズ、4広島東洋カープ、5中日ドラゴンズ、6ヤクルトアトムズ
◆1970年のセ・リーグのタイトルホルダー
　首位打者：王貞治、**最多本塁打**：王貞治、**最多打点**：長嶋茂雄、**最多盗塁**：東条文博、**最多勝**：平松政次、**最優秀防御率**：村山実、**最多奪三振**：江夏豊
◆1970年のトピックス
　プロ野球界「黒い霧」事件、西鉄・池永正明、東映・森安敏明らが永久追放。アトムズ→ヤクルトアトムズに。三浦雄一郎がエベレスト滑降に成功。植村直己、マッキンリー初単独登頂。ボクシングフライ級で大場政夫が、フェザー級で柴田国明がチャンピオンに。大阪で国際万博。66年からのいざなぎ景気終わる。光化学スモッグやヘドロ公害が問題に。ＣＭコピー「モーレツからビューティフルへ」。

1970　パ・リーグ

実際のMVP＝木樽正明（ロッテ）
本書でのMVP＝張本勲（東映）、初
次点＝野村克也（南海）

PVトップ10

1	張本勲	東映	打率.383、34本、100打点	80.7
2	野村克也	南海	打率.295、42本、114打点	74.3
3	大杉勝男	東映	打率.339、44本、129打点	47.4
4	G・アルトマン	ロッテ	打率.319、30本、77打点	40.2
5	有藤通世	ロッテ	打率.306、25本、80打点	40.0
6	佐々木宏一郎	近鉄	17勝5敗、防2.05	37.1
7	長池徳二	阪急	打率.309、28本、102打点	36.5
8	小山正明	ロッテ	16勝11敗、防2.30	34.5
9	木樽正明	ロッテ	21勝10敗、防2.53	32.6
10	金田留広	東映	24勝16敗、防2.71	30.8

"黒い霧事件"で大揺れに揺れたこの年の覇者は、前年に東京から名称を変更したロッテ。前半戦を44勝22敗の快ペースで折り返すと、後半も順調に白星を積み上げ、2位南海に10.5ゲーム差でゴールに飛び込んだ。MVPを受賞したのは**木樽**。21勝は成田文男の25勝より4勝少なく、防御率2.53も**小山**の2.30に及ばずリーグ4位だったが、成田は防御率が9位、小山はチーム3位の16勝だったことから、バランスの良い木樽が票を集めた。PVでは木樽は9位で、ロッテ勢では4位**アルトマン**、5位**有藤**、8位小山の後塵を拝したが、差はごくわずか。成田はPV11.4に過ぎず、ロッテのMVP候補はこの4人のいずれかだ。

　まず2人の投手から見ていこう。7月15日まで東映、その後は南海が2位で、期間別に両球団との対戦成績を調べると、対東映は木樽が5先発、31.1回を投げ2勝2敗、防御率3.16。小山は防御率1.13ながら先発は1試合だけの1勝だった。対南海は木樽が6先発、42.1回で3勝2敗、防御率2.98。小山は2先発し2勝、18回で1失点のみだったが、うち1勝は優勝決定後。PVは小

山より下でも、手強い相手に重点的に投げていた木樽のほうを高く評価すべきだろう。

　アルトマンと有藤の比較では、打率・本塁打・出塁率・長打率のすべてでアルトマンが上。打率・出塁率・長打率が3位、30本塁打も5位だった。それでもPVはほとんど同じだったが、東映／南海との首位攻防戦では、東映戦でのOPSがアルトマン1.037／有藤.522とその差は歴然。南海戦（＊7月15日から優勝が決まるまでの13試合）ではアルトマン.858／有藤.964だったが、総合的に見てアルトマンは有藤より上だろう。とはいえ、木樽に対して大きなアドバンテージがあったとも言い難い。

　何より、他球団にはロッテ勢以上の候補者がいた。監督として南海を2位に導き、選手としてもリーグ2位のPV74.3と復活した**野村**。そして、プロ野球史上最高打率.3834を記録し、PV80.7で1位の**張本**である。張本は106試合目となる9月15日時点で打率.396。4割にこそ届かなかったとはいえ、51年の大下を3毛上回って新記録を樹立した。東映は後半戦で失速し5位に終わったが、史上最高打率はかなりのインパクトがある。

　全年代との比較で修正打率を計算すると、さらに凄い結果になる。この年のパ・リーグの平均打率は.246で、全年代の平均.256と比較して4％ほど低く、打率には修正係数1.043を掛ける必要がある。その結果、$0.3834 \times 1.043 = 0.3999$となって、小数点4ケタを四捨五入すると史上唯一の4割となるのだ。出塁率.467も1位、長打率.649も2位で、PVも自己最高かつ、外野手では今でもリーグ史上最高である。

　さらに優勝したロッテ相手に張本は85打数36安打、9本塁打、19打点、20四球で、打率／出塁率／長打率は.424／.533／.800。野村は96打数26安打、4本塁打、15打点、13四球、.271／.358／.417とあって、チームは下位だったとしても、張本こそ最もMVPにふさわしいと言える。次点はロッテ勢のほぼ倍近いPVであり、監督としての力量も加味して野村でいいだろう。

1970年代

◆1970年のパ・リーグ年間チーム順位
　1 ロッテオリオンズ、2 南海ホークス、3 近鉄バファローズ、4 阪急ブレーブス、5 東映フライヤーズ、6 西鉄ライオンズ
◆1970年のパ・リーグのタイトルホルダー
　首位打者：張本勲、**最多本塁打**：大杉勝男、**最多打点**：大杉勝男、**最多盗塁**：福本豊、**最多勝**：成田文男、**最優秀防御率**：佐藤道郎、**最多奪三振**：鈴木啓示

1971　セ・リーグ

実際のMVP ＝ 長嶋茂雄（巨人）
本書でのMVP ＝ 王貞治（巨人）、8年連続8回目
次点 ＝ 木俣達彦（中日）

PVトップ10

1	王貞治	巨人	打率.276、39本、101打点	56.8
2	木俣達彦	中日	打率.280、27本、71打点	54.7
3	長嶋茂雄	巨人	打率.320、34本、86打点	52.8
4	藤田平	阪神	打率.272、28本、61打点	43.6
5	衣笠祥雄	広島	打率.285、27本、82打点	29.9
6	D・ロバーツ	ヤクルト	打率.268、33本、76打点	28.8
7	黒江透修	巨人	打率.278、6本、42打点	22.1
8	藤本和宏	広島	10勝6敗、防1.71	19.9
9	平松政次	大洋	17勝13敗、防2.23	19.4
10	武上四郎	ヤクルト	打率.272、15本、51打点	17.1

　巨人が前半だけで2位に11.5ゲーム差をつける余裕の展開。後半戦に入って多少もたつきはしたものの、他球団の伸びも鈍く、最終的には2位中日に6.5ゲーム差、全球団に勝ち越してV6を達成した。
　唯一の異変は王の不振だった。39本塁打、101打点で二冠王になってはいたが、9年ぶりに40本の大台に届かず、打率.276も同じく9年ぶりの2割台。相変わらず121四球を選んでいたので出塁率は.435に達していたし、修正本塁打数も42.8本で、38.6本だった69年よりも多かった。PVも56.8で1位ではあったが、62年の45.6以来となる低水準で、前年からは25.6点も少なくなっている。王自身の高いスタンダードには、明らかに届いていなかった。
　MVPも王ではなく、長嶋が3年ぶり5度目の受賞となった。前年は自己最低の打率.269に終わり、年齢的な衰えが避けられなくなったと見られていたが、リーグ唯一の3割となる.320と復活し、5年ぶり6度目の首位打者。34本塁打も王に5本差の2位、一時はトップに立っていた。MVPに選ばれた理由は ①首位打者になったこと ②王の不調 ③前年の不振からの見事な復活といっ

た要素があったからだろう。

　ただ、PV52.8は王に4.0点及ばないだけでなく、**木俣**をも下回って3位。実際には王のほうがわずかながら得点力の高い選手であった。しかもこの数字は守備位置修正を行なってのものであり、単にRCだけなら王が124.7、長嶋が106.0で18.7点の差がある。守備の負担は三塁手である長嶋のほうが大きかったが、この頃には全盛期に比べて100個近く補殺数が少なくなっており、明らかに守備力は衰え始めていた。印象的には長嶋が上だったとしても、本書はPV通りに王をMVPとしたい。

　次点は長嶋か木俣だが、木俣の巨人戦の成績は92打数24安打で、打率は.261とさして高くない。だが全本塁打の3分の1に相当する9本塁打を放っており、打点も19、OPSは.928に達していた。69、70年もPVトップ3に入りながらMVP候補とはなれなかったが、この年は王に1.9点差の2位に肉薄しており、次点としてもおかしくはないだろう。

　ところで、この年は各球団のエース格が揃って冴えない成績に終わった。投手のPV1位は、前年までプロ未勝利だった伏兵中の伏兵・**藤本**。10勝を挙げ防御率1.71も1位ではあったが、PVは19.9で、1位の投手としてはリーグ史上唯一20点台に達しなかった。2位こそ大洋のエース**平松**だったものの、巨人では堀内が－6.4、高橋一が－2.2と、2人ともリーグ平均以下。江夏も13.5と彼にしては平凡、外木場も－17.8の大不振で、沢村賞は史上初の該当者なしとなった。

1970年代

◆1971年のセ・リーグ年間チーム順位
　1読売ジャイアンツ★、2中日ドラゴンズ、3大洋ホエールズ、4広島東洋カープ、5阪神タイガース、6ヤクルトアトムズ
◆1971年のセ・リーグのタイトルホルダー
　首位打者：長嶋茂雄、**最多本塁打**：王貞治、**最多打点**：王貞治、**最多盗塁**：高田繁、**最多勝**：平松政次、**最優秀防御率**：藤本和宏、**最多奪三振**：江夏豊
◆1971年のトピックス
　江夏、オールスターで9連続奪三振。世界卓球選手権に中国が参加、ピンポン外交。横綱大鵬、32回優勝して引退。尾崎将司が日本プロゴルフ選手権で優勝、ジャンボ時代へ。パへつづく→

1971　パ・リーグ

実際のMVP＝長池徳二（阪急）
本書でのMVP＝長池徳二（阪急）、2年ぶり2回目
次点＝山田久志（阪急）

PVトップ10

1	長池徳二	阪急	打率.317、40本、114打点	47.5
2	G・アルトマン	ロッテ	打率.320、39本、103打点	44.5
3	野村克也	南海	打率.281、29本、83打点	43.6
4	山田久志	阪急	22勝6敗、防2.37	42.4
5	土井正博	近鉄	打率.309、40本、113打点	38.2
6	足立光宏	阪急	19勝8敗、防2.49	36.1
7	大杉勝男	東映	打率.315、41本、104打点	35.9
8	加藤秀司	阪急	打率.321、25本、92打点	34.5
9	張本勲	東映	打率.313、26本、78打点	31.2
10	門田博光	南海	打率.300、31本、120打点	30.8

　前半で10連勝と15連勝を記録した阪急が、7月9日時点で48勝15敗の勝率.762。このまま独走するかと思いきや、後半戦開始直後に8連敗。濃人渉に代わり、大沢啓二が7月23日から代理監督となったロッテが急上昇してきたが、最終的に阪急が3.5ゲーム差で振り切った。両チームの勝利数はともに80だったが、得失点差は阪急+206、ロッテ+112と2倍近い差があった。
　MVPに選ばれた**長池**は、40本塁打と114打点がいずれも2位、打率.317が4位。32試合連続安打の新記録も樹立し、PV47.5も1位だった。阪急の野手で長池に次ぐPVは、リーグ2位の打率.321だった**加藤**の34.5で、野手では長池が一番の貢献度と見て間違いない。ロッテの追い上げにあった終盤戦でも、長池は133打数40安打（打率.301）、10本塁打、32打点、36四球で出塁率.450、長打率.564と文句のつけようがなかった。
　投手では入団3年目の**山田**がPV42.4で4位。阪急では67年の**足立**の38.8を更新する新記録で、オリックスが取って代わった後も、今に至るまでこれを超える投手は現れていない。22勝は2位、防御率2.37は1位、189奪三振も

2位だった。19勝の足立もPV36.1で6位に入り、阪急勢が4人も10位以内に入ったのは球団史上初めてだった。ロッテ戦での勝敗は山田・足立ともに3勝3敗だが、足立の3敗はすべてロッテに追い上げられてからのもの。一方で3.5ゲーム差で迎えた9月19日の直接対決に勝ち、とどめを刺したのは山田だった。ロッテに迫られた8月以降の成績も、山田が16試合で10勝1敗、6完投、3完封、106.1回を投げて防御率1.78。足立が13試合で4勝4敗、3完投、1完封、77.2回で防御率2.32と、質・量とも山田が上だった。

　長池と山田はほぼ互角の成績で甲乙つけがたく、となるとそもそもPVが上である長池を、山田よりも下とする理由はない。実際の投票結果の通りMVPは長池で、山田は惜しくも次点となる。

　他球団ではPV44.5で2位だった**アルトマン**の活躍も見事で、68・70年に次ぎ3度目のPV40以上／リーグ4位以内となった。ロッテが逆転優勝していればMVP候補の一番手だったろうが、山田を凌いで次点とするほどでもない。打率.337で史上初の両リーグ首位打者となった江藤慎一（ロッテ）は、PV25.7で13位。25本塁打、91打点、出塁率も1位の.414と一見際立った成績だったように映るが、216塁打は11位。これは二塁打が8本しかなかったのも理由で、25本塁打以上で二塁打が1ケタは史上初の珍事。首位打者がPV10位入りを逃したのも、2リーグ制となってからでは初めてだった。

1970年代

◆1971年のパ・リーグ年間チーム順位
　1阪急ブレーブス、2ロッテオリオンズ、3近鉄バファローズ、4南海ホークス、5東映フライヤーズ、6西鉄ライオンズ
◆1971年のパ・リーグのタイトルホルダー
　首位打者：江藤慎一、最多本塁打：大杉勝男、最多打点：門田博光、最多盗塁：福本豊、最多勝：木樽正明、最優秀防御率：山田久志、最多奪三振：鈴木啓示
◆1971年のトピックス
　→セより　金・ドル交換停止＝ドル・ショック。中国が国連復帰。Tシャツ、Gパン、ボウリングが大流行。

1972 セ・リーグ

実際のMVP = 堀内恒夫（巨人）
本書でのMVP = 王貞治（巨人）、9年連続9回目
次点 = 堀内恒夫（巨人）

PVトップ10

1	王貞治	巨人	打率.296、48本、120打点	61.4
2	田淵幸一	阪神	打率.258、34本、82打点	47.4
3	三村敏之	広島	打率.308、12本、39打点	39.1
4	江夏豊	阪神	23勝8敗、防2.53	27.4
5	藤田平	阪神	打率.276、18本、64打点	27.1
6	木俣達彦	中日	打率.268、21本、48打点	26.9
7	若松勉	ヤクルト	打率.329、14本、49打点	26.4
8	安田猛	ヤクルト	7勝5敗、防2.08	25.7
9	谷村智博	阪神	11勝11敗、防2.26	25.2
10	J・シピン	大洋	打率.279、22本、76打点	23.3

　巨人の強さに陰りが見え始め、前半戦は8年ぶりに首位ターンとはならなかった。それでも8月26日から9連勝して首位固めに成功、最後は2位阪神に3.5ゲーム差でV8を成し遂げた。
　MVPに選ばれたのは26勝で最多勝の堀内。巨人の投手としては60年に堀本律雄が29勝して以来の勝利数だったが、PVは18.6で16位と予想外の低さ。防御率2.91は7位で、沢村賞受賞者が7位以下だったのはこれが3度目だった。投球回312と26完投はいずれも1位であり、また最大のライバルである阪神戦で7勝1敗、84.2回を投げ防御率2.23だったのは、大いに評価に値する。ただ、勝利投手となった試合の平均得点は5.6。他の投手の平均は4.3点だったので、打線の援護にも恵まれての26勝だったことも否定できない。
　何より、巨人には堀内以上に価値ある働きをした選手がいた。言わずもがなの王である。48本塁打、120打点の二冠王で、これで9年続けて打撃3部門のうち2部門を制した。9月には新記録の7試合連続本塁打も達成。打率も3割を逃したとはいえ、それでも3位。PV61.4は以前ほど圧倒的ではなくとも、

2位の田淵より14.0点、堀内よりは42.8点も高い。これだけ点差がついていたとあっては、王をMVPとしない理由は見つからない。前年復活を遂げた長嶋も、PV16.5で17位にまで転落。いよいよ衰えが隠しきれなくなり、王へのマークがよりきつくなる状況にあって、変わらぬ打撃を続けていたのはさすがの一言だ。

　それでは、次点は堀内でいいのだろうか。2位の阪神からは4人がPVトップ10入りし、中でも捕手としてリーグ史上最多の34本塁打を放った田淵と、リーグ2位の23勝、3位の防御率2.53で、投手では1位のPV27.4だった江夏は、有力な候補に挙げられる。

　ところが江夏は巨人戦で3勝3敗、防御率3.74と、例年のような巨人キラーぶりを発揮できなかった。これでは印象度において堀内に大きく劣る。田淵は打率24位、91三振もリーグワーストではあったが、本塁打は2位、打点は4位で、捕手であることを考えるとさらに高く評価できる。守備でもリーグ最高の盗塁阻止率.541と、強肩を存分に発揮していた。しかしながら、江夏と同様に巨人戦では97打数22安打、6本塁打、15打点で打率.227、OPS.782と物足りない。直接対決での成績とペナントレースの順位・ゲーム差を考えれば、堀内にはPVの値以上の活躍があったはずで、PVでは30点近い差があってもなお、田淵を抑えて次点とするべきだろう。

1970年代

　◆1972年のセ・リーグ年間チーム順位
　　1読売ジャイアンツ★、2阪神タイガース、3中日ドラゴンズ、4ヤクルトアトムズ、5大洋ホエールズ、6広島東洋カープ
　◆1972年のセ・リーグのタイトルホルダー
　　首位打者：若松勉、**最多本塁打**：王貞治、**最多打点**：王貞治、**最多盗塁**：柴田勲、**最多勝**：堀内恒夫、**最優秀防御率**：安田猛、**最多奪三振**：江夏豊
　◆1972年のトピックス
　　阪神・村山実が引退、通算222勝。札幌五輪。高見山、外国人力士初の優勝（名古屋場所）。日中国交樹立。パンダブーム。連合赤軍事件。パへつづく→

1972　パ・リーグ

実際のMVP ＝ 福本豊（阪急）
本書でのMVP ＝ 福本豊（阪急）、初
次点 ＝ 長池徳二（阪急）

PVトップ10

1	張本勲	東映	打率.358、31本、89打点	64.9
2	野村克也	南海	打率.292、35本、101打点	51.3
3	基満男	西鉄	打率.301、20本、43打点	39.3
4	清俊彦	近鉄	19勝14敗、防2.36	35.2
5	長池徳二	阪急	打率.290、41本、95打点	35.1
6	福本豊	阪急	打率.301、14本、40打点、106盗塁	33.1
7	G・アルトマン	ロッテ	打率.328、21本、90打点	31.3
8	神部年男	近鉄	13勝9敗、防2.39	30.6
9	土井正博	近鉄	打率.300、30本、84打点	30.0
10	有藤通世	ロッテ	打率.285、29本、71打点	29.8

　阪急が全球団に勝ち越す完全優勝。9月半ばまでは、連敗は3試合が2度あったのが最多という抜群の安定感で、2年連続、ここ6年間で5度目のリーグ制覇を果たした。

　その主役は何と言っても**福本**だった。106盗塁は、河野旭輝が保持していた85個のプロ野球記録を軽々と超えただけでなく、当時のメジャー・リーグ記録だったモーリー・ウィルスの104個をも上回る。この話題性も大きな理由となってMVPを受賞した。しかしながらPV 33.1はリーグ6位、阪急でも**長池**を下回るなど意外なほど低かった。これはPVの元になっているRCの計算式では、盗塁がそれほど評価されないからでもある。福本はさらに盗塁刺も25回、牽制死も7回あった。

　そうは言っても、他球団にも特筆するほどのMVP候補はいなかった。PV 1位は打率.358で6度目の首位打者となった**張本**の64.9。これは張本自身の水準でも70、62年に次ぎ3番目に高いもので、福本に31.8点の大差をつけたが、東映は4位どまり。また、PVでは反映されない守備力の違いもある。福本は

誰もが認める好守のセンターで、この年から制定されたダイヤモンドグラブ賞も、外野手トップの得票数で選ばれた。これに対し、別項でも触れたように張本は好守とはいえないレフトであったことを考えると、両者の貢献度の差は、実際にはPVが示すよりも小さかったと推測できる。実際の守備成績を参照すると、福本は122試合で刺殺286、補殺8、失策6で1試合あたりの守備機会は2.41。張本は126試合で刺殺246、補殺6、失策3で2.00。それほど大きな違いはないように思えるが、守っているところに打球が飛ばなければ守備機会は生まれない。阪急投手陣は東映投手陣より100個以上多く三振を奪っていて、その分阪急の野手全体の守備機会が少なかったということもある。

シーズンの大半で2位だった南海では、例によって**野村**がチーム最多、リーグ2位のPV51.3だった。101打点でタイトルを獲得するなど、MVPでもおかしくない成績ではあった。福本にも17盗塁を許しながらも4回刺すなど、一方的に走りまくられてはいなかった。それでもMVPとしてふさわしいかとなると、強力に推すほどの材料もない。

MVPは独走した阪急でトップのPVだった長池か、それとも福本か。長池も特に守備が良くはなく、106試合で刺殺178、補殺4、失策2で守備機会は1.74にしかならない。隣を守る福本の守備範囲が広かったこともあるだろうが、こうした点を考えると、2点だけだったPVの差を引っくり返すくらいの貢献が福本にはあったはず。長池の出場が111試合と少なめだったこと、さらに世界記録のインパクトの強さも併せれば、MVPはやはり福本という結論になる。

◆1972年のパ・リーグ年間チーム順位
　1阪急ブレーブス、2近鉄バファローズ、3南海ホークス、4東映フライヤーズ、5ロッテオリオンズ、6西鉄ライオンズ
◆1972年のパ・リーグのタイトルホルダー
　首位打者：張本勲、**最多本塁打**：長池徳二、**最多打点**：野村克也・大杉勝男、**最多盗塁**：福本豊、**最多勝**：山田久志・金田留広、**最優秀防御率**：清俊彦、**最多奪三振**：鈴木啓示
◆1972年のトピックス
　→セより　阪急の福本豊、シーズン106盗塁の世界記録。サッカーの神様、ペレが来日。日本列島改造論。沖縄県本土復帰。米でウォーターゲート事件。

1973　セ・リーグ

実際のMVP ＝ 王貞治（巨人）
本書でのMVP ＝ 王貞治（巨人）、10年連続10回目
次点 ＝ 田淵幸一（阪神）

PVトップ10

1	王貞治	巨人	打率.355、51本、114打点	98.6
2	田淵幸一	阪神	打率.256、37本、90打点	61.8
3	J・シピン	大洋	打率.295、33本、75打点	41.4
4	藤田平	阪神	打率.281、17本、59打点	32.7
5	若松勉	ヤクルト	打率.313、17本、60打点	29.8
6	高橋一三	巨人	23勝13敗、防2.21	27.1
7	松岡弘	ヤクルト	21勝18敗、防2.23	25.3
8	三村敏之	広島	打率.269、12本、32打点	25.2
9	上田二朗	阪神	22勝14敗、防2.23	24.8
10	安田猛	ヤクルト	10勝12敗、防2.02	22.6

　最終的に首位巨人と最下位広島のゲーム差はたった6.5。最後の最後まで優勝の行方がわからない展開になった。巨人は前半戦終了時に勝率.479で4位と低迷していたが、他球団も抜け出すところがなく、8月最終日に一旦首位に立つ。その後阪神に抜き返され、10月22日の最終戦、直接対決を前にゲーム差なしの2位。優勝するには勝つしかなかったこの試合で底力を見せ、9－0で大勝しV9を達成した。

　MVPに王が選ばれたのは当然だろう。打率.355は自己新記録で、2位の**若松**に4分2厘もの大差。3割打者はこの2人だけで、リーグ全体の打率は.237に過ぎなかった。そのような環境で記録した.355とあって、修正打率は.379となり、57年の与那嶺（.381）、61年の長嶋（.380）に次ぎ、当時のセ・リーグ史上3位であった。51本塁打は9年ぶりの50本台、2位の**田淵**に14本差。30本以上はこの他にシピン（33本）がいるだけだった。さらに114打点を叩き出し、これも田淵に24点の大差。余裕を持ってセ・リーグ初の三冠王となり、PV98.6は62年に野村が記録した95.7を更新するプロ野球記録として、いま

だに誰にも破られていない。2位の田淵とも36.8点の開きがあって、1・2位の差としては、67年の王と中の49.9点差に次ぐものだった。

　巨人で王に次ぐPVだったのは、いずれもリーグ2位の23勝、防御率2.21だった**高橋**。PV27.1は6位で、巨人の投手としては66年の堀内と城之内以来の高水準。次点を巨人から選ぶなら、高橋以外に候補はいない。阪神戦では10試合に先発し6勝2敗、71.2回を投げ防御率2.51。3度の完封を記録し、うち一つは前述の最終決戦でのものだった。

　惜しくも2位に終わった阪神では3人がPVトップ10に顔を出し、中でも田淵の貢献度は際立って高い。前年も34本塁打を放ってPV2位だったが、この年は四球を30個も増やした結果、出塁率は.341から.393へ急上昇。PV61.8も14.4点のプラスとなった。しかも巨人戦での成績は圧巻の一言。82打数33安打で打率.402、31四球を選んで出塁率.561、対巨人戦新記録となる16本塁打を浴びせ、長打率は1.012。4月26日から5月10日の3試合にまたがって7打数連続アーチも叩き込んでいた。

　もし阪神が優勝していても、王が三冠王になっていたので、田淵が実際のMVPを受賞することはなかっただろう。それでも阪神が最後まで優勝の可能性を残していたのは、田淵の打撃が最大の要因だったのは疑いない。高橋よりもPVが34.7点も上であり、次点は田淵がふさわしい。

1970年代

◆1973年のセ・リーグ年間チーム順位
　1読売ジャイアンツ★、2阪神タイガース、3中日ドラゴンズ、4ヤクルトアトムズ、5大洋ホエールズ、6広島東洋カープ
◆1973年のセ・リーグのタイトルホルダー
　首位打者：王貞治、**最多本塁打**：王貞治、**最多打点**：王貞治、**最多盗塁**：高木守道、**最多勝**：江夏豊、**最優秀防御率**：安田猛、**最多奪三振**：高橋一三
◆1973年のトピックス
　巨人、V9達成。日本、変動相場制へ移行。第一次石油ショック。「省エネ」が流行語に。トイレットペーパー買占め騒動。西鉄ライオンズ→太平洋クラブライオンズに。東映フライヤーズ→日拓ホームフライヤーズに。パへつづく→

1973 パ・リーグ

実際のMVP = 野村克也（南海）
本書でのMVP = 野村克也（南海）、7年ぶり6回目
次点 = 長池徳二（阪急）

PVトップ10

1	張本勲	日拓	打率 .324、33本、93打点	57.0
2	長池徳二	阪急	打率 .313、43本、109打点	54.4
3	福本豊	阪急	打率 .306、13本、54打点、95盗塁	42.9
4	野村克也	南海	打率 .309、28本、96打点	42.1
5	土井正博	近鉄	打率 .316、29本、76打点	37.3
6	G・アルトマン	ロッテ	打率 .307、27本、80打点	34.9
7	加藤秀司	阪急	打率 .337、20本、91打点	33.4
8	基満男	太平洋	打率 .292、18本、59打点	32.7
9	成田文男	ロッテ	21勝10敗、防2.63	28.9
10	加藤俊夫	日拓	打率 .293、12本、46打点	25.1

　この年からパ・リーグは2シーズン制を採用し、前期と後期の勝者同士でプレーオフを戦って優勝を決める形式になった。前期は南海、後期は阪急が制し、年間勝率は.616対.540で阪急が上回ったが、プレーオフは南海が3勝2敗で7年ぶりの優勝。MVPには**野村**が、51年の山本一人以来22年ぶりに選手兼監督として選ばれた。

　前期優勝の南海は、後期は力を温存するかのような戦い方で5位に終わった。その結果がPVにも反映されたのか、南海勢で10位以内は4位の野村だけ。阪急は2位の**長池**を筆頭に3人がトップ10入りしたが、3位の**福本**は長池と11.5点差があった。PV1位の**張本**は長池と2.6点差しかなく、日拓も5位と低迷したため候補としては弱い。MVPは野村か長池のどちらかだろう。

　38歳の野村は打率.306が6位、6年ぶりに3割を超えた。28本塁打は6位、96打点は2位で、PV42.1は野手でチーム2位の門田（21.9）の約2倍。打撃だけでもMVP候補として充分なのに加えて守備面、特に投手リードでの貢献も高かった。

捕手のリード能力を適切に測るのは難しい。それでも、前年まで他球団で振るわなかった投手が、南海に移って好成績を残したなら、それは野村のリードのおかげだった可能性はある。73年の南海では、前年巨人で0勝、PV-11.2の山内新一が20勝、防御率3.30、PV7.7へ躍進。同じく巨人で0勝の松原明夫も7勝、2.87、11.0の好成績を残した。この年ではないが、東映で0勝だった江本孟紀も72年に南海に移って16勝している。これらの投手はもともと力があって、いずれは花開いたのかもしれないが、野村がその手助けをしたのは間違いない。また、南海投手陣は481奪三振に対して435四球を与えており、比率は1.11。これはパ・リーグで最も低い水準で、1位阪急の1.67とは大きな開きがあった。にもかかわらず、防御率は南海3.35、阪急3.30と僅差。三振も取れず、コントロールにも難がある投手たちがこれほどの数字を残せたのも、野村のリード力と見るならば（この点に関しては議論の余地があるだろうが）、PVに表れないプラスアルファかもしれない。

　監督としての能力も考える必要がある。後期の戦い方について、野村は阪急の優勝が確実だと思ったので、プレーオフに照準を絞ったのだと述べている。短期決戦の結果は多分に運にも左右されるが、結果的に野村の描いた通りの展開になった。

　長池は43本塁打、109打点で2度目の二冠王、PV2位以内も69、71年に続いて3度目である。阪急がプレーオフを制していれば長池がMVPだったのはほぼ確実だし、年間勝率が1位だったのだから、プレーオフの結果にかかわらず長池が受賞するべきとの考えもあるだろう。だがプレーオフで長池は17打数4安打、5四死球を選びながらも打点はゼロだった。野村も16打数3安打、1本塁打、2打点、4四球と特別に活躍はしなかったけれども、様々な状況・条件を合わせて考えれば、野村がMVPに最もふさわしいと思える。

◆1973年のパ・リーグ年間チーム順位
　1阪急ブレーブス▲、2ロッテオリオンズ、3南海ホークス◆、4太平洋クラブライオンズ、5日拓ホームフライヤーズ、6近鉄バファローズ
◆1973年のパ・リーグのタイトルホルダー
　首位打者：加藤秀司、**最多本塁打**：長池徳二、**最多打点**：長池徳二、**最多盗塁**：福本豊、**最多勝**：成田文男、**最優秀防御率**：米田哲也、**最多奪三振**：成田文男
◆1973年のトピックス
　→セより　パ、2シーズン制に。大場政夫が高速道路で衝突死。桜田淳子、山口百恵、森昌子の「花の中3トリオ」誕生。

1974　セ・リーグ

実際のMVP＝王貞治（巨人）
本書でのMVP＝王貞治（巨人）、11年連続11回目
次点＝田淵幸一（阪神）

PVトップ10
1	田淵幸一	阪神	打率.278、45本、95打点	92.8
2	王貞治	巨人	打率.332、49本、107打点	91.8
3	木俣達彦	中日	打率.322、18本、50打点	45.4
4	J・シピン	大洋	打率.306、25本、73打点	38.2
5	長崎慶一	大洋	打率.356、13本、33打点	34.8
6	藤田平	阪神	打率.302、16本、47打点	33.7
7	浅野啓司	ヤクルト	12勝15敗、防2.39	32.7
8	若松勉	ヤクルト	打率.312、20本、74打点	30.0
9	堀内恒夫	巨人	19勝11敗、防2.66	26.8
10	外木場義郎	広島	18勝16敗、防2.82	25.1

　中日が巨人のV10を阻止。5月半ばから8月中旬までは阪神が首位だったが、8月以降急激に負けが込み、巨人に首位を明け渡す。その巨人も9月はBクラス3球団相手に1勝11敗と自滅し、8月30日からの15試合で13勝1敗1分だった中日が首位に浮上。巨人とは逆に、9月以降Bクラス球団を15勝4敗3分と叩いて、20年ぶり2度目のリーグ制覇を果たした。

　MVPに選ばれたのは中日の選手ではなく、打率.332、49本塁打、107打点で2年連続三冠王に輝いた**王**だった。プロ野球記録の158四球を選び、出塁率は驚異の.532。長打率.761も、前年に自身が樹立したばかりの記録を更新した。当然ながらOPS1.293も、自己新かつプロ野球記録。PV91.8も前年よりは低かったものの、自身2番目の高水準だった。

　しかしながら、**田淵**はPV92.8でわずか1.0点差ながら王を上回った。もちろんこれは捕手としてのリーグ新記録。王に4本差と迫る45本塁打を放ち、95打点も2位。リーグ4位の457得点しか取れなかった阪神打線における存在価値は、王以上に高かったかもしれない。PVではこの2人が突出しており、

106

3位以下に45点以上も差をつけた。

　中日でPVトップ10に入ったのは、45.4点で3位の**木俣**だけ。打率.322は2位、長打率.507も6位。中日では、チーム最多の35本塁打を放ったジーン・マーチンがPV23.7で12位。打率.290、18本塁打の井上弘昭が18.5で15位、投手では星野仙一の13.9がチーム最多だった。実際の投票では星野が中日勢では最上位の2位で、高木が3位、木俣は田淵に次ぐ5位だったが、PVから判断するなら木俣以外に中日で候補となる選手はいない。

　とはいえ、その木俣もPVは王や田淵の半分以下。また、巨人に2ゲーム差の2位だった9月1日以降、優勝が決まるまでの34試合は128打数33安打、3本塁打、13打点。打率.258でOPSは.700にとどまっていた。投手リードに精一杯で打撃まで手が回らなかったのか、終盤戦の打撃成績は平凡だった。

　田淵の成績は捕手としては歴史的水準だったが、9月以降阪神は9勝23敗2分と大きく後退。この間田淵は92打数21安打で打率は.228しかなかった。それでも11本塁打、31四球のおかげで出塁率は.423、長打率も.620に達していて、打率から想像するよりはるかに貢献度は高かった。

　王は9月以降99打数37安打、14本塁打、27打点、さらに四球は45。本塁打王争いのライバル田淵がいた阪神戦で徹底的に歩かされ、数字も押し上げられていたが、打率.374、出塁率.569、長打率.859と異常とも言えるレベルの成績だった。巨人は最後まで優勝を争った末の2位であり、王はMVPに選ばれても恥じるところは一切ない。次点は木俣か田淵。確かに阪神の失速は目を覆うばかりだったが、8月末まで首位争いをしていたこと、大失速の間も田淵のOPSは1.043もあったことから、田淵を上位とした。

◆**1974年のセ・リーグ年間チーム順位**
　1中日ドラゴンズ、2読売ジャイアンツ、3ヤクルトスワローズ、4阪神タイガース、5大洋ホエールズ、6広島東洋カープ

◆**1974年のセ・リーグのタイトルホルダー**
　首位打者：王貞治、**最多本塁打**：王貞治、**最多打点**：王貞治、**最多盗塁**：中塚政幸、**最多勝**：松本幸行・金城基泰、**最優秀防御率**：関本四十四、**最多奪三振**：金城基泰

◆**1974年のトピックス**
　長嶋茂雄が引退「巨人軍は永久に不滅です」。王貞治2年連続三冠王。ヤクルトアトムズ→ヤクルトスワローズに。狂乱物価。戦後初のマイナス成長。パへつづく→

1974　パ・リーグ

実際のMVP＝金田留広（ロッテ）
本書でのMVP＝福本豊（阪急）、2年ぶり2回目
次点＝金田留広（ロッテ）

PVトップ10

1	張本勲	日本ハム	打率.340、14本、62打点	43.6
2	G・アルトマン	ロッテ	打率.351、21本、67打点	40.0
3	福本豊	阪急	打率.327、8本、52打点、94盗塁	38.5
4	D・ビュフォード	太平洋	打率.330、14本、43打点	35.8
5	土井正博	近鉄	打率.277、29本、67打点	24.9
6	C・ジョーンズ	近鉄	打率.226、38本、90打点	23.6
7	佐藤道郎	南海	7勝8敗13S、防1.91	23.1
8	加藤秀司	阪急	打率.322、19本、75打点	22.5
9	門田博光	南海	打率.269、27本、76打点	22.4
10	長池徳二	阪急	打率.290、27本、96打点	20.3

　前期は西本幸雄に代わり、上田利治が新監督となった阪急が優勝。後期は金田正一率いるロッテが制し、プレーオフではロッテが3連勝。年間勝率でもロッテが阪急を上回り、得失点差も+77。阪急は+53で、名実ともにロッテがチャンピオンだった。MVPを受賞したのはリーグ最多の16勝を挙げた金田。しかし防御率2.90は5位で、チームメイトの村田兆治の2.69を下回る。PV13.2も村田より下の16位、その村田もPV16.1は13位にとどまった。
　ロッテで最高のPV40.0を記録したのはアルトマンだが、.351の高打率を残したものの、出場は85試合だけ。大腸がんを患い8月7日を最後に戦列を離れたためで、プレーオフにも出場できなかった。41歳の高齢で出塁率.442、長打率.653は破格の数字で、シーズンの3分の1を欠場しながらもPV2位だったのは凄い。けれども年間を通じての活躍ではなく、優勝した後期は1カ月余りしかプレーしなかった選手をMVPとするのは抵抗がある。
　ロッテが優勝した後期だけをとってみると、金田は16試合、117.1回を投げて10勝3敗、防御率2.07。7月31日から9月5日にかけては先発した7試

合すべて完投、合計でも2完封を含む10完投だった。村田は15試合、90.1回を投げ6勝5敗1セーブ、3完投、防御率1.99。防御率は村田が上でも、勝利数、完投数、投球回数などは金田が優っている。

　対戦相手別では、阪急戦で金田は3先発し1勝2敗、防御率3.13。村田は1試合だけで2失点完投勝利。後期2位の南海戦では金田が3試合で2勝1敗、1.88、村田は4試合の1勝1敗、1.13で、一見村田のほうが良さそうだが、2カード合計の投球回数は金田47回、村田25回と大きな差がある。首脳陣が金田を強敵相手に投げさせていたのは明らかだ。内容的にも奪三振／与四球比は金田が2.71で、村田の1.24の2倍以上。被本塁打は金田の18本に対して村田は10本と少なく、プレーオフでも第3戦で完封勝利を挙げた村田がMVPに選ばれたが、総合的に判断すれば金田が村田より上であり、アルトマンを含めたロッテ勢3人の中でも一番の候補だろう。

　阪急ではPV10位以内に3人が入った。3位の**福本**は優勝した前期だけで54盗塁を決め、年間でも3年連続90個以上となる94盗塁。打率.327も自己最高でリーグ3位だった。PV38.5は特別高い数字ではないけれども、1位の**張本**との差は5.1点しかない。その張本は首位打者にこそなったものの、本塁打が前年の33本から半分以下に激減し、日本ハムも最下位では候補にはならない。

　優勝したのはロッテでも、突出した個人成績を残した選手がいなかった低レベルの年にあって、PVで10位にも入らなかった金田をMVPとはしづらい。チームは優勝を逃し、自身も抜群の好成績だったわけではないとしても、金田の3倍近いPVだった福本をMVPとするほうが納得がいく。

1970年代

◆1974年のパ・リーグ年間チーム順位
　1ロッテオリオンズ◆★、2阪急ブレーブス▲、3南海ホークス、4太平洋クラブライオンズ、5近鉄バファローズ、6日本ハムファイターズ
◆1974年のパ・リーグのタイトルホルダー
　首位打者：張本勲、**最多本塁打**：C.ジョーンズ、**最多打点**：長池徳二、**最多盗塁**：福本豊、**最多勝**：金田留広、**最優秀防御率**：佐藤道郎、**最多奪三振**：鈴木啓示
◆1974年のトピックス
　→セより　日拓ホームフライヤーズ→日本ハムファイターズに。ボクシングライト級でガッツ石松が王者に、「幻の右だ」。ニクソン米大統領辞任。三菱重工ビル爆破事件。

1975 セ・リーグ

実際のMVP ＝ 山本浩二（広島）
本書でのMVP ＝ 田淵幸一（阪神）、初
次点 ＝ 山本浩二（広島）

PVトップ10

1	田淵幸一	阪神	打率.303、43本、90打点	96.3
2	山本浩二	広島	打率.319、30本、84打点	49.2
3	王貞治	巨人	打率.285、33本、96打点	42.7
4	中村勝広	阪神	打率.280、16本、43打点	36.8
5	J・シピン	大洋	打率.295、34本、82打点	35.9
6	ロジャー	ヤクルト	打率.292、27本、70打点	31.4
7	松本幸行	中日	17勝15敗、防2.41	26.6
8	井上弘昭	中日	打率.318、18本、65打点	24.3
9	松岡弘	ヤクルト	13勝9敗、防2.32	23.5
10	安仁屋宗八	阪神	12勝5敗7S、防1.91	22.7

　前年限りで引退した長嶋が新監督となった巨人は、球団史上初の最下位という屈辱にまみれる。その一方で、他の5球団は一度は首位に立つ大混戦が繰り広げられた。最後に抜け出したのは、9月以降19勝4敗4分の快進撃を演じた広島。4月に監督がジョー・ルーツから古葉竹識に代わった混乱を乗り越え、2位中日に4.5ゲーム差をつけて、球団創設26年目にして初の栄光を掴んだ。
　打率.319で首位打者となり、実際のMVPにも選ばれた**山本**は、PVも49.2で2位。広島勢で唯一PVトップ10に顔を出した。他には三村敏之（打率.281、10本塁打）が18.9で12位、投手では宮本幸信（10勝2敗10セーブ、防御率1.71）が16.6で投手では5位、総合16位だったのが目立つくらいだった。山本は、9月以降優勝が決まるまでの26試合も、84打数23安打、5本塁打、14打点。打率は.274だったが25四球を選び、出塁率は.440の高率で、長打率.500と併せてOPSは.940に達していた。
　その山本の2倍近いPV96.3でリーグ1位だったのは、山本と法政大の同期生である**田淵**。自己最多の43本塁打で、**王**が13年間守り続けてきた本塁打王

のタイトルを奪取。チーム本塁打の3分の1以上を一人で叩き出していた。王はチーム状態と同様に低調で、一本足打法を採用してからは最も少ない33本塁打。PVでも63年以降では初めて50点台を割り、3位へ転落した。

これに対して、田淵は本塁打だけでなく、打率もキャリア唯一の3割となる.303で3位。88四球も王とチームメイトの**中村**に次ぐ3位で、出塁率は.437。王の.451には届かなかったが、山本の.406を上回って2位。長打率.657も1位、OPS1.094も当然1位だった。捕手でありながらこれだけの打撃成績を収めたのは、他には野村克也の例があっただけで、まさしく歴史的な好成績。PV96.3も、73年の王の98.6に次ぐセ・リーグ史上2位となった。広島戦の成績は91打数22安打で、打率は.242と低いものの、10本塁打を放ち19打点、OPSも.986と高かった。

阪神は甲子園での54試合で182得点、181失点であり、他の球場では76試合で295得点、306失点だった。甲子園では1試合あたり両チーム合わせて6.7点しか入らず、他では7.9点入っていて、平均よりも15%ほど得点の入りにくい球場だったことになる。この環境で100点近いPVを記録した田淵の打力は、見かけ上も凄かったが、実質的にはさらに凄いものだった。

"赤ヘル旋風"は社会現象にまでなったし、その中心となった山本はMVPでもおかしくない好成績を残した。それでも田淵の成績は、阪神が3位どまりであったとしても無視できないレベルに達していた。過去3年間は王の次点に甘んじた田淵だが、この年は山本を抑えて充分にMVPに値したと見る。

◆1975年のセ・リーグ年間チーム順位
　1広島東洋カープ、2中日ドラゴンズ、3阪神タイガース、4ヤクルトスワローズ、5大洋ホエールズ、6読売ジャイアンツ
◆1975年のセ・リーグのタイトルホルダー
　首位打者：山本浩二、**最多本塁打**：田淵幸一、**最多打点**：王貞治、**最多盗塁**：大下剛史、**最多勝**：外木場義郎、**最優秀防御率**：安仁屋宗八、**最多奪三振**：外木場義郎
◆1975年のトピックス
　広島東洋カープが球団創設26年目でセ・リーグ初制覇。大相撲春場所で人気大関貴ノ花が初優勝、テレビ視聴率50%超。ベトナム戦争終結。パへつづく→

1975　パ・リーグ

実際のMVP ＝ 加藤秀司（阪急）
本書でのMVP ＝ 加藤秀司（阪急）、初
次点 ＝ 鈴木啓示（近鉄）

PVトップ10

1	野村克也	南海	打率.266、28本、92打点	37.1
2	東尾修	太平洋	23勝15敗、防2.38	36.7
3	加藤秀司	阪急	打率.309、32本、97打点	33.6
4	鈴木啓示	近鉄	22勝6敗、防2.26	30.9
5	村田兆治	ロッテ	9勝12敗13S、防2.20	25.8
6	B・マルカーノ	阪急	打率.298、23本、71打点	24.9
7	門田博光	南海	打率.280、19本、85打点	22.2
8	山内新一	南海	10勝12敗、防2.55	21.3
9	土井正博	太平洋	打率.260、34本、82打点	19.9
10	白仁天	太平洋	打率.319、16本、53打点	17.5

　DH（指名打者）制が採用されたこの年、前期を制したのは2年連続で阪急。ところが後期はその阪急が最下位で、西本幸雄が監督となって2年目の近鉄が優勝し、年間でも近鉄が勝率1位だった。しかしプレーオフでは、新人・山口高志が2勝を挙げ阪急が1敗のあと3連勝、3年ぶりにリーグ優勝を果たした。

　実際のMVPを受賞した**加藤**はリーグ3位のPV33.6で、阪急では1位。打率.309は首位打者の**白**に1分差の3位、32本塁打は**土井**に2本差で2位、97打点は1位と、主要3部門ですべて3位以内だった。阪急の野手では、新外国人の**マルカーノ**がPV24.9で6位。投手では足立の14.8（16位）が最高で、新人王の山口は11.1で21位だった。

　阪急からMVPを選ぶなら加藤以外にいないが、年間勝率1位の近鉄では**鈴木**が有力な候補となる。22勝は1位の**東尾**に1勝差で2位、防御率2.26も**村田**に次ぎ同じく2位。PV30.9は、自己記録だった68年の31.0にはわずかに及ばないものの投手では2位、総合4位だった。優勝した後期は15勝2敗、14先発で11完投、130回を投げて防御率は2.15。前期は阪急相手に1勝もで

きなかったが、後期は2位のロッテに3勝した。近鉄の野手では12位に佐々木恭介がいるだけで、投手でもPV10位以内は鈴木以外におらず、貢献度の高さは頭一つ抜けていた。

PV1・2位の**野村**、東尾はともに所属球団が振るわず、MVP候補は加藤か鈴木に絞られる。だが、プレーオフで鈴木が2試合に先発しながら1勝もできず、7回7失点と打ち込まれたのは印象が良くなかった。対照的に、加藤はプレーオフで18打数8安打3打点。最終第4戦の9回には、点差を2点に拡げる貴重な本塁打も放った。そもそもPVが上ということもあり、MVPは加藤、鈴木は次点となる。

MVP争いと直接の関係はないが、この年近鉄は実に勿体ない2つの人事を敢行していた。一つは長年の主砲だった土井を、守備の衰えを理由に太平洋へ放出したこと。この決定はDH制が採用される前のことで、DHの導入を近鉄が知っていればトレードを見合わせていたかもしれなかった。交換で獲得した柳田豊、芝池博明のPVはそれぞれ4.8、11.0で、合計すると土井のPVと大して変わらず、単純計算ではそれほど大きな損失ではなかったことになる。それでも打線の中心に土井がいるといないとでは、得点力に大きな影響があったことは疑いない。

もう一つは、74年の新人ドラフトで目玉の山口を指名せず、松下電器の同僚・福井保夫を1位指名したこと。福井が10試合で1勝に終わったばかりか、直接のライバルである阪急で山口が大活躍したので、二重の損失になった。仮に土井を放出せず、山口を指名していたなら近鉄が優勝していた確率がかなり高かったし、そうであればMVPも加藤ではなく、鈴木が受賞していたかもしれなかった。

1970年代

◆1975年のパ・リーグ年間チーム順位
　1近鉄バファローズ▲、2阪急ブレーブス◆★、3太平洋クラブライオンズ、4ロッテオリオンズ、5南海ホークス、6日本ハムファイターズ
◆1975年のパ・リーグのタイトルホルダー
　首位打者：白仁天、**最多本塁打**：土井正博、**最多打点**：加藤秀司、**最多盗塁**：福本豊、**最多勝**：東尾修、**最優秀防御率**：村田兆治、**最多奪三振**：東尾修
◆1975年のトピックス
　→セより　パ、指名代打制採用。田部井淳子が女性初のエベレスト登頂。全英テニスで沢松和子が女子複で優勝。戦後最大の不況、赤字国債を増発。公労協「スト権スト」。

1976 セ・リーグ

実際のMVP = 王貞治（巨人）
本書でのMVP = 王貞治（巨人）、2年ぶり12回目
次点 = 張本勲（巨人）

PVトップ10

1	王貞治	巨人	打率.325、49本、123打点	66.4
2	田淵幸一	阪神	打率.277、39本、89打点	56.9
3	張本勲	巨人	打率.355、22本、93打点	44.0
4	掛布雅之	阪神	打率.325、27本、83打点	39.4
5	J・シピン	大洋	打率.307、30本、74打点	33.0
6	D・ジョンソン	巨人	打率.275、26本、74打点	30.0
7	若松勉	ヤクルト	打率.344、17本、70打点	27.4
8	ロジャー	ヤクルト	打率.274、36本、81打点	27.1
9	谷沢健一	中日	打率.355、11本、52打点	25.8
10	小林繁	巨人	18勝8敗、防2.99	24.4

　前年最下位の巨人が、日本ハムから首位打者7回の**張本**、太平洋クラブからは72年の新人王だった加藤初を、それぞれトレードで獲得。こうした意欲的な補強が実を結び5月に14連勝、8月には13連勝し3年ぶりに覇権を奪回した。**王**も49本塁打、123打点で二冠王と復活し、8度目のMVPを受賞した。PV 66.4は全盛期ほどではないが、2位**田淵**には9.5点差。7月23日の大洋戦で通算700号本塁打、10月11日の阪神戦では715号でベーブ・ルースの本数を抜くなど、記録ずくめの年となった。本書でのMVPも王以外には考えられない。

　巨人で王に次ぐPV 44.0だったのは張本。打率.3547は**谷沢**に1毛届かず、両リーグでの首位打者とはならなかったが、王、マーチン（中日）に次いで3位の93打点を叩き出した。また前年はまったくの期待外れに終わった**ジョンソン**も、26本塁打を放ってPV 30.0。王以外の巨人の野手がPV 30以上だったのは、71年の長嶋以来のことで、3人が30以上だったのは初めて。前年は473得点に終わった巨人が、661打点と大幅に得点力が上がったのも、この2

人の活躍によるところが大きい。なお、両リーグでPV3位以内に入った選手は張本が初めて。これまでは、田宮謙次郎が両リーグ5位以内に入った（56～58年大阪、60年大毎）のが最高だった。

　投手では**小林**がチーム最多の18勝、リーグ2位の防御率2.99で、PV24.4は10位。20勝で最多勝になった池谷（広島）を0.7点上回った。だが張本には遠く及ばない数字で、次点候補としては弱い。張本を上回るPV56.9で5年連続2位以内の田淵も、前年の96.3に比べると大幅に下がってしまい、印象的にはあまり良くなかった。次点は田淵より張本とすべきだろう。むしろ阪神では入団3年目の**掛布**の成長が著しく、打率.325で5位に入り、PV39.4も4位と健闘が光った。

　ところで、阪神では新外国人のハル・ブリーデンが40本塁打を放ったが、PVは8.6。同じく40本塁打のマーチンも15.5にとどまり、両者ともトップ10にはほど遠かった。2リーグ分立後、40本塁打以上の打者がPV10位以内に入らなかったのは初めてのこと。この年はリーグ全体で本塁打数が前年より220本も増え、500打数あたりの平均本数は新記録の18.6本。20本塁打以上も75年の11人から19人に増えていた。49本の王でさえ修正本数は35.5本。打率・本塁打・打点は74年と大差ないのに、PVが30点近く下がっていたのもこれが理由だった。

◆1976年のセ・リーグ年間チーム順位
　1読売ジャイアンツ、2阪神タイガース、3広島東洋カープ、4中日ドラゴンズ、5ヤクルトスワローズ、6大洋ホエールズ
◆1976年のセ・リーグのタイトルホルダー
　首位打者：谷沢健一、**最多本塁打**：王貞治、**最多打点**：王貞治、**最多盗塁**：衣笠祥雄、**最多勝**：池谷公二郎、**最優秀防御率**：鈴木孝政、**最多奪三振**：池谷公二郎、**最優秀救援投手**：鈴木孝政
◆1976年のトピックス
　モントリオール五輪、コマネチ旋風。植村直己、犬ぞりで北極圏単独踏破。ロッキード事件で田中角栄前首相逮捕。パへつづく→

1976　パ・リーグ

実際のMVP＝山田久志（阪急）
本書でのMVP＝山田久志（阪急）、初
次点＝加藤秀司（阪急）

PVトップ10

1	村田兆治	ロッテ	21勝11敗、防1.82	43.5
2	門田博光	南海	打率.300、22本、77打点	33.2
3	山内新一	南海	20勝13敗、防2.28	30.0
4	加藤秀司	阪急	打率.300、28本、82打点	29.5
5	山田久志	阪急	26勝7敗、防2.39	27.4
6	C・ジョーンズ	近鉄	打率.244、36本、68打点	23.7
7	福本豊	阪急	打率.282、8本、46打点、62盗塁	23.1
8	山崎裕之	ロッテ	打率.273、16本、62打点	22.9
9	藤田学	南海	11勝3敗、防1.98	22.5
10	鈴木啓示	近鉄	18勝15敗、防2.67	19.6

　前後期制を採用して4年目にして初めて、2シーズンとも阪急が制覇したため、プレーオフは行なわれなかった。しかしながらチーム打率.256は5位、防御率3.30も4位。546得点は2位南海に57点差で1位だったが、得失点差＋69は南海の＋58と大きな開きはなく、年間で南海に9.5ゲーム差をつけたほどの強さはなかった。

　MVPを受賞したのは、リーグ最多・自己最多の26勝を挙げた**山田**。防御率2.39は5位だがPV27.4はチーム2位、リーグ5位。阪急では**加藤**が打率.300で3位、28本塁打が2位、82打点が1位と、前年に続いて3部門すべて3位以内で、PV29.5は4位。阪急からMVPを選ぶなら、PV23.1で7位の**福本**まで含めた3人が候補となる。

　山田は前後期とも2位だった南海に対し、10試合に先発してすべて完投、2完封を含む9勝1敗、防御率1.52と圧倒的に強かった。9月11日の首位攻防戦でも、南海のエース**山内**に投げ勝って首位に立つと、25日にも再度山内に投げ勝ち、ゲーム差を決定的な3.5にまで広げた。さらに30日にも勝って、後期

優勝＝完全優勝を達成。節目となる試合ですべて勝つという、エースに求められる働きを完璧にこなした。

南海戦では加藤も 82 打数 24 安打（打率 .293）ながら 9 本塁打、25 打点で出塁率 .376、長打率 .671 の OPS1.047 と打ちまくっていた。福本は 88 打数 22 安打（.250）、18 四球を選んで出塁率は .377 だったものの OPS は .718 に過ぎない。14 盗塁していたのを加味しても加藤が上だろう。

加藤と山田はほとんど互角であり、それならばわずかに PV の高い加藤を上位とすべきかとも思える。だがここはあえて山田に軍配を上げたい。その理由は、山内との直接対決で 5 勝 1 敗、防御率 1.53 だったからだ。20 勝、PV 30.0 は 3 位と絶好調だった山内に、山田は完全に投げ勝っていた。6 試合すべて自責点 2 以下、唯一敗れた試合も 1 － 2 で打線の援護がなかっただけ。加藤も山内が先発した 9 試合で 33 打数 9 安打、4 本塁打、12 打点と打ってはいたが、登板したすべての試合で好投した山田には及ばないと考える。

PV で山田より上位のその他 3 人のうち、**門田**と山内はほとんど差がなく、数字的にも特筆するレベルではない。残るはリーグ 1 位、PV 43.5 の**村田**。山田とは 16.1 点の大差で、21 勝は 2 位、防御率 1.82 は 1 位、202 奪三振も 1 位。少なくとも投球内容だけなら、村田は明らかに山田より上だった。

しかしながら、村田は阪急戦に前期は 0 勝 4 敗 1 セーブ、防御率 3.86。後期はすべて完投で 4 勝 0 敗、防御率 1.00 と盛り返したが、首位から転落した 9 月 12 日以降の 15 試合では、南海に 1 勝しただけだった。実際の MVP と同様、本書でも MVP は山田で、次点は加藤としたい。

◆1976 年のパ・リーグ年間チーム順位
　1 阪急ブレーブス◆★、2 南海ホークス、3 ロッテオリオンズ、4 近鉄バファローズ、5 日本ハムファイターズ、6 太平洋クラブライオンズ
◆1976 年のパ・リーグのタイトルホルダー
　首位打者：吉岡悟、**最多本塁打**：C. ジョーンズ、**最多打点**：加藤秀司、**最多盗塁**：福本豊、**最多勝**：山田久志、**最優秀防御率**：村田兆治、**最多奪三振**：村田兆治
◆1976 年のトピックス
　→セ・リーグ　モハメド・アリとアントニオ猪木の異種格闘技戦、不完全燃焼のドローにブーイング。南北ベトナム統一。

1977 セ・リーグ

実際のMVP＝王貞治（巨人）
本書でのMVP＝王貞治（巨人）、2年連続13回目
次点＝小林繁（巨人）

PVトップ10

1	山本浩二	広島	打率.308、44本、113打点	58.9
2	王貞治	巨人	打率.324、50本、124打点	57.8
3	C・マニエル	ヤクルト	打率.316、42本、97打点	42.1
4	若松勉	ヤクルト	打率.358、20本、70打点	41.3
5	小林繁	巨人	18勝8敗、防2.92	34.3
6	柳田真宏	巨人	打率.340、21本、67打点	32.4
7	新浦寿夫	巨人	11勝3敗9S、防2.32	30.6
8	掛布雅之	阪神	打率.331、23本、69打点	29.1
9	張本勲	巨人	打率.348、24本、82打点	27.7
10	田代富雄	大洋	打率.302、35本、88打点	27.2

　巨人が前半戦で8.5ゲーム差、最終的には2位ヤクルトに15ゲーム差をつけ独走で優勝。MVPには、8月にハンク・アーロンの持つメジャー記録の755本塁打を超え、日本中を沸かせた**王**が選ばれた。50本塁打は4年ぶり3度目の50本台で、124打点と併せて11度目のダブルタイトル。PV57.8も巨人では1位、リーグ全体でも**山本**に1.1点及ばないだけで2位だった。

　王以外にも、巨人では2人の野手がPV10位以内に入っている。打率.340、21本塁打の自己最高成績を残し、巨人軍史上最強の5番打者と言われた**柳田**が6位。.348の高打率で2位だった**張本**が9位である。投手ではいずれもリーグ2位の18勝、防御率2.92、3位の155三振を奪った**小林**が5位。7位の**新浦**は先発とリリーフの兼用で、防御率2.32はリーグトップ。2人ともPVは30を超えた。巨人の投手が2人以上PV30台だったのは、55年の別所（45.9）と大友（30.4）以来22年ぶりだった。ただ、柳田にしろ2人の投手にしろ、PVで20点以上の差がある王を凌駕する材料には乏しい。

　となると、王のライバルはPV58.9で1位の山本となる。打率.308は15位

でも、44本塁打と113打点はいずれも2位。OPSは王が1.183、山本が1.102と大差があったが、塁打数は王305、山本302とほとんど差がない。盗塁も山本の22に対して王は1つ、併殺打も王が山本より2本多い。こうした要素を考慮し、さらに守備位置修正を加えたことで、PVではわずかに山本が上となった。

とはいえ、広島は年間を通じほぼ最下位に沈んでおり、閉幕日にようやく5位に浮上する最悪に近いシーズンだった。こんなチーム状況では、山本が好成績を残していても王の敵ではないどころか、次点に推すのも躊躇われる。本書では王がMVP、次点は山本ではなく巨人でPV2位の小林が妥当と考える。PV34.3は巨人の投手では59年藤田(36.8)以来の高水準であることに加え、先発の柱だっただけでなくセーブも7つと、リリーフでの働きも評価した。

ところで、この77年は前年以上に本塁打がよく出て、リーグ本塁打数は初の4ケタに乗る1050本。500打数あたりの平均本数も、史上唯一の20本台となる20.2本だった。王の修正本数は33.5本。王の全年代を通じて修正本数を計算すると通算851本(小数点以下切り捨て)となり、実数の868本からは17本のマイナスになる。同じ作業を野村克也に対しても行なうと、こちらは逆に727本となって、実際の657本から70本も増える。最も極端な差になったのは中西太で、実数244本に対して修正本数は422本と、実に178本のプラスになった。

1970年代

◆1977年のセ・リーグ年間チーム順位
　1読売ジャイアンツ、2ヤクルトスワローズ、3中日ドラゴンズ、4阪神タイガース、5広島東洋カープ、6大洋ホエールズ
◆1977年のセ・リーグのタイトルホルダー
　首位打者：若松勉、**最多本塁打**：王貞治、**最多打点**：王貞治、**最多盗塁**：柴田勲、**最多勝**：高橋里志、**最優秀防御率**：新浦寿夫、**最多奪三振**：池谷公二郎、**最優秀救援投手**：鈴木孝政
◆1977年のトピックス
　世界フィギュアスケート男子シングルで佐野稔が日本人初の銅。柔道全日本選手権で山下泰裕、19歳の最年少V。パへつづく→

1977 パ・リーグ

実際のMVP = 山田久志（阪急）
本書でのMVP = **加藤秀司**（阪急）、2年ぶり2回目
次点 = 山田久志（阪急）

PVトップ10

1	L・リー	ロッテ	打率.317、34本、109打点	42.3
2	門田博光	南海	打率.313、25本、91打点	37.3
3	福本豊	阪急	打率.305、16本、54打点、61盗塁	33.4
4	鈴木啓示	近鉄	20勝12敗、防2.35	31.4
4	加藤秀司	阪急	打率.319、19本、73打点	31.4
6	有藤道世	ロッテ	打率.329、16本、53打点	31.2
7	島谷金二	阪急	打率.325、22本、74打点	31.1
8	山田久志	阪急	16勝10敗、防2.28	30.2
9	加藤俊夫	日本ハム	打率.270、11本、36打点	23.6
10	富田勝	日本ハム	打率.307、9本、59打点	22.7

　前期は南海を僅差でかわし、阪急が4年連続の優勝。後期は前期5位に沈んだロッテが勝ち、プレーオフでもロッテが2勝1敗とリードしたが、第4戦・第5戦で阪急が連勝、3年連続のリーグ優勝を手にした。MVPはリーグ1位の防御率2.28だった**山田**が2年連続で受賞。PV30.2は前年よりも良かったが、投手では**鈴木**の後塵を拝し、阪急でも**福本・加藤・島谷**に次いで4位だった。
　福本はPV33.4で3位。打率.305は7位で、61盗塁は2位**有藤**に35個差で8年連続タイトルとなったが、3年連続90個台だった72〜74年の頃のインパクトはなかった。それでも252塁打は**リー**に次いで2位、総出塁数218は1位。加藤は打率.319で3位、中日から移籍した島谷が打率・本塁打・打点のすべてで上回りながらも、PVは0.3点差ながら加藤が上位だった。ただし福本から山田までの差はほんの3.2点で、阪急勢の4人は誰がMVPでもおかしくない。
　他球団から候補を探すと、ロッテの後期優勝に貢献したリーが挙げられる。34本塁打、109打点で二冠王、打率.317も4位。PV42.3は2位**門田**に5.0点差で1位だった。パ・リーグの外国人選手がPV1位となったのは、54年のレ

インズ以来23年ぶり。ただ阪急戦の成績は打率.232、5本塁打、18打点と今一つ。ロッテでは有藤も打率.329で首位打者になっていたが、PV31.2は6位。2人とも阪急勢を抑えてまでMVPに推すほどでもない。

前年は優勝争いのライバルだった南海に勝ちまくった山田は、この年も前期2位の南海に3勝0敗、防御率1.50。後期優勝のロッテにも3勝2敗だったが、リリーフでの登板が多く、防御率は3.97でしかない。ただしプレーオフでは初戦で1失点完投、2連敗後の第4戦でも2点に抑え完投勝ちした。

3人の打者も前期の南海／後期のロッテとの対戦成績を調べてみよう。福本は111打数34安打（打率.306）、3本塁打、11打点、OPS.805。加藤は89打数32安打（.360）、6本塁打、18打点、OPS1.099、島谷は102打数31安打（.304）、4本塁打、12打点、OPS.836で、加藤が断然良い。プレーオフでも福本は20打数5安打1打点、1盗塁と不発。島谷は18打数7安打、最終第5戦で先制・決勝のタイムリーを放ったが、打点はこの1点のみ。加藤は15打数7安打5打点、第4戦で勝ち越し・決勝本塁打を放っていて、最終決戦では福本より活躍していた。

山田もプレーオフではいずれも完投で2勝を挙げているが、加藤の殊勲度を大きく上回ってはいない。したがって、PVでわずかながら山田を上回った加藤をMVP、山田を次点とするのが適当と思われる。実際の投票結果は1位の山田が888点、2位島谷303点、加藤は5位の47点（福本は9位の10点）だったが、本書の結論はまったく異なるものになった。

◆1977年のパ・リーグ年間チーム順位
1 阪急ブレーブス◆★、2 南海ホークス、3 ロッテオリオンズ▲、4 近鉄バファローズ、5 日本ハムファイターズ、6 クラウンライターライオンズ
◆1977年のパ・リーグのタイトルホルダー
首位打者：有藤道世、**最多本塁打**：L.リー、**最多打点**：L.リー、**最多盗塁**：福本豊、**最多勝**：鈴木啓示、**最優秀防御率**：山田久志、**最多奪三振**：村田兆治、**最優秀救援投手**：江夏豊
◆1977年のトピックス
→セより　太平洋クラブライオンズ→クラウンライターライオンズに。世界自転車選手権プロスクラッチで中野浩一が初優勝。全米女子プロゴルフで樋口久子が日本人初の優勝。

1978 セ・リーグ

実際のMVP＝若松勉（ヤクルト）
本書でのMVP＝若松勉（ヤクルト）、初
次点＝山本浩二（広島）

PVトップ10

1	山本浩二	広島	打率.323、44本、112打点	61.6
2	田淵幸一	阪神	打率.288、38本、89打点	49.4
3	王貞治	巨人	打率.300、39本、118打点	39.7
4	掛布雅之	阪神	打率.318、32本、102打点	38.4
5	若松勉	ヤクルト	打率.341、17本、71打点	35.6
6	D・ヒルトン	ヤクルト	打率.317、19本、76打点	35.2
7	高木嘉一	大洋	打率.326、23本、80打点	31.4
8	C・マニエル	ヤクルト	打率.312、39本、103打点	30.7
9	新浦寿夫	巨人	15勝7敗15S、防2.81	30.3
10	斉藤明雄	大洋	16勝15敗、防3.14	29.8

　球団創設29年目にしてヤクルトが初のリーグ優勝。打線はリーグ2位の648得点で、シーズン最終戦に広島の大野豊に0点に封じられるまで、一度も完封負けはなし。チーム防御率が4.38で4位だったのをカバーして余りあり、2位巨人に3ゲーム、3位広島に5ゲーム差をつけた。

　MVPに選ばれたのは打率.341で2位の**若松**。PV35.6は5位、スワローズでも1位だった。0.4点差でチーム2位だったのは**デーブ・ヒルトン**。来日1年目のヒルトンは、一番打者として新記録となる年間8本の先頭打者本塁打を放つなど大活躍。単純に打撃だけで比較すると、両者はほぼ同等だった。しかしながら、終盤戦の成績は大きな差があった。巨人に4.5ゲーム差をつけられていた8月20日以降、優勝を決めるまでの33試合では、ヒルトンは119打数27安打（打率.227）、2本塁打、11打点でOPSは.626。これに対し若松は130打数49安打（.377）、4本塁打、17打点。出塁率.404、長打率.469、OPSは.873で、ヤクルトからMVPを選ぶなら間違いなく第一候補だ。

　他球団では**山本**がPV61.6で1位、2位**田淵**に12.2点差をつけていた。打

率.323は6位、44本塁打は1位、112打点も2位。守備でもセンターではリーグ最多の守備機会を記録した。明らかに下り坂となってきた王に代わって、山本がリーグ最高の選手となっていた。しかもヤクルト戦の成績は、98打数39安打、10二塁打、6本塁打、22打点。打率.398、出塁率.478、長打率.684でOPS1.162。26試合中24戦でヒットを放ち、出塁できなかったのは9月25日の1試合だけだった。

広島はリーグ新記録となる205本塁打を放った打力で3位に上昇。713得点、596失点のいずれもヤクルトを上回り、得失点差＋117はリーグトップ。＋15しかなかったヤクルトよりも上で、優勝してもおかしくない戦力だった。ヤクルトが優勝を決めた10月4日をカットラインとしてもなお、ヤクルトが＋22、広島が＋95。ヤクルトが優勝できたのは、広岡達朗監督の采配が優れていたことに加え、かなりの程度運にも恵まれてのものだったかもしれない。

とはいえ、MVPは優勝したヤクルトから選ぶのが基本線であり、なおかつ若松というれっきとした候補者がいる以上、若松を受賞者とすべきだろう。75年に広島が初優勝した際、PV49.2でその原動力となった山本を、本書はMVPとしなかったのに、それよりもPVの低い若松を選ぶのは、矛盾しているように思われるかもしれない。だが75年には田淵がPV96.0という歴史的な数字を残していたのに対し、78年の山本はそこまでの水準ではない。

チーム力自体は、むしろ広島のほうがヤクルトより上だったことを考えれば、MVPが山本でもまったくおかしくはないだろう。それでも結果としてヤクルトが優勝した以上、山本を抑えてMVPは若松としたい。

◆1978年のセ・リーグ年間チーム順位
1ヤクルトスワローズ★、2読売ジャイアンツ、3広島東洋カープ、4横浜大洋ホエールズ、5中日ドラゴンズ、6阪神タイガース
◆1978年のセ・リーグのタイトルホルダー
首位打者：水谷実雄、**最多本塁打**：山本浩二、**最多打点**：王貞治、**最多盗塁**：柴田勲、**最多勝**：野村収、**最優秀防御率**：新浦寿夫、**最多奪三振**：斉藤明雄、**最優秀救援投手**：新浦寿夫
◆1978年のトピックス
大洋ホエールズ→横浜大洋ホエールズに。阪神の掛布雅之がオールスター戦初の3打席連続本塁打。円の対ドル相場が戦後最高値に。パへつづく→

1978 パ・リーグ

実際のMVP＝山田久志（阪急）
本書でのMVP＝鈴木啓示（近鉄）、初
次点＝ボビー・マルカーノ（阪急）

PVトップ10

1	鈴木啓示	近鉄	25勝10敗、防2.02	54.3
2	B・マルカーノ	阪急	打率.322、27本、94打点	43.5
3	福本豊	阪急	打率.325、8本、34打点、70盗塁	37.6
4	L・リー	ロッテ	打率.317、30本、88打点	34.1
5	今井雄太郎	阪急	13勝4敗、防2.38	27.1
6	栗橋茂	近鉄	打率.292、20本、72打点	26.4
7	東尾修	クラウン	23勝14敗、防2.94	25.0
8	山田久志	阪急	18勝4敗、防2.66	24.8
9	富田勝	日本ハム	打率.307、9本、34打点	24.2
10	簑田浩二	阪急	打率.307、17本、65打点、61盗塁	23.5

　76年に続いて、阪急が2度目の前後期制覇による完全優勝。前期は独走し、57試合目で早くも優勝決定。後期は近鉄と最後まで競り合い、残り3試合の段階では近鉄が首位に立っていたが、9月23日の直接対決で勝った阪急が再逆転した。

　MVPは3年連続で**山田**が受賞した。18勝はチーム最多で、防御率2.66もリーグ3位。PV24.8はチームでは4番目、投手でもPV27.1の**今井**の後塵を拝していた。けれども、完投は今井の12回に対して山田は20回。また2位の近鉄との対戦で、後期は今井が0勝1敗、防御率5.23。山田も1勝2敗、4.20ではあったが、その1勝は前述の9月23日、近鉄のエース**鈴木**に投げ勝ち、優勝を引き寄せるものだった。こうした点を考慮すれば、PVで多少今井を下回っていても、投手陣で最も活躍したのは山田と言える。

　野手陣で山田以上のPVを記録したのは、43.5でリーグ2位の**マルカーノ**と、37.6で3位の**福本**。この2人は打率でも.322、.325で3・2位だった。マルカーノは27本塁打が3位、94打点は1位。ただ四球が14しかなく、高打

率の割に出塁率.350は14位にとどまり、守備でもリーグ最多の25失策と堅実さを欠いた。対照的に、福本はリーグ最多の60四球を選んで出塁率.399も3位。単打118、二塁打35、三塁打10はいずれも1位で、本塁打が少ないにもかかわらず250塁打は4位。70盗塁で9年連続盗塁王と足も健在だった。

このように見ていくと、両者の差はPVが示す5.9点差よりも近かったと思われる。だが近鉄との後期13試合では、マルカーノがOPS.740、福本は.649（+4盗塁）。二塁手という守備重視のポジションで、これだけの打撃成績を残したマルカーノが、わずかながら福本より上と判断する。山田との比較でも同様で、20点近いPVの差を考慮すると、マルカーノが阪急では最有力候補だ。

対抗馬となるのは、リーグ最多のPV54.3だった鈴木。25勝、防御率2.02、178奪三振の投手三冠に輝いただけではなく、30完投はリーグ新記録であり、7月29日から9月6日にかけて10試合連続完投勝利の、これまたリーグ新記録を樹立。PVは自己最高であるだけでなく、投手としては68年の皆川以来となる50点以上だった。阪急戦にも5勝3敗、防御率3.21と健闘していただけに、最後の山田との投げ合いに敗れたのが惜しまれる。もしこの試合に勝っていれば近鉄は後期優勝を果たしており、プレーオフの結果にもよるが、実際のMVPを受賞していた可能性もあった。

しかし本書では、優勝を逃してもなお鈴木がMVPだと判断する。阪急には有力なMVP候補が何人もいたのに対し、近鉄では2番目にPVが多かったのが26.4の**栗橋**、次いで21.5の佐々木恭介（打率.354で首位打者）。投手で鈴木に次ぐのは村田辰美の15.1（5勝2敗、防御率1.81）で、ほとんど鈴木が一人で投手陣を引っ張っていた。マルカーノの成績も素晴らしかったが、PVで10.8点差がある鈴木を上回るほどではなかっただろう。

◆**1978年のパ・リーグ年間チーム順位**
1阪急ブレーブス◆、2近鉄バファローズ、3日本ハムファイターズ、4ロッテオリオンズ、5クラウンライターズライオンズ、6南海ホークス
◆**1978年のパ・リーグのタイトルホルダー**
首位打者：佐々木恭介、**最多本塁打**：B.ミッチェル、**最多打点**：B.マルカーノ、**最多盗塁**：福本豊、**最多勝**：鈴木啓示、**最優秀防御率**：鈴木啓示、**最多奪三振**：鈴木啓示、**最優秀救援投手**：山口高志
◆**1978年のトピックス**
→セより　福岡国際マラソンで瀬古利彦が優勝。ピンクレディー人気絶頂に。キャンディーズ解散。サザンオールスターズ、YMOデビュー。

1979 セ・リーグ

実際のMVP＝江夏豊（広島）
本書でのMVP＝山本浩二（広島）、初
次点＝江夏豊（広島）

PVトップ10

1	掛布雅之	阪神	打率.327、48本、95打点	58.3
2	山本浩二	広島	打率.293、42本、113打点	46.5
3	平松政次	大洋	13勝7敗、防2.39	36.4
4	J・シピン	巨人	打率.313、27本、74打点	36.1
5	小林繁	阪神	22勝9敗、防2.89	35.5
6	王貞治	巨人	打率.285、33本、81打点	27.2
7	大島康徳	中日	打率.317、36本、103打点	27.1
8	藤沢公也	中日	13勝5敗、防2.82	25.6
9	木俣達彦	中日	打率.312、17本、72打点	25.1
10	F・ミヤーン	大洋	打率.346、6本、41打点	24.0

　広島が4年ぶりのリーグ制覇。序盤戦は出遅れ、勝率5割に乗ったのは6月下旬になってからだったが、8月下旬から9連勝し首位に立つと、最後は大洋に6ゲーム差をつけた。MVPに選ばれたのは移籍2年目で、22セーブを挙げた江夏だったが、PV16.2はリーグ20位にすら入らない。広島投手陣の中でも、山根和夫の16.8に及ばず2位だった。実際のMVP受賞者のPVがトップ10に入らなかったのは、56年の別所以来23年ぶりとなった。

　江夏は55試合に登板して9勝5敗22セーブ、防御率2.66。104.2回と、リリーフ専門投手としてはかなりのイニング数を投げていた。防御率が示しているように、必ずしもピシャリと抑えた試合ばかりではなかったが、前年リーグ最少の15セーブだった広島は、この年は2位の27セーブ。江夏が抑えに固定されることで、先発投手陣に心理的な好影響を与えてもいただろう。

　それを実証するのが、6回終了時以降、3点差以内のリードだったときの広島の勝率である。78年はこの状況で34勝8敗9分、勝率.810だった。それが79年は49勝4敗3分の.925と、勝率が1割以上も高くなっていた。しかも4

敗中3敗は10月以降で、9月末までは45勝1敗とほぼ完璧。江夏の登板時は31勝1敗3分、セーブ失敗は1度と完璧なリリーフぶりだった。PVの値が示す以上の働きだったのは疑いない。

しかし、それはカープの打者として最多のPV46.5だった**山本**を上回るほどなのか。山本は打率こそ.293で14位だったが、42本塁打は2位、113打点は1位。野手で山本に次ぐPVは高橋慶彦の23.1（11位）で、山本の貢献度は群を抜いていた。

山本を上回るPV58.3でリーグ1位だったのは**掛布**。48本塁打で初のタイトルを獲得しただけでなく、打率.327も2位と自己最高のシーズンを送った。しかしながら阪神は、掛布や江川騒動の余波で巨人から移籍し、22勝を挙げた**小林**を擁しながら、辛うじて勝率5割を上回る4位。掛布の活躍は目覚ましかったけれども、MVPに推すのは難しい。

広島は前年リーグ最多の713得点だったのが、601得点にダウン。それでも1位ではあったが、打力が優勝の原動力ではなかった。山本のPVも61.6から46.5と大きく下がっている。前年はリーグ平均を下回る4.38だった防御率が、1位の3.74に改善されたのが優勝の大きな要因で、江夏はそれに大きく寄与していた。リリーフで100イニング以上投げたのも大したもので、前述のように登板時にリードをひっくり返されたケースは一度だけだった。けれどもPVの値はMVPとするにはあまりにも少なすぎるし、チーム内には他に有力な候補者もいた。その存在の重要性は充分認めるとしても江夏は次点で、MVPは山本だと考える。

◆1979年のセ・リーグ年間チーム順位
 1広島東洋カープ★、2横浜大洋ホエールズ、3中日ドラゴンズ、4阪神タイガース、5読売ジャイアンツ、6ヤクルトスワローズ
◆1979年のセ・リーグのタイトルホルダー
 首位打者：F.ミヤーン、**最多本塁打**：掛布雅之、**最多打点**：山本浩二、**最多盗塁**：高橋慶彦、**最多勝**：小林繁、**最優秀防御率**：平松政次、**最多奪三振**：新浦寿夫、**最優秀救援投手**：江夏豊
◆1979年のトピックス
 「空白の1日」の江川卓が阪神と入団契約、即日巨人小林繁とトレード。イラン革命、第2次石油ショック。米スリーマイル島原発事故。日本シリーズで広島「江夏の21球」で優勝。パへつづく→

1979 パ・リーグ

実際のMVP＝チャーリー・マニエル（近鉄）
本書でのMVP＝**加藤英司**（阪急）、2年ぶり3回目
次点＝チャーリー・マニエル（近鉄）

PVトップ10

1	加藤英司	阪急	打率.364、35本、104打点	53.9
2	高橋直樹	日本ハム	20勝11敗、防2.75	41.7
3	山田久志	阪急	21勝5敗、防2.73	39.4
4	C・マニエル	近鉄	打率.324、37本、94打点	37.5
5	村田兆治	ロッテ	17勝12敗、防2.96	35.9
6	山口哲治	近鉄	7勝7敗4S、防2.49	28.7
7	山崎裕之	西武	打率.332、12本、46打点	27.8
8	島谷金二	阪急	打率.312、27本、102打点	27.5
9	B・マルカーノ	阪急	打率.299、32本、97打点	26.8
10	福本豊	阪急	打率.288、17本、67打点、60盗塁	22.0

　前年のヤクルトに続き、近鉄が念願のリーグ初制覇。これで12球団すべてが優勝を経験した。前期は独走状態だった近鉄が、主砲**マニエル**の戦線離脱により一転苦戦に追い込まれるも、辛うじて阪急をかわす。後期は阪急が圧勝し、年間勝率も阪急が上回ったが、プレーオフでは**山口**が1勝2セーブと奮闘して近鉄が3連勝。創設30年目の初優勝、また西本幸雄監督にとっては大毎、阪急に次ぐ3球団での優勝となった。

　MVPに選ばれたマニエルは、死球をアゴに受けて戦列を離れた6月9日までに24本塁打。復帰したのは8月4日になってからで、出場は97試合にとどまった。それでも37本塁打でタイトルを取ったのだから、その打棒は凄まじく、印象度は確かにMVP級だった。

　だがPV37.5は4位で、リーグ1位の**加藤**とは16.4点差があった。単純に500打数あたりのRCを計算しても、マニエルの162.2と加藤の155.4に大きな差はない。両者を対等の条件に置いても、打力はほぼ互角だったことになる。加藤の出場試合数が25試合も多く、その上マニエルがDHだったことを考え

れば、加藤を差し置いてマニエルがMVPとなる理由は、近鉄が優勝したこと以外にはない。

　実際、加藤の打撃は見過ごされるには惜しいほどだ。打率.364はこの時点でリーグ史上5位。35本塁打はマニエルに2本差の2位、104打点は1位で、限りなく三冠王に近かった。3割5分/35本塁打以上はパ・リーグでは初めてでもあった。ただし、この年のパ・リーグは平均打率がリーグ新記録の.274、1試合の平均得点4.64も50年以降最多という、相当な打撃優位だった。そのため加藤の修正値は打率.340、本塁打も25.8本とそれほど目を惹く数字ではなくなる。もっともその点はマニエルも同様で、修正後は打率.304、26.9本塁打となる。

　阪急では**山田**が21勝で最多勝、防御率2.73も2位。1位の山口が148.1回しか投げていないのに対し、山田は237回も投げている。PV39.4は**高橋直**に2.3点及ばず3位だったが、優勝した後期は13勝1敗、防御率2.40、2完封を含む12完投の好成績だった。ただ、近鉄戦では年間で6試合に投げて3勝2敗はともかく、防御率は3.99。さらにプレーオフでも第1戦では先発で敗戦投手、第3戦もリリーフで、味方の失策が原因ではあったが決勝点を奪われた。加藤もプレーオフでは9打数0安打とブレーキだったけれども、PVの順位が逆転するほどの材料ではない。

　優勝した近鉄でマニエルに次ぐPVだったのは28.7の山口だが、山田と比べると投球回数だけでなく、完投数や勝利数も大きな開きがある。プレーオフでの働きも見事だったとはいえ、年間のMVPとするほどではない。マニエルも前述の通り、ケガによる離脱がなかったとしても貢献度は加藤と大差ない。となればMVPはPVの順位に従い加藤、マニエルを次点とするのが妥当だろう。

◆1979年のパ・リーグ年間チーム順位
　1阪急ブレーブス▲、2近鉄バファローズ◆、3日本ハムファイターズ、4ロッテオリオンズ、5南海ホークス、6西武ライオンズ
◆1979年のパ・リーグのタイトルホルダー
　首位打者：加藤英司、**最多本塁打**：C.マニエル、**最多打点**：加藤英司、**最多盗塁**：福本豊、**最多勝**：山田久志、**最優秀防御率**：山口哲治、**最多奪三振**：村田兆治、**最優秀救援投手**：金城基泰
◆1979年のトピックス
　→セより　クラウンライターライオンズ→西武ライオンズに。ソ連、アフガニスタンに侵攻。中越戦争。サッチャー、英首相に。

1980 セ・リーグ

実際のMVP＝山本浩二（広島）
本書でのMVP＝山本浩二（広島）、2年連続2回目
次点＝若松勉（ヤクルト）

PVトップ10

1	山本浩二	広島	打率.336、44本、112打点	72.9
2	谷沢健一	中日	打率.369、27本、80打点	45.1
3	若松勉	ヤクルト	打率.351、15本、63打点	39.0
4	真弓明信	阪神	打率.285、29本、74打点	38.5
5	江川卓	巨人	16勝12敗、防2.48	33.7
6	杉浦亨	ヤクルト	打率.311、20本、62打点	32.8
6	田代富雄	大洋	打率.297、36本、94打点	32.8
8	衣笠祥雄	広島	打率.294、31本、85打点	28.7
9	基満男	大洋	打率.314、12本、70打点	28.4
10	西本聖	巨人	14勝14敗、防2.59	25.8

　広島が巨人以外では初めてとなるリーグ2連覇。前半戦終了時で25も貯金を作り、終盤になってヤクルトに追い上げられたものの、6.5ゲーム差をつけて逃げ切った。MVPは**山本**が5年ぶり2度目の受賞。44本塁打、112打点の二冠に加えて打率.336も3位。出塁率.445、長打率.714も1位で、PV72.9は2位**谷沢**に27.8点もの大差。広島で2位の**衣笠**の3倍近く、本書でもMVPとすることに何の異論もない。

　では、次点は誰になるだろうか。広島では前述のように、衣笠が山本に次いでPVチーム2位。8月4日の巨人戦で1247試合連続出場の日本新記録を樹立し、31本塁打と85打点はいずれも3位で、PV28.7は8位。高橋慶彦は打率.307が7位、リーグ最多の38盗塁を決めていたが、盗塁刺も20回あってPV23.1は12位だった。投手では山根（14勝、防御率2.97）のPV17.3がトップだったが、リーグ全体では19位で候補にはなり得ない。前年にMVPとなった江夏は、この年も実際の投票では山本に次ぐ票数を集めていたが、リーグ最多の21セーブを挙げながらもPVは9.8にしかならなかった。

2位のヤクルトでは、打率.351で2位の**若松**がPV39.0。実際のMVPとなった78年の35.6を上回り、リーグ3位に入った。打率.369で若松との首位打者争いを制した谷沢は、PV45.1も2位。78年からアキレス腱痛により満足なプレーができなくなっていたが、必死のリハビリを経て見事に復活した。中日は最下位に終わっていたけれども、個人としての活躍は次点候補とするには充分だ。

　プロ2年目の**江川**は16勝で最多勝、防御率2.48も2位、219奪三振は小林（阪神）に40個差をつけて1位と、本格的に開花しつつあった。PVも33.7で5位と立派だったが、沢村賞は9年ぶり2度目の該当者なし。勝利数がやや少なかったという事情もあっただろうが、日本中を騒がせた江川騒動からまだ2年、彼に対する反感が依然として強かったことを思わせる。ただ巨人は貯金1の3位と振るわなかったこともあって、次点としても候補には挙げづらい。

　衣笠、若松、谷沢の中では誰を次点とすべきか。谷沢は好成績には違いなかったが、修正打率は.340で歴史的なレベルではない。衣笠は4月に打率.394、6本塁打と好調でスタートダッシュに弾みをつけたとはいえ、他の2人よりPVが10点以上も少ない。若松は広島戦で打率.381、4本塁打、OPS.985とよく打っていたことに加え、チームも2位。10月上旬にケガで7試合先発を外れたが、その時点で首位と7ゲーム差あり、決定的なダメージとなったわけではなかった。最も次点にふさわしいのは若松だと判断する。

1980年代

◆1980年のセ・リーグ年間チーム順位
　1広島東洋カープ★、2ヤクルトスワローズ、3読売ジャイアンツ、4横浜大洋ホエールズ、5阪神タイガース、6中日ドラゴンズ
◆1980年のセ・リーグのタイトルホルダー
　首位打者：谷沢健一、**最多本塁打**：山本浩二、**最多打点**：山本浩二、**最多盗塁**：高橋慶彦、**最多勝**：江川卓、**最優秀防御率**：松岡弘、**最多奪三振**：江川卓、**最優秀救援投手**：江夏豊
◆1980年のトピックス
　王貞治868本塁打で引退へ。ボクシングフライ級具志堅用高が13回防衛の快挙。漫才ブーム、松田聖子デビュー。パへつづく→

1980　パ・リーグ

実際のMVP＝木田勇（日本ハム）
本書でのMVP＝木田勇（日本ハム）、初
次点＝レロン・リー（ロッテ）

PVトップ10

1	木田勇	日本ハム	22勝8敗、防2.28	66.4
2	L・リー	ロッテ	打率.358、33本、90打点	39.5
3	山田久志	阪急	13勝10敗、防2.96	37.5
4	仁科時成	ロッテ	17勝8敗、防3.19	33.6
5	福本豊	阪急	打率.321、21本、58打点、54盗塁	32.4
6	山崎裕之	西武	打率.294、25本、77打点	32.3
7	C・マニエル	近鉄	打率.325、48本、129打点	30.5
8	レオン	ロッテ	打率.340、41本、116打点	28.4
9	有田修三	近鉄	打率.309、16本、37打点	28.2
10	栗橋茂	近鉄	打率.328、28本、84打点	27.5

　前期はロッテが危なげなく制覇。後期は南海以外の5球団が首位に立つ混戦模様となった。最初に飛び出した阪急は早々に脱落、近鉄も8月に入ってから調子が上がらずロッテが浮上。9月に入ってからは西武がほぼ1カ月にわたってトップを守っていたが、月末から6連敗を喫し今度は日本ハムが1位に。10月7日の最終戦に勝つか引き分けで優勝だったが、この試合で近鉄に敗れると、近鉄が残り2試合に勝ち逆転優勝。プレーオフでもロッテを3タテしてリーグ2連覇となった。年間勝率は近鉄が.5574で1位、ロッテが.5565で2位、日本ハムが.555の3位で、3位まで0.5ゲーム差。得失点差は近鉄+97、日本ハムが+80でロッテは+51だった。

　近鉄でPVが最高位だったのは48本塁打、129打点の二冠王となった**マニエル**だが、PV30.5は7位どまり。**有田**と**栗橋**も10位以内には入ったが、MVP候補となるほどではなかった。投手でチーム1位の鈴木啓示はPV15.3で、22位にしかならない。

　MVPに輝いたのは、史上初の新人王とのダブルタイトルとなった**木田**。そ

の活躍は真に驚異的で、22勝、防御率2.28、225奪三振、19完投、253投球回の5部門で1位。特に奪三振数は2位の柳田豊（近鉄）を75個も上回り、史上初の2試合連続毎回奪三振も成し遂げた。何より凄いのは、異常な打高投低だったこの年のパ・リーグで、これだけの成績を残したことである。"飛ぶボール""圧縮バット""狭い球場"の3条件が重なった結果、1試合の平均得点はリーグ史上初めて5点台を突破。500打数あたりの平均本塁打数22.7本は今でも破られていない。30本塁打以上は10人もいて、2年前の78年は2人だけだったことを考えても、どれほどボールが飛んでいたかわかる。そのため48本塁打を放っていたマニエルでも、修正本数は27.3本にしかならなかった。

このような環境にあって、木田の防御率はリーグ平均より2.36も低かった。当然これはPVに反映され、66.4は新人としては50年の荒巻を14.0点も上回り史上最高。61年に稲尾が樹立した、パ・リーグ記録の65.4をも1.0点上回った。PVで判断する限り、リーグ史上最高の成績を残した投手はこの年の木田だったことになる。日本ハムはあと一歩でプレーオフを逃したけれども、木田以外にMVPは考えられない。

次点を近鉄から選ぶなら、実際の投票でも2位のマニエルだが、近鉄とロッテの年間勝率は8毛しか違わないので、PVがマニエルより上位のリーと仁科も候補になる。だが仁科はプレーオフで2試合に先発、9.1回を投げ9失点、2敗を喫したので脱落。リーも10打数2安打2四球と冴えず、マニエルも8打数1安打1打点。4四球を選んではいたがそれほど貢献度は高くはない。期間別の成績だと、ロッテが優勝した前期にリーは225打数86安打（打率.382）、14本塁打、40打点、OPS 1.061。近鉄が勝った後期のマニエルは245打数71安打（.290）、24本塁打、66打点、OPS.983だった。もともとPVが上位である上、OPSも優っているリーが次点でよいだろう。

◆1980年のパ・リーグ年間チーム順位
 1近鉄バファローズ◆、2ロッテオリオンズ▲、3日本ハムファイターズ、4西武ライオンズ、5阪急ブレーブス、6南海ホークス
◆1980年のパ・リーグのタイトルホルダー
 首位打者：L.リー、最多本塁打：C.マニエル、最多打点：C.マニエル、最多盗塁：福本豊、最多勝：木田勇、最優秀防御率：木田勇、最多奪三振：木田勇、最優秀救援投手：金城基泰
◆1980年のトピックス
 →セより イラン・イラク戦争。日本、モスクワ五輪をボイコット、山下泰裕号泣。

1981　セ・リーグ

実際のMVP = 江川卓（巨人）
本書でのMVP = 江川卓（巨人）、初
次点 = 山本浩二（広島）

PVトップ10

1	山本浩二	広島	打率.330、43本、103打点	61.5
2	掛布雅之	阪神	打率.341、23本、86打点	50.8
3	江川卓	巨人	20勝6敗、防2.29	38.1
4	J・ライトル	広島	打率.318、33本、100打点	37.2
5	西本聖	巨人	18勝12敗、防2.58	32.2
6	篠塚利夫	巨人	打率.357、7本、45打点	29.1
7	大島康徳	中日	打率.301、23本、81打点	28.2
8	水谷実雄	広島	打率.337、23本、82打点	27.2
9	角三男	巨人	8勝5敗20S、防1.47	26.0
10	谷沢健一	中日	打率.318、28本、79打点	25.0

　新時代に突入した巨人が独走した。80年を最後に長嶋茂雄監督が事実上の解任となり、王貞治も現役を引退して助監督に就任。新監督となった藤田元司の下、ドラフト1位で入団した原辰徳が22本塁打を放って新人王に選ばれ、チームの新しい顔となる。5月5日以降は一度も首位の座を譲らず、4つ以上の連敗は一度もなし。広島に6ゲーム差をつけ4年ぶりにリーグ優勝、日本シリーズでも日本ハムとの後楽園対決を制した。

　MVPにはリーグ最多の20勝を挙げたほか、防御率2.29、221奪三振の三冠を制した**江川**が選ばれた。奪三振率8.28が1位、与四球率1.42も2位と投球内容も完璧。不可解なことに沢村賞は同僚・**西本**の手に渡ったが、PV 38.1も西本を5.9点上回り3位、巨人では1位だった。この年の巨人は完全に投手で持っていたチームで、PVでは江川、西本だけでなく**角**が26.0で9位、加藤初も14.1で投手では6位。実際のMVP投票も江川、西本、角が上位3位まで独占した。野手では**篠塚**がリーグ2位の打率.357、PV 29.1は6位だったが、これに次ぐのは淡口憲治の16.2（18位）だった。

巨人からMVPを選ぶなら江川で決まりだ。西本とはPVの差は大して離れていないが、完投／完封は江川の20／7に対して西本は14／3。奪三振／与四球は江川221／38、西本126／55と、投球内容は江川のほうがはるかに優れていた。篠塚も、傑出した打者のいない打線でトップのPVだった点は評価できるけれども、OPS.868は淡口（.866）や中畑清（.864）と同レベル。MVP候補とするほど突出した存在とまでは言えなかった。

　他球団では、**山本**と**掛布**が江川より上位にランクされた。山本は43本塁打、103打点で2年連続の二冠王。PV61.5は前年ほどではなかったものの、2位の掛布を10.7点も上回った。ここ5年間で4度目の1位、79年も2位で、この頃が山本の絶頂期だった。80年は大スランプに陥った掛布は、リーグ4位かつ自己最高の打率.341と復活。85四球も1位で出塁率は.443、打率.358で首位打者となったチームメイト藤田平の.407を大きく上回り、リーグトップだった。けれども阪神は広島より下位の3位とあっては、MVPに推すのは難しい。

　山本は江川を23.4点もPVで上回っており、広島も2位だったので十分に候補となる。とはいえ、江川の充実度にはかなわない。江川は表面的な数字も凄かったが、2位の球団との対戦では6試合に投げ完封4つ、残る2試合も1失点での完投勝利。防御率0.33と完璧にライバルを封じており、エースの面目躍如だった。MVPは江川、次点を山本とするのが妥当だろう。

◆1981年のセ・リーグ年間チーム順位
　1読売ジャイアンツ★、2広島東洋カープ、3阪神タイガース、4ヤクルトスワローズ、5中日ドラゴンズ、6横浜大洋ホエールズ
◆1981年のセ・リーグのタイトルホルダー
　首位打者：藤田平、**最多本塁打**：山本浩二、**最多打点**：山本浩二、**最多盗塁**：青木実、**最多勝**：江川卓、**最優秀防御率**：江川卓、**最多奪三振**：江川卓、**最優秀救援投手**：角三男
◆1981年のトピックス
　ハンマー投げの室伏重信、35歳で世界新記録。千代の富士が第58代横綱に。土光臨調始まる。パへつづく→

1981 パ・リーグ

実際のMVP＝江夏豊（日本ハム）
本書でのMVP＝トニー・ソレイタ（日本ハム）、初
次点＝落合博満（ロッテ）

PVトップ10

1	落合博満	ロッテ	打率.326、33本、90打点	59.0
2	門田博光	南海	打率.313、44本、105打点	41.4
3	石毛宏典	西武	打率.311、21本、55打点、25盗塁	35.8
4	山崎裕之	西武	打率.271、22本、68打点	34.5
5	T・ソレイタ	日本ハム	打率.300、44本、108打点	33.1
6	村田兆治	ロッテ	19勝8敗、防2.96	26.8
7	山田久志	阪急	13勝12敗、防2.94	24.7
8	高橋一三	日本ハム	14勝6敗、防2.94	23.5
9	福本豊	阪急	打率.287、14本、48打点、54盗塁	21.2
10	テリー	西武	打率.316、22本、100打点	19.1

　前期は前年に続いてロッテが制し、後期も8月25日時点ではトップだったが、以後8勝16敗と急失速。9月13日から8連勝と波に乗った日本ハムが優勝、プレーオフでも3勝1敗1分で、東映時代から数えると19年ぶり、ファイターズとなってからでは8年目で初のリーグ制覇を成し遂げた。年間勝率も.557で、阪急を.017上回り1位。ただし得失点差だと西武が+86で1位、日本ハムは+56で2位。阪急とロッテはマイナスで、なぜ西武が勝率ジャスト5割の4位に甘んじたのかは不思議だ。
　MVPを受賞したのは広島から移籍してきた江夏。79年に続いて2度目、史上初の両リーグでのMVPとなった。だがPV11.0はリーグ21位、日本ハムでも7番目でしかない。江夏以上にMVPにふさわしい選手は、日本ハムにいなかったのだろうか。
　前年までリリーフを固定できないでいた日本ハムは、長年エースを張っていた高橋直樹を手放してまで江夏を獲得した。ところが、前期の江夏は5度もセーブに失敗。後期も15セーブを挙げたとはいえ、リードを守れない場面は少

なからずあって、79年に広島を優勝に導いたときのような安定感は見られなかった。日本ハムの投手成績も、80年はリーグ1位の防御率3.61で、これをPRに換算すると132.1となる。だが81年は防御率3.81で2位、PRは25.2と大きく下降していた。完投数も80年と81年はまったく同じ44回。江夏の加入は投手陣全体に対しても、イメージほど目覚ましい効果をもたらしてはいなかった。

　日本ハムが優勝できた真の理由は、前年593得点でリーグ最下位だった打撃陣が、1位の610点と大きく改善されたことだった。それを考えれば江夏はもとより、投手でチームトップのPV23.5だった**高橋**でもなく、チーム1位のPV33.1だった**ソレイタ**が、日本ハムのMVP最有力候補と言える。ソレイタは44本塁打、108打点で二冠王。PVがリーグ5位だったのは、主にDHとして起用され、守備位置修正がマイナスに働いたことによる。OPS1.089で、ソレイタを抑え1位の**門田**も同じくDH。その点、OPS1.046で3位の**落合**は二塁手だったことから、守備位置修正の結果、PV59.0は門田に17.6点差で1位となった。

　ただし、落合が二塁手として先発出場したのは61試合だけ。その他一塁で33、三塁で16、DHで15試合先発していた。落合のPVをこの先発試合数を元にして再計算すると、45.1となって門田との差はほとんどなくなる。落合が少なくとも8割以上の試合で二塁手として出場していれば、ロッテが前期優勝していたことも併せ、MVPに選んでもおかしくなかった。だが実際にはそこまでの活躍とは考えられず、MVPはソレイタ、落合は次点とした。

◆1981年のパ・リーグ年間チーム順位
　1日本ハムファイターズ◆、2阪急ブレーブス、3ロッテオリオンズ▲、4西武ライオンズ、5南海ホークス、6近鉄バファローズ
◆1981年のパ・リーグのタイトルホルダー
　首位打者：落合博満、**最多本塁打**：T.ソレイタ・門田博光、**最多打点**：T.ソレイタ、**最多盗塁**：福本豊、**最多勝**：今井雄太郎・村田兆治、**最優秀防御率**：岡部憲章、**最多奪三振**：村田兆治、**最優秀救援投手**：江夏豊
◆1981年のトピックス
　→セ･リ　日本サッカーリーグで釜本邦茂が通算200得点。レーガンが米大統領に、レーガノミクス。

1982 セ・リーグ

実際のMVP ＝ 中尾孝義（中日）
本書でのMVP ＝ 田尾安志（中日）、初
次点 ＝ 掛布雅之（阪神）

PVトップ10
1	掛布雅之	阪神	打率.325、35本、95打点	57.4
2	山本浩二	広島	打率.306、30本、90打点	44.4
3	田尾安志	中日	打率.350、14本、41打点	39.5
4	江川卓	巨人	19勝12敗、防2.36	31.1
5	K・モッカ	中日	打率.311、23本、76打点	30.9
6	北別府学	広島	20勝8敗、防2.43	29.6
7	山下大輔	大洋	打率.277、18本、42打点	28.4
7	中尾孝義	中日	打率.282、18本、47打点	28.4
9	長崎啓二	大洋	打率.351、11本、40打点	27.7
10	篠塚利夫	巨人	打率.315、7本、67打点	26.6

　シーズン最終戦に勝った中日が優勝を決めたが、勝利数は64。2位巨人の66勝どころか、3位阪神の65勝をも下回った。こんな結果になったのは、中日には引き分けが19もあったから。大洋に9－0で圧勝した最終戦は、大洋が**長崎啓二**に首位打者を取らせるため試合に出さず、打率2位だった中日の**田尾**を5打席すべて歩かせるという、敗退行為に近い行ないをしていた。

　MVPに選ばれたのはプロ2年目の**中尾**。それまで鈍重な選手の多かった捕手にあって、機敏で潑剌とした中尾の動きは新鮮な印象を与えた。盗塁阻止率.429はリーグトップで、打率.282、18本塁打と打撃もまずまずだったこともMVPを後押しした。けれどもPV28.4はリーグ7位。中日の野手でも田尾、**モッカ**に次ぐ3番手だった。投手では牛島和彦の17.4が最多で、野手の3人とは比較にならない。

　田尾・モッカ・中尾の巨人戦・阪神戦の成績はどうだったろう。巨人戦では田尾は打率.256、2打点、OPS.712。中尾は.234、6打点、OPS.610とさらに悪く、.268、7本塁打、18打点、OPS.839のモッカが最もいい。阪

神戦では田尾が.390、14打点、OPS.925、モッカ.354、2本塁打、10打点、OPS.881、中尾.338、4本塁打、12打点、OPS.936。2カード合計では田尾が191打数63安打（.330）、16打点、OPS.828、モッカは196打数61安打（.311）、9本塁打、28打点、OPS.860、中尾が157打数45安打（.287）、5本塁打、18打点、OPS.718となる。打撃に関しては田尾とモッカに大きな差はなく、中尾はやや劣る。

　守備力はどうだったか。モッカは三塁守備で24失策と投手陣の足を引っ張り、開幕前に本命視された巨人戦でよく打っていたプラス要素を相殺していた。中尾の守備成績は前述の盗塁阻止率に加え、1試合平均0.64補殺も2位に大差のリーグトップだった反面、12捕逸はワースト1位。8失策と合わせて20回もミスを犯し、これも2番目に多い山倉（11回）の倍近くあった。平均的な右翼守備だった田尾に対してアドバンテージを築くことはできず、総合的に判断すれば、中日のMVP最有力候補は田尾となる。実際の投票結果は中尾816点（1位票130）、田尾524点（52）で、36点・1票のモッカは10位にとどまった。

　0.5ゲーム差で優勝を逃した巨人では、前年MVPの**江川**が19勝、防御率2.36のいずれも2位。PV31.1は投手では1位であったが、総合では4位と田尾を下回っている。PV44.4で2位の**山本**は広島がBクラスに沈んでおり、田尾との差がそれほどあるわけでもない。となると、田尾以外にMVP候補たりうるのはPV57.4で1位の**掛布**だけ。打率.325は3位、出塁率.423は1位。35本塁打、95打点の二冠王に輝き、長打率.610も1位であった。阪神の中日とのゲーム差も4.5と、さほど開いていなかった。

　しかし、際立った活躍をした選手が他球団にいない限り、優勝チームからMVPを選ぶという原則からすると、やはり受賞者は田尾となる。ただ掛布の成績も素晴らしかったので、PVで大きな差があるモッカや中尾を抑え、次点とするには充分だ。

◆1982年のセ・リーグ年間チーム順位
　1中日ドラゴンズ、2読売ジャイアンツ、3阪神タイガース、4広島東洋カープ、5横浜大洋ホエールズ、6ヤクルトスワローズ
◆1982年のセ・リーグのタイトルホルダー
　首位打者：長崎啓二、**最多本塁打**：掛布雅之、**最多打点**：掛布雅之、**最多盗塁**：松本匡史、**最多勝**：北別府学、**最優秀防御率**：斉藤明夫、**最多奪三振**：江川卓、**最優秀救援投手**：山本和行

1982　パ・リーグ

実際のMVP = 落合博満（ロッテ）
本書でのMVP = 落合博満（ロッテ）、初
次点 = 工藤幹夫（日本ハム）

PVトップ10

1	落合博満	ロッテ	打率 .325、32本、99打点	72.8
2	工藤幹夫	日本ハム	20勝4敗、防2.10	38.3
3	栗橋茂	近鉄	打率 .311、22本、79打点	35.9
4	福本豊	阪急	打率 .303、15本、56打点、54盗塁	35.8
5	中沢伸二	阪急	打率 .302、11本、47打点	32.8
6	高橋里志	日本ハム	8勝5敗、防1.84	29.5
7	簑田浩二	阪急	打率 .282、22本、70打点	22.6
8	水谷則博	ロッテ	14勝11敗、防2.96	21.8
9	松沼雅之	西武	11勝8敗、防2.76	20.9
10	松沼博久	西武	10勝9敗、防2.83	20.3

　前期は所沢に移転して4年目、広岡達朗を新監督に迎えた西武が初優勝。後期は日本ハムが独走し、年間勝率も.563で西武を凌ぎ1位だった。だがプレーオフでは西武が江夏を攻略し、3勝1敗で西鉄時代から数え17年ぶりのリーグ優勝を決めた。得失点差は西武が+68、日本ハム+33だったので、実力どおりの結果ではあった。

　MVPに選ばれたのはどちらの球団の選手でもなく、5位ロッテにあって、リーグ19年ぶり2度目の三冠王となった**落合**である。Bクラスの球団からMVPが出たのはこれが初めて。落合は打率.325、32本塁打、99打点のほか、150安打、32二塁打、当時正式なタイトルだった勝利打点も13で1位。出塁率、長打率も当然1位で、PV72.8は2年連続1位。前年は二塁のほかにも多くのポジションを守っていたが、この年は127試合で二塁手を務めていた。PVは70年の張本（80.7）以来の高水準であり、MVPの価値は充分にあった。

　優勝した西武でPVが最も多かったのは、リーグ9位の**松沼弟**で20.9。すぐ下の10位には**松沼兄**がいたが、野手ではスティーブの19.2（12位）が最高

で、それに次ぐのは石毛の15.1と低調だった。西武に有力な候補者を見出し難かったことも、落合の受賞を後押しした要因だった。実際の投票において、西武勢で最多得票だったのは大田卓司。1位票15、総得点325で落合に次ぐ2位だったが、105試合に出場しただけで打率.279、17本塁打、58打点、PVは5.5。勝負強い打撃でプレーオフでも大活躍したとはいえ、この数字ではさすがにMVP候補とはできない。なおPVで西武勢のトップだった松沼弟には、3位票が1つ入っただけだった。

日本ハムのほうには、MVPに推すにふさわしい選手がいた。リーグ2位のPV38.3だった**工藤**である。落合と同じ秋田県出身、プロ入りも同期の79年である工藤は、2勝を挙げただけだった前年から急成長。不注意なケガによって9月上旬に戦線を離脱するまで、14連勝を含む20勝を稼ぎ、防御率2.10も2位だった。

もし故障することなくシーズン終盤まで投げ、さらに2〜3勝を積み上げるか、もしくはプレーオフに日本ハムが勝っていたら、工藤は落合とMVPを争っていただろう。プレーオフでの日本ハムの唯一の勝利も、工藤の完投勝利によるものだった。三冠王のネームバリューには及ばなかったとしても、次点としては充分すぎるくらいだった。これほどの成績を収めた有望な若手投手が、その後故障のために8勝を追加しただけで終わったのは、日本ハムだけでなく球界全体の損失だった。

1980年代

◆1982年のパ・リーグ年間チーム順位
1 日本ハムファイターズ▲、2 西武ライオンズ◆★、3 近鉄バファローズ、4 阪急ブレーブス、5 ロッテオリオンズ、6 南海ホークス

◆1982年のパ・リーグのタイトルホルダー
首位打者：落合博満、**最多本塁打**：落合博満、**最多打点**：落合博満、**最多盗塁**：福本豊、**最多勝**：工藤幹夫、**最優秀防御率**：高橋里志、**最多奪三振**：松沼博久、**最優秀救援投手**：江夏豊

◆1982年のトピックス
岡本綾子、プロゴルフ米公式ツアーで初優勝。ホテル・ニュージャパン火災。フォークランド紛争。

1983 セ・リーグ

実際のMVP = 原辰徳(巨人)
本書でのMVP = 原辰徳(巨人)、初
次点 = 真弓明信(阪神)

PVトップ10

1	真弓明信	阪神	打率.353、23本、77打点	47.8
2	山本浩二	広島	打率.316、36本、101打点	41.1
3	高橋慶彦	広島	打率.305、24本、58打点、70盗塁	40.6
4	掛布雅之	阪神	打率.296、33本、93打点	35.5
5	遠藤一彦	大洋	18勝9敗、防2.87	33.4
6	原辰徳	巨人	打率.302、32本、103打点	32.9
7	川口和久	広島	15勝10敗、防2.92	29.3
8	R・スミス	巨人	打率.285、28本、72打点	29.0
9	梶間健一	ヤクルト	14勝12敗、防3.21	23.8
10	大島康徳	中日	打率.290、36本、94打点	23.5

　開幕から巨人が独走し、6月3日時点で33勝8敗、2位に9ゲーム差をつけていた。7月に入って急追してきた広島に一時は逆転されたものの、夏場に抜き返して最終的には6ゲーム差で優勝を決めた。ただし得失点差は+80で、広島の+83を下回っていた。

　MVPに選ばれた**原**は打率.302で初めて3割台に乗せ、103打点は自身唯一の打撃タイトルとなった。PV32.9も**スミス**の29.0を上回り巨人ではトップ。巨人の野手のPVが30を超えたのは、78年の王以来5年ぶりだった。来日1年目のスミスはOPS1.036で原の.949を上回り、実際のMVP投票でも原に次ぎ、江川と同点で2位になっている。ただし出場試合数は102にとどまっていて、規定打席には80も不足していたとあってはMVP候補とはできない。原にしても巨人では頭一つ抜けていたけれども、リーグ全体では6位、野手に限っても5位に過ぎない。投手では江川のPV20.9(15位)が最高、これに次ぐのは加藤初の13.3で、候補に挙げられるような者はいなかった。

　そもそも巨人に限らず、この年は全体的に目立って好成績を残した選手が不

在だった。PV47.8で1位の**真弓**は.353の高打率で首位打者となったけれども、阪神は勝率5割に届かず4位。2位の広島からは**山本**、**高橋**、**川口**の3人が上位7位までに入り、山本のPV41.1は2位だったが、前年より下がっていただけでなく、チームが不調に陥った夏場に打てなかったことで印象を悪くしていた。高橋は24本塁打、70盗塁で、史上初めて20本塁打＆70盗塁を達成。その一方で盗塁刺も28回あり、盗塁成功率は.714と精度に問題があった。

こうしてみると、少々物足りないように思えても、原がMVPとしては最も妥当な候補者となる。この"物足りなさ"は原のキャリアを通じてつきまとったもので、成績自体は批判されるようなものではなかったにもかかわらず、偉大な王・長嶋の後継者という過剰な期待が印象を悪くしていた。とはいえ、たとえ一度だけでもMVPになれたのだから、打撃タイトルにさえ縁のなかった選手たちよりも、ずっと評価されるべきだろう。

次点は優勝を争った広島勢からではなく、真弓を選んだ。二塁で61試合、遊撃で46試合に出場。二遊間の選手で打率3割5分以上は、81年の篠塚に次いでセ・リーグ史上2人目であり、パ・リーグを含めても62年のブルーム（近鉄）に次ぎ3人目。しかもブルームの本塁打は12本、篠塚は7本だったのに対し、真弓は23本と長打力も兼ね備えていた点を評価した。

1980年代

◆1983年のセ・リーグ年間チーム順位
　1読売ジャイアンツ、2広島東洋カープ、3横浜大洋ホエールズ、4阪神タイガース、5中日ドラゴンズ、6ヤクルトスワローズ
◆1983年のセ・リーグのタイトルホルダー
　首位打者：真弓明信、**最多本塁打**：山本浩二・大島康徳、**最多打点**：原辰徳、**最多盗塁**：松本匡史、**最多勝**：遠藤一彦、**最優秀防御率**：福間納、**最多奪三振**：遠藤一彦、**最優秀救援投手**：斉藤明夫
◆1983年のトピックス
　青木功、日本男子初の米プロゴルフツアー優勝、世界のアオキへ。東京ディズニーランド開園。パへつづく→

1983 パ・リーグ

実際のMVP = 東尾修（西武）
本書でのMVP = 石毛宏典（西武）、初
次点 = 簑田浩二（阪急）

PVトップ10

1	簑田浩二	阪急	打率.312、32本、92打点、35盗塁	44.9
2	石毛宏典	西武	打率.303、16本、64打点、29盗塁	37.1
3	東尾修	西武	18勝9敗、防2.92	31.6
4	門田博光	南海	打率.293、40本、96打点	31.4
5	スティーブ	西武	打率.321、17本、85打点	30.6
6	森繁和	西武	5勝5敗34S、防1.48	26.1
7	松沼雅之	西武	15勝8敗、防3.25	24.0
9	香川伸行	南海	打率.313、15本、61打点	23.2
8	落合博満	ロッテ	打率.332、25本、75打点	23.7
10	大石大二郎	近鉄	打率.287、10本、46打点、60盗塁	22.6

　前後期制が廃止され、2位が首位から5ゲーム差以内だった場合に限りプレーオフが行なわれることになっていたが、西武が独走。年間を通じて3連敗が2度あっただけで、2位阪急には17ゲームの大差。得失点差も+260で、阪急の+40をはるかに上回った。勝率.683は、西鉄時代の54年に記録した.657を更新する球団新記録にして、51年南海の.750、55年南海の.707に次ぐ史上3位の高率。66年に130試合制となってからでは1位であった。
　その強さはPVトップ10の表にも反映され、2～7位のうち5人が西武勢。**石毛**がチームトップ/リーグ2位の37.1、18勝と防御率2.72の両部門で1位となり、MVPに選ばれた**東尾**が31.6で続く。以後僅差で**スティーブ、森、松沼弟**と並び、11位にも山崎が入っていた。石毛はリーグ11位の打率.303、16本塁打、64打点と一見大したことのない数字に思えるが、26二塁打は4位、7三塁打は1位、29盗塁は6位、出塁率.393も4位と多くの部門で上位に入っていた。しかし、実際の投票では3位票1つで12位と完全に見過ごされる。これと反対だったのは、チーム最多の38本塁打、109打点だったテリー。1位

票20票を集めて東尾、森に次ぐ3位だったが、PV14.9は20位以内にも入っていない。前半戦で本塁打を量産、スタートダッシュに大きく貢献しながら死球禍で82試合の出場にとどまった田淵は、30本塁打を放つも18.6で18位だった。

リーグトップのPV44.9だったのは**簑田**。打率.312、32本塁打、35盗塁で、いわゆる"トリプルスリー"を達成した史上4人目の選手となった。53年の中西以来30年ぶりの記録だが、全年代との平均値と比較して修正を加えると打率は.297、本塁打も24.5本まで下がってしまい、PVも特別高い水準とまではいかなかった。西武がリーグ史上有数の勝率だったことのほうが、簑田の記録以上に歴史的な価値が高いので、MVPは西武勢から選ぶべきだろう。

まず実際のMVPだった東尾だが、18勝中12勝はBクラスの3球団（近鉄・南海・ロッテ）相手に稼いだもの。また首位攻防戦（西武が1位のとき2位、西武が2位以下のときに1位だった球団との対戦）11試合では2勝6敗と大きく負け越し、防御率も4.38と良くない。奪三振率3.04は16位、代名詞であったコントロールも与四球率（死球も含む）2.41は5位。良い数字であっても抜きんでたレベルではない。そのため奪三振／与四球比1.26も10位で、西武の主力5投手では松沼雅・松沼博・高橋直を下回る。WHIP（1イニングあたりの走者数）1.20も松沼雅（1.07）、高橋直（1.15）に及ばず、勝利・防御率の二冠を制したというイメージほどの好成績ではなかった。

石毛は首位攻防戦で91打数25安打（打率.275）、2本塁打、14打点、出塁率.333、長打率.473。こちらも特別良いわけではないけれども、東尾ほど悪くもない。PVの数値を考えてもMVPは石毛であり、次点は東尾よりも簑田を選ぶべきと考える。

1980年代

◆**1983年のパ・リーグ年間チーム順位**
　1西武ライオンズ★、2阪急ブレーブス、3日本ハムファイターズ、4近鉄バファローズ、5南海ホークス、6ロッテオリオンズ
◆**1983年のパ・リーグのタイトルホルダー**
　首位打者：落合博満、**最多本塁打**：門田博光、**最多打点**：水谷実雄、**最多盗塁**：大石大二郎、**最多勝**：東尾修・山内和宏、**最優秀防御率**：東尾修、**最多奪三振**：山沖之彦、**最優秀救援投手**：森繁和
◆**1983年のトピックス**
　→セ･リ　NHK朝のドラマ「おしん」ブーム。ソ連軍による大韓航空機撃墜事件。

1984　セ・リーグ

実際のMVP＝衣笠祥雄（広島）
本書でのMVP＝高橋慶彦（広島）、初
次点＝衣笠祥雄（広島）

PVトップ10

1	篠塚利夫	巨人	打率.334、12本、66打点	38.4
2	高橋慶彦	広島	打率.303、23本、71打点、30盗塁	35.8
3	掛布雅之	阪神	打率.269、37本、95打点	33.1
4	衣笠祥雄	広島	打率.329、31本、102打点	32.6
5	小林誠二	広島	11勝4敗9S、防2.20	31.4
6	中尾孝義	中日	打率.322、12本、35打点	29.7
7	K・モッカ	中日	打率.316、31本、93打点	29.6
8	真弓明信	阪神	打率.286、27本、64打点	28.1
9	谷沢健一	中日	打率.329、34本、99打点	27.6
10	吉村禎章	巨人	打率.342、13本、34打点	27.4

　王貞治が新監督となった巨人がつまずき、ペナントレースは広島と中日の争いになる。9月4日時点では中日が1位だったが、その後8勝10敗。逆に広島は14勝8敗と着実に勝ちを重ねて、3ゲーム差で振り切った。
　MVPを受賞した衣笠は、自身初の打率3割となる.329（2位）に加えて102打点も1位。山本が33本塁打、94打点がいずれもリーグ5位以内でありながら、PV22.9は13位と、例年ほどの水準でなかったのをカバーした。MVP投票では1位票252のうち248票を集めたが、PV32.6は4位。四球が34個しかなく、打率は3位なのに出塁率.373は12位だったのが要因だった。広島の野手では高橋がPV35.8で衣笠を上回り、リーグ全体でも2位。盗塁数が前年の70個から30個へ激減しながらも、PVは40.6から微減にとどめ、順位は3位から2位に上がった。前年よりもさらに野手は全体的に低調だったので、相対的に高橋が浮上したわけだ。
　投手では小林がリーグトップのPV31.4、総合5位に入った。前年まで西武で目立たない中継ぎだった小林は、4年ぶりに広島に復帰すると、中継ぎだけ

でなく先発に転向した大野豊に代わる抑え役も務めた。10月4日の大洋戦では初先発し、2失点完投で優勝投手にもなっている。この試合で規定投球回数に到達、防御率2.20で大野を抜いてタイトルも手にした。この成績がまぐれではなかった証拠に、奪三振率7.71は小松辰雄（中日）に次いで2位、奪三振／与四球比3.12も遠藤一彦（大洋）に次いで2位だった。実際のMVP投票でも小林は次点。PV1位は打率.334で首位打者となった**篠塚**の38.4だが、特別な好成績というわけでもなく、巨人も3位どまりだったのでMVP候補とまではいかない。

　高橋・衣笠・小林の3人の9月以降の成績を比較すると、高橋は82打数28安打（打率.341）、5本塁打、11打点、出塁率.386、長打率.585。衣笠は79打数27安打（.342）、5本塁打、21打点、出塁率.358、長打率.570。打点は衣笠が2倍近いけれども、OPSは.971対.928で高橋が優っている。小林も11試合に投げ6勝0敗1セーブ、35.2回で自責点4、防御率1.01と見事な内容だったが、明らかに高橋や衣笠を上回るということもない。

　3人の間で決定的な差がつかない以上、PVの値通りにMVPは高橋、次点を衣笠とするのが最も公平だろう。実際の投票ではわずかに3位票1つしか得られなかった高橋だが、本書ではその働きを正当に評価したい。

◆1984年のセ・リーグ年間チーム順位
　1広島東洋カープ★、2中日ドラゴンズ、3読売ジャイアンツ、4阪神タイガース、5ヤクルトスワローズ、6横浜大洋ホエールズ
◆1984年のセ・リーグのタイトルホルダー
　首位打者：篠塚利夫、**最多本塁打**：宇野勝・掛布雅之、**最多打点**：衣笠祥雄、**最多盗塁**：高木豊、**最多勝**：遠藤一彦、**最優秀防御率**：小林誠二、**最多奪三振**：遠藤一彦、**最優秀救援投手**：山本和行
◆1984年のトピックス
　植村直己、マッキンリーで消息を絶つ。ロサンゼルス五輪。パへつづく→

1984　パ・リーグ

実際のMVP ＝ ブーマー・ウェルズ（阪急）
本書でのMVP ＝ ブーマー・ウェルズ（阪急）、初
次点 ＝ 今井雄太郎（阪急）

PVトップ10
1	落合博満	ロッテ	打率.314、33本、94打点	47.1
2	ブーマー	阪急	打率.355、37本、130打点	39.6
3	T・クルーズ	日本ハム	打率.348、29本、96打点	37.8
4	今井雄太郎	阪急	21勝9敗、防2.93	34.9
5	スティーブ	西武	打率.338、20本、101打点	32.0
6	大石大二郎	近鉄	打率.282、29本、65打点、46盗塁	30.8
7	東尾修	西武	14勝14敗、防3.32	28.2
8	藤田雅浩	阪急	打率.287、22本、69打点	26.7
9	松永浩美	阪急	打率.310、19本、70打点	25.2
10	石毛宏典	西武	打率.259、26本、71打点	23.5

　阪急が6年ぶりのリーグ優勝。5月下旬からの13連勝で2位以下を突き放し、夏場にはロッテに迫られたが、最終的には8.5ゲーム差で余裕を持ってゴールインした。MVPには打率.355、37本塁打、130打点で、外国人選手として初の三冠王に輝いた**ブーマー**が選ばれた。

　しかしながら、ブーマーのPV39.6は三冠王にしてはそれほど高くはなく、**落合**に及ばず2位にとどまった。これにはいくつかの理由がある。まず、長距離砲の割に四球が13位の55個と少なかったこと。さらに併殺打がリーグワーストの19本もあったこと。一塁手であったため、守備位置補正によりRCの数値が下がったこと。また84年は1試合平均得点が4.76点もあったので、2リーグ分立後のべ10人いた三冠王のうち、この年のブーマーのPVが最も低い。全年代との比較で修正した数値も、打率こそ.343と高かったが、本塁打は26.5本。パ・リーグの本塁打/500打数が18.3本もあったためで、本塁打王の修正本数としてはリーグ史上最低だった。

　落合はPV47.1でブーマーを7.5点上回る。打率.314はブーマーより4分

1厘も低く、33本塁打は4本差、94打点は34点も差があった。長打率もブーマーとは.060の差がある。それでもリーグ最多の98四球を選んでいたため、出塁率は落合が1分3厘上だった。RCはブーマーとほとんど差がなく、これに守備位置修正（落合はすべて三塁手として出場）を加えた結果、逆転1位となった。

とはいえ、阪急が優勝した最大の立役者がブーマーだったことには変わりなく、MVPの最有力候補ではある。阪急の投手で最多PVだったのは、21勝、防御率2.93の両部門で1位の**今井**。17勝でリーグ最多の136三振を奪った佐藤義則、ケガのため14勝にとどまりながらも、9試合連続完投など前半戦の快進撃を支えた山田の活躍も光ったが、リーグナンバーワン投手は今井だった。PV34.9も4位、ブーマーとの差は4.7点だけだった。

前半戦では近鉄が首位に立ち、その後も8月上旬まで阪急に次ぐ2位、以後はロッテが2位だったので、この期間に絞ってブーマー、今井の両球団との対戦成績を見てみよう。今井は近鉄戦で3勝0敗、防御率1.75と抜群に良く、ロッテ戦との合計でも5勝0敗、2.81と素晴らしかった。だがブーマーも2カード合計で93打数32安打（打率.344）、6本塁打、31打点、出塁率.384、長打率.624と打ちまくっていた。となれば、PVの差を無視してまで今井を上とする根拠はなく、MVPはブーマーで決定だ。

落合と今井の比較はどうなるか。ロッテが4.5ゲーム差に追い上げた8月13日以降、優勝が決まるまでの期間で落合は104打数41安打、12本塁打、22打点。打率.394、出塁率.496、長打率.769の凄まじい打棒で、少なくともロッテが阪急に引き離された原因は彼にはなかった。しかしこの間今井も8試合に投げ7勝0敗、6完投、防御率2.41と好投していた。阪急が優勝したこともあって、今井が落合を抑えて次点でいいだろう。

◆**1984年のパ・リーグ年間チーム順位**
1 阪急ブレーブス、2 ロッテオリオンズ、3 西武ライオンズ、4 近鉄バファローズ、5 南海ホークス、6 日本ハムファイターズ
◆**1984年のパ・リーグのタイトルホルダー**
首位打者：ブーマー、**最多本塁打**：ブーマー、**最多打点**：ブーマー、**最多盗塁**：大石大二郎、**最多勝**：今井雄太郎、**最優秀防御率**：今井雄太郎、**最多奪三振**：佐藤義則、**最優秀救援投手**：山沖之彦
◆**1984年のトピックス**
→セより　阪急・福本、史上初の1,000盗塁。グリコ・森永事件。

1985 セ・リーグ

実際のMVP ＝ ランディ・バース（阪神）
本書でのMVP ＝ 岡田彰布（阪神）、初
次点 ＝ ランディ・バース（阪神）

PVトップ10

1	岡田彰布	阪神	打率.342、35本、101打点	68.0
2	R・バース	阪神	打率.350、54本、134打点	58.2
3	杉浦享	ヤクルト	打率.314、34本、81打点	47.6
4	掛布雅之	阪神	打率.300、40本、108打点	45.1
5	真弓明信	阪神	打率.322、34本、84打点	42.3
6	高木豊	大洋	打率.318、11本、50打点、42盗塁	40.1
7	小松辰雄	中日	17勝8敗、防2.65	38.0
8	宇野勝	中日	打率.274、41本、91打点	33.0
9	レオン	大洋	打率.303、31本、110打点	30.2
10	原辰徳	巨人	打率.283、34本、94打点	29.5

　21年ぶりのリーグ優勝、球団史上初の日本一を達成した阪神フィーバーの年。その原動力となったのが、リーグ最多の219本塁打、731得点を叩き出した強力打線。防御率4.16は4位で、優勝チームでは78年のヤクルト（4.38）に次ぐ史上ワースト2位。PVも中西清起の19.0（21位）が最高だった。これに対し、野手はPV5位までに4人が食い込み、全員40点以上は史上初だった。
　MVPに選ばれたバースは打率.350、54本塁打、134打点で三冠王、本塁打は王の日本記録にあと1本と迫った。MVP投票でも1位票が230、2位の岡田は4票のみだった。ところがバースのPV58.2は1位ではなく、岡田が68.0で上を行く。岡田は打率.342が2位、35本塁打は4位、101打点も5位。単純にRCだけで比較するなら、バース152.2/岡田124.8で27.4点の差がある。これがひっくり返ったのは、バースが一塁手、岡田が二塁手で守備位置修正を加えたからだが、岡田の守備力が水準を大きく下回っていればそのアドバンテージは消滅する。
　岡田の守備成績は272刺殺、403補殺、84併殺のいずれも二塁手で1位。11

失策も最多で、守備率.984は90試合以上出場した中では4位だが、1試合あたりの守備機会5.53は1位だった。この数字をもって、岡田がリーグ一の守備範囲だったと結論づけるのは早計である。阪神投手陣の奪三振数は686個で4位。野手が三振以外のアウトを取る機会は他球団より多かったからだ。とはいえ、岡田の守備力は少なくとも平均程度にはあり、チームの足を引っ張ってはいなかった。守備位置修正の恩恵に与る資格は十分ある。

　バースはリーグ史上2人目の三冠王となり、日本記録に迫った本塁打数のインパクトも大きかった。しかし、この年のセ・リーグは52年以降では最多となる、1試合平均4.66点という打高投低だった。バースの修正成績も打率.327、40.0本塁打。王が55本塁打した64年の修正本数は56.9本で、実質的には王の記録に遠く及ばない。バースより岡田を上位とするPVの値は的外れではない。

　阪神が3位から1位に浮上した8月27日から、優勝を決めた10月16日までの32試合の成績はどうか。岡田は116打数38安打、11本塁打、28打点。打率.328に22四球を選んで出塁率は.429、長打率は.664だった。バースは131打数43安打で、打率.328は岡田と同じ。13本塁打、34打点は岡田より多かったが、出塁率は.401とずっと低く、長打率も.664で同率。最も大事な終盤戦での働きでも岡田はバースより上で、**掛布**や**真弓**と比べても最も良い数字だった。このことからも、岡田はバース以上に活躍していたと見て間違いない。

　掛布は自己2位の40本塁打に加えて94四球も1位、PV45.1は5年連続4位以内。真弓は長打のあるリードオフマンとして34本塁打、打率.322も5位で、PV42.3は一番打者では破格の数字だった。両者とも通常の年ならMVPもあり得たが、この年の岡田とバースが相手では分が悪すぎた。その点は17勝・防御率2.65・172奪三振で投手三冠の**小松**も同じ。PV38.0は、70年以降のセ・リーグでは81年の江川に次ぐ高水準だったが、チームも5位ではMVP候補とはできない。

1980年代

◆1985年のセ・リーグ年間チーム順位
　1阪神タイガース★、2広島東洋カープ、3読売ジャイアンツ、4横浜大洋ホエールズ、5中日ドラゴンズ、6ヤクルトスワローズ
◆1985年のセ・リーグのタイトルホルダー
　首位打者：R.バース、最多本塁打：R.バース、最多打点：R.バース、最多盗塁：高橋慶彦、最多勝：小松辰雄、最優秀防御率：小松辰雄、最多奪三振：小松辰雄、最優秀救援投手：中西清起

1985　パ・リーグ

実際のMVP＝落合博満（ロッテ）
本書でのMVP＝落合博満（ロッテ）、3年ぶり2回目
次点＝石毛宏典（西武）

PVトップ10

1	落合博満	ロッテ	打率.367、52本、146打点	90.6
2	石毛宏典	西武	打率.280、27本、76打点	39.7
3	松永浩美	阪急	打率.320、26本、87打点、38盗塁	36.8
4	D・デービス	近鉄	打率.343、40本、109打点	36.2
5	柴田保光	日本ハム	11勝13敗、防3.28	30.2
6	工藤公康	西武	8勝3敗、防2.76	29.2
7	郭泰源	西武	9勝5敗、防2.52	28.2
8	東尾修	西武	17勝3敗、防3.30	26.7
9	古屋英夫	日本ハム	打率.300、33本、96打点	25.1
10	渡辺久信	西武	8勝8敗11S、防3.20	25.0

　前年は3位と振るわなかった西武が、安定した強さでV奪回に成功。2位ロッテには15ゲーム差をつけた。655得点は4位と攻撃力が物足りなかった分は、強力な投手陣がカバー。防御率3.82は日本ハムを0.54も上回り、PVトップ10でも西武の投手が4人ランクインした。
　しかしながらMVPに輝いたのは西武勢ではなく、3年ぶり2度目の三冠王となった**落合**だった。開幕前から三冠王を取ると宣言して臨んだ落合は、打率.367、52本塁打、146打点と文句のつけようがない成績。打率は2位**デービス**に2分4厘、本塁打はデービスと秋山幸二（西武）に12本差、打点もブーマーに24点差と、いずれも相当な大差だった。リーグ最多の101四球を選んで出塁率は.481に達し、2位の**松永**を5分9厘も上回る。PV90.6も2位**石毛**の2倍以上、50.9点差は63年に野村が張本に44.1点差をつけたのを更新し、リーグ史上最大の数字であった。
　もっとも、この年のパ・リーグは前年以上に打高投低の状態が進み、1試合の平均得点は5.19。飛ぶボールと圧縮バットが問題になった80年の5.06より

多く、史上最高となった。したがって落合の成績も、年代修正を加えると打率.343、34.0本塁打となって、見た目の数字からは大分下がってしまう。とはいえ、それでもなお他の打者を圧倒していたことに変わりはない。ロッテも貯金4とはいえ2位であり、西武勢をさしおいてのMVP受賞は順当と言えよう。

　西武ではPV2位の石毛と8位の**東尾**の貢献度が高かった。石毛の27本塁打はリーグ8位、遊撃手としては極めて多い本数であり、88四球も3位。それでいて併殺打は、規定打席以上では2番目に少ない4本にとどめた。打撃タイトルはなくとも、次点としては有力な候補である。東尾のPV26.7は西武の投手では3番目だが、中継ぎでの起用が多かった**工藤**や、故障で15試合しか投げなかった**郭**より実質的な価値は高い。実際の投票でも落合に次ぐ票数を集めており、もし落合が三冠王でなかったなら、MVPとなっていたかもしれなかった。

　両者は甲乙つけがたいが、ここではPVが13.0点も多い石毛を次点に選ぶ。西武の野手で石毛に次ぐPVだったのは秋山の10.9（19位）。冒頭に記したように得点力が平均以下だった打線にあって、石毛の存在価値は東尾の投手陣におけるそれよりも高かったと見る。ところが実際の投票では3位で、1位票は1つも入らなかった。83年に比べれば多少マシだったとはいえ、相変わらずその価値は投票者に見過ごされていたようだ。

◆1985年のパ・リーグ年間チーム順位
　1西武ライオンズ、2ロッテオリオンズ、3近鉄バファローズ、4阪急ブレーブス、5日本ハムファイターズ、6南海ホークス
◆1985年のパ・リーグのタイトルホルダー
　首位打者：落合博満、**最多本塁打**：落合博満、**最多打点**：落合博満、**最多盗塁**：松永浩美、**最多勝**：佐藤義則、**最優秀防御率**：工藤公康、**最多奪三振**：佐藤義則、**最優秀救援投手**：石本貴昭
◆1985年のトピックス
　阪神初の日本一に。夏の甲子園、桑田真澄と清原和博を擁したPL学園が優勝。江夏豊、大リーグ目指し渡米。ラグビー日本選手権、新日鉄釜石が史上初の7連覇。柔道の山下、203連勝の記録残し引退。プラザ合意で円高・ドル安基調に。NTT、日本たばこ発足。

1986　セ・リーグ

実際のMVP＝北別府学（広島）
本書でのMVP＝ランディ・バース（阪神）、初
次点＝ウォーレン・クロマティ（巨人）

PVトップ10

1	R・バース	阪神	打率.389、47本、109打点	90.6
2	W・クロマティ	巨人	打率.363、37本、98打点	66.8
3	レオン	ヤクルト	打率.319、34本、97打点	39.4
4	C・ポンセ	大洋	打率.322、27本、105打点	38.1
5	原辰徳	巨人	打率.283、36本、80打点	36.5
6	真弓明信	阪神	打率.307、28本、60打点	32.9
7	吉村禎章	巨人	打率.312、23本、72打点	32.2
8	岡田彰布	阪神	打率.268、26本、70打点	29.7
9	北別府学	広島	18勝4敗、防2.43	29.5
10	高木豊	大洋	打率.310、1本、29打点	23.1

　広島、阪神、巨人の三つ巴となったペナントレースから、まず阪神が脱落。巨人は9月25日から8連勝したが、129試合目となった10月7日のヤクルト戦で痛恨の逆転負け。10月2日から8連勝した広島が逆転優勝を果たした。広島は打線が不調で、511得点はリーグ3位、1位の巨人には89点も離されていたが、1位の防御率2.89だった投手陣の踏ん張りが優勝を呼んだ。

　MVPに選ばれたのも投手の**北別府**。18勝、防御率2.43の2部門で1位、230回でわずか30四球と制球力が抜群だった。オールスター後は11勝1敗、111回で自責点19の防御率1.54。9月に入ってからは4完封を含む6試合連続完投、10月12日のヤクルト戦は完投ではなかったとはいえ、8回を3点に抑えて優勝投手となった。逆転優勝に最も貢献した選手であるのは疑いの余地がない。阪神相手にも7試合で3勝1敗、防御率1.87と好投していたが、巨人戦では6試合で2勝1敗、防御率4.00と今一つだった。PV29.5も広島では1位であっても、リーグ全体では9位でしかない。

　PVで1位だったのは、打率.389、47本塁打、109打点で2年連続三冠王と

なったバース。打率は70年に張本が記録した.383を6厘更新するプロ野球記録で、終盤までは前人未到の4割に届く可能性も残していた。本塁打も前年ほどではないにしろ、6月に7試合連続本塁打の新記録を樹立し、47本は2位**クロマティ**に10本差。修正本数は40.4本で前年より多かった。修正打率も実際の.389よりは下がるとはいえ、.381で56・57年の与那嶺に次ぐ、セ・リーグ史上3位の高率だった。

　阪神を21年ぶりの日本一に導いた85年のインパクトがあまりにも大きかったため、この年のバースはそこまで凄い成績ではなかったような印象もあるだろう。だが実際には、前年より32.4点も多いPV90.6が示すように、86年のほうが内容が濃かった。なおこのPVは75年の田淵（96.3）以来の高水準であり、外国人選手としては54年にレインズ（阪急）が記録した70.2を大幅に更新する新記録ともなった。ここまで傑出した数字を残していた以上、本書では北別府ではなくバースがMVPに最もふさわしいと考える。

　バース以外ではクロマティの活躍も見事だった。打率.363、37本塁打はいずれも2位、PV66.8も2位で、巨人の選手としては74年の王（91.8）以来の数字。巨人が優勝していれば、必ずMVPに選ばれていたはずだった。北別府の頑張りがなければ広島の優勝はなかったが、巨人とは勝率で3厘差、ゲーム差はゼロ。PVが北別府の2倍以上あったのだから、優勝にあと一歩のところまで巨人を引っ張ったクロマティが次点だろう。

1980年代

◆1986年のセ・リーグ年間チーム順位
　1広島東洋カープ、2読売ジャイアンツ、3阪神タイガース、4横浜大洋ホエールズ、5中日ドラゴンズ、6ヤクルトスワローズ
◆1986年のセ・リーグのタイトルホルダー
　首位打者：R.バース、**最多本塁打**：R.バース、**最多打点**：R.バース、**最多盗塁**：屋鋪要・平野謙、**最多勝**：北別府学、**最優秀防御率**：北別府学、**最多奪三振**：遠藤一彦、**最優秀救援投手**：斉藤明夫
◆1986年のトピックス
　中野浩一10連覇。地価高騰、地上げが話題に。円高・ドル安で財テクブーム。パへつづく→

1986 パ・リーグ

実際のMVP ＝ 石毛宏典（西武）
本書でのMVP ＝ 落合博満（ロッテ）、2年連続3回目
次点 ＝ 石毛宏典（西武）

PVトップ10

1	落合博満	ロッテ	打率.360、50本、116打点	83.8
2	石毛宏典	西武	打率.329、27本、89打点	46.0
3	ブーマー	阪急	打率.350、42本、103打点	44.2
4	D・デービス	近鉄	打率.337、36本、97打点	34.2
5	渡辺久信	西武	16勝6敗、防2.87	31.8
6	佐藤義則	阪急	14勝6敗、防2.83	24.1
7	秋山幸二	西武	打率.268、41本、115打点	22.8
8	福良淳一	阪急	打率.309、12本、44打点	21.8
9	清原和博	西武	打率.304、31本、78打点	21.6
10	松永浩美	阪急	打率.301、19本、75打点	19.0

　83年から導入された変則プレーオフ制度は、一度も実施されることなく廃止。セ・リーグと同じ、通常の1シーズン制に14年ぶりに戻された。皮肉なもので、この年は最後まで優勝争いがもつれる。西武と近鉄のマッチレースとなり、終盤戦では両球団に交互にマジックが点灯したが、0.5ゲーム差でリードしていた近鉄が最後の3試合に全敗、逆に西武が3連勝。ここ5年間で4度目、広岡退任後に監督となった森祇晶体制で初の優勝を飾った。

　MVPを受賞したのは**石毛**。打率.329、27本塁打、89打点はすべて自己記録であり、PV46.0も自己最高、前年に続きリーグ2位だった。ライバルの近鉄戦でも111打数44安打、7本塁打、20打点、6盗塁。打率.396、出塁率.442、長打率.586と出色の働きぶりだった。

　西武の野手で石毛に次ぐPV22.8だったのは、レギュラー2年目の**秋山**。PL学園からプロ入りし、高卒新人記録となる31本塁打を放って新人王になった**清原**も、PV21.6で9位。実際のMVP投票では秋山をしのぎ、石毛に次ぐ2位に食い込んだ。これはいささか過大評価ではあるが、そのくらい大きなイ

ンパクトを与えていたのは確かだ。投手では**渡辺**がリーグ１位の16勝、178奪三振、２位の防御率2.87で、投手三冠まであと一歩に迫った。対近鉄戦で５勝３敗、防御率2.05と内容も良く、PV31.8も５位だったが、15点近くPVで上回る石毛ほどの貢献度ではなかったと思われる。

となるとMVPは石毛か、リーグ１位のPV83.8だった**落合**のどちらかとなる。落合は打率.360、50本塁打、116打点で２年連続３度目の三冠王となりながらも、セ・リーグのバースと同様、三冠王でMVPを逃すこととなった。ロッテが４位に終わったことだけでなく、前年よりも全般的に数字が落ちていたのも原因だったのだろう。実際、修正打率は.341で前年には及ばず、本塁打も33.6本で、PVは6.8点ダウンしていた。それでも２位石毛との差は43.8点と、依然として相当大きな開きがある。西武戦の成績も80打数25安打、13本塁打、25打点で打率.313、出塁率.455、長打率.813と申し分ない。

石毛の成績はMVPに選ばれるには充分すぎるくらいだったし、リーダーシップなど数字に表れない部分も評価すべきだろう。それでも西武打線では秋山と清原もPV10位以内に入っていて、石毛だけが引っ張っていたわけではなく、抜群の個人成績を残した落合には及ばないと考える。MVPは落合で、石毛は次点というのが本書の結論だ。

◆1986年のパ・リーグ年間チーム順位
　１西武ライオンズ★、２近鉄バファローズ、３阪急ブレーブス、４ロッテオリオンズ、５日本ハムファイターズ、６南海ホークス
◆1986年のパ・リーグのタイトルホルダー
　首位打者：落合博満、**最多本塁打**：落合博満、**最多打点**：落合博満、**最多盗塁**：西村徳文、**最多勝**：渡辺久信、**最優秀防御率**：佐藤義則、**最多奪三振**：渡辺久信、**最優秀救援投手**：石本貴昭
◆1986年のトピックス
　→セより　スペースシャトル打ち上げ直後に爆発。チェルノブイリ原発事故。男女雇用機会均等法施行。

1987 セ・リーグ

実際のMVP = 山倉和博（巨人）
本書でのMVP = 桑田真澄（巨人）、初
次点 = 原辰徳（巨人）

PVトップ10

1	C・ポンセ	大洋	打率.323、35本、98打点	53.0
2	落合博満	中日	打率.331、28本、85打点	51.6
3	B・ホーナー	ヤクルト	打率.327、31本、73打点	43.3
4	桑田真澄	巨人	15勝6敗、防2.17	38.1
5	R・バース	阪神	打率.320、37本、79打点	37.9
6	原辰徳	巨人	打率.307、34本、95打点	35.7
7	山倉和博	巨人	打率.273、22本、66打点	32.7
8	杉浦享	ヤクルト	打率.304、24本、73打点	31.1
8	吉村禎章	巨人	打率.322、30本、86打点	31.1
10	郭源治	中日	4勝3敗26S、防1.56	24.6

　王監督となって4年目でついに巨人が優勝。連敗は最多でも4つと安定した戦いぶりで、危なげなくゴールインした。MVPは中継ぎエースの鹿取義隆との熾烈な争いを制し、**山倉**が受賞。ほぼ全試合に近い128試合に出場し、22本塁打を放った打撃が評価されたと思われる。PV32.7もリーグ7位で、巨人の捕手では57年藤尾の6位以来、最高位となった。

　ただし巨人の野手では、チーム最多の34本塁打、95打点だった**原**がPV35.7で、山倉を3.0点上回っている。9月以降優勝を決めるまでの25試合の成績は、山倉が83打数18安打（.217）、4本塁打、12打点、原は92打数24安打（.261）、5本塁打、19打点で原が上。山倉がほとんど8番、たまに7番を打つくらいだったのに対し、原はずっと4番で起用されていたことも考慮する必要がある。守備面でも山倉の盗塁阻止率はリーグ最低の.265でしかなく、両者を比較すれば原が上ではなかったろうか。

　僅差でMVPを逃した鹿取はPV20.2で17位。投手では**桑田**が38.1と、鹿取の2倍近くもあって断然1位だった。桑田の防御率2.17は、200投球回以上

では73年の安田猛（2.02）以来、セ・リーグでは14年ぶりの高水準。高卒2年目、19歳の投手としては出色の内容だった。オールスター前までは9連勝を含む12勝1敗。ただ、この期間に首位を争っていた広島、中日に対しては合計3勝のみ。また後半戦には体調を崩したこともあって、優勝決定まで1勝を追加しただけだった。それでも、後半戦は2失点完投で敗れた2試合を含め、6イニング以上を投げ2点以下に抑えながら勝ちがつかなかった試合が4回もあるなど、運に恵まれなかっただけで内容は悪くなかった。しかも15勝すべてが自責点3以下と、投球内容は非常に優れていた。毎試合のように登板していた鹿取は、PVの数字以上に存在価値があったかもしれないが、それでも桑田との17.9点差を跳ね返すほどではなかったと見る。

　他球団では98打点でタイトルを獲得した**ポンセ**が、PV53.0でリーグトップ。ロッテから4対2の大型トレードで中日に移ってきた**落合**も、無冠ながらPV51.6で2位と実力を発揮した。しかし大洋、中日のいずれも優勝争いからは遠く、巨人勢を差し置いてMVPに選ぶほどではなかった。

　原と桑田では、どちらがよりMVPにふさわしかったか。巨人の野手では、原以外にも山倉と**吉村**がPVトップ10に入り、さらには篠塚とクロマティもPV20以上を記録していたが、投手でPV20以上は桑田と鹿取だけ。桑田以外の先発投手では、水野雄仁の14.4が最多だった。投手陣における桑田の存在は、打線における原のそれよりも大きかったと判断し、PVの数値通りMVPは桑田、次点は原としたい。

◆**1987年のセ・リーグ年間チーム順位**
　1読売ジャイアンツ、2中日ドラゴンズ、3広島東洋カープ、4ヤクルトスワローズ、5横浜大洋ホエールズ、6阪神タイガース

◆**1987年のセ・リーグのタイトルホルダー**
　首位打者：篠塚利夫・正田耕三、**最多本塁打**：R.ランス、**最多打点**：C.ポンセ、**最多盗塁**：屋鋪要、**最多勝**：小松辰雄、**最優秀防御率**：桑田真澄、**最多奪三振**：川口和久、**最優秀救援投手**：郭源治

◆**1987年のトピックス**
　広島の衣笠祥雄、2,131試合連続出場の世界記録、鉄人と呼ばれる。NY株式市場で株価大暴落、「ブラックマンデー」。パへつづく→

1987　パ・リーグ

実際のMVP ＝ 東尾修（西武）
本書でのMVP ＝ 工藤公康（西武）、初
次点 ＝ 東尾修（西武）

PVトップ10

1	T・ブリューワ	日本ハム	打率.303、35本、98打点	39.2
2	新井宏昌	近鉄	打率.366、13本、67打点	35.7
3	工藤公康	西武	15勝4敗、防2.41	33.4
3	ブーマー	阪急	打率.331、40本、119打点	33.4
5	門田博光	南海	打率.317、31本、69打点	33.2
6	東尾修	西武	15勝9敗、防2.59	29.0
7	山沖之彦	阪急	19勝10敗、防2.75	27.5
8	阿波野秀幸	近鉄	15勝12敗、防2.88	24.3
8	秋山幸二	西武	打率.262、43本、94打点、38盗塁	24.3
10	石嶺和彦	阪急	打率.317、34本、91打点	24.1

　西武がパ・リーグでは75〜78年の阪急以来となる4連覇。正二塁手の辻発彦をはじめとして故障者が相次ぐ苦しい展開で、前半戦はずっと阪急の後塵を拝し、首位に立ったのはようやく8月11日になってから。それでも8月以降は34勝14敗6分の勝率.708と勝ち進み、阪急に3ゲーム差で迎えた10月3日からの直接対決で3連勝、勝負を決めた。
　チーム打率.249はリーグ最下位、525得点も4位。それでも優勝できたのは、2位ロッテに0.71差で断然1位の防御率2.96だった投手陣のおかげだった。防御率ランキングは1位**工藤**、2位**東尾**、6位に郭が入り、またシーズン途中から先発陣に加わった横田正則も防御率1.64、PV20.8（12位）と救世主的な働きをした。野手では**秋山**が43本塁打で初のタイトルを獲得しただけでなく、あと2盗塁していれば、メジャー・リーグでもこの時点では例のなかった40－40を達成するところだった。しかし打率が.262、出塁率も.329と低めだったことで、PV24.3は8位と目を惹くものではなかった。秋山に次ぐのは清原の19.4、前年MVPの石毛は打率.269、11本塁打と大きく数字を落とし

て、PVは−1.5でマイナスに転落した。

　当然MVPは投手から選ばれ、東尾が工藤を抑えて4年ぶり2度目の受賞となった。だが、この結果に関してはセ・リーグと同様、疑問を投げかける声が少なくなかった。工藤は東尾と同じ15勝を挙げていただけでなく、負け数は4つで東尾より5つも少なく、完投数も23対17で上回っていた。前述の通り防御率2.41も1位、投球回数も東尾より1回多いので、PV33.4は4.4点差で東尾より上だった。

　阪急戦では東尾が5勝2敗、防御率1.80。工藤の3勝1敗、3.38より良かった。だが勝負どころの9月以降は東尾の5勝0敗、防御率2.94に対し、工藤は4勝1敗ながら防御率1.07。6先発すべて9イニング以上投げ（2度の延長戦を含む）、うち5試合は自責点2以下だった。こうした数字を見る限りでは、東尾が工藤を差し置いてMVPとなるほど、強固な理由はないように思われる。

　工藤よりPVが高かったのはブリューワと新井。新井は打率.366で首位打者となっただけでなく、184安打は130試合制でのプロ野球新記録となった。ブリューワはタイトルこそなかったものの、打率5位、本塁打と打点は2位と軒並み上位に食い込み、PV39.2で1位。外国人打者では54年レインズ、77年リーに次いで3人目の1位だった。とはいえ工藤との差は5.8点しかなく、日本ハムも3位で優勝争いに絡むことはなかった。最下位に終わった近鉄の新井同様、MVPに推すほど絶対的な成績でもなく、本書ではMVPは工藤、次点を東尾とした。

1980年代

◆1987年のパ・リーグ年間チーム順位
　1西武ライオンズ★、2阪急ブレーブス、3日本ハムファイターズ、4南海ホークス、5ロッテオリオンズ、6近鉄バファローズ
◆1987年のパ・リーグのタイトルホルダー
　首位打者：新井宏昌、**最多本塁打**：秋山幸二、**最多打点**：ブーマー、**最多盗塁**：西村徳文・大石第二朗、**最多勝**：山沖之彦、**最優秀防御率**：工藤公康、**最多奪三振**：阿波野秀幸、**最優秀救援投手**：牛島和彦
◆1987年のトピックス
　→セより　小錦が初の外国人大関に。国鉄分割民営化。連合発足。北朝鮮工作員による大韓航空機爆破事件。

1988　セ・リーグ

実際のMVP = 郭源治（中日）
本書でのMVP = 落合博満（中日）、2年ぶり4回目
次点 = 郭源治（中日）

PVトップ10

1	落合博満	中日	打率.293、32本、95打点	37.9
2	大野豊	広島	13勝7敗、防1.70	36.5
3	原辰徳	巨人	打率.300、31本、81打点	34.3
4	C・ポンセ	大洋	打率.292、33本、102打点	33.8
5	槙原寛己	巨人	10勝13敗、防2.16	30.7
6	岡田彰布	阪神	打率.267、23本、72打点	24.8
7	高木豊	大洋	打率.300、7本、46打点、29盗塁	24.1
8	広沢克己	ヤクルト	打率.288、30本、80打点	23.6
9	正田耕三	広島	打率.340、3本、23打点	23.4
10	池山隆寛	ヤクルト	打率.254、31本、81打点	20.9

　星野仙一が監督に就任して2年目の中日が、6年ぶり4度目のリーグ制覇。打率、防御率はともにリーグ3位で、得失点差＋66も巨人の＋76を下回ったが、7月末に首位に立つとその後は2位以下との差を拡げ、最終的には巨人に12ゲーム差をつけた。MVPに選ばれたのは、抑えの切り札としてプロ野球新記録の37セーブ/44セーブポイントを稼いだ郭源治。記者投票でも圧倒的な支持を得たが、PV18.9は13位である。

　セーブと一口に言っても、1点差の厳しい場面を切り抜けたものと、3点以上の余裕を持って登板したときではプレッシャーが違う。また、1イニング以下を抑えたときと、2イニング以上を投げたときの肉体的負担も大きく異なる。郭は2イニング以上のセーブが21回あって、うち4つは3イニング以上のロングリリーフだった。点差では1点リードを守りきったケースが14回あった一方、3点以上リードでのセーブも10個と、比較的楽な場面も多かった。最も条件の厳しい1点リード/2イニング以上のセーブは7回。内容は濃いけれども、驚異的な成績というほどでもない。

中日の先発投手では、18勝で最多勝となった小野和幸がPV18.3で16位だったくらいで、特筆すべき成績を残した者はいなかった。規定投球回数に達したのも小野と小松の2人だけ。こうした状況を考えれば、郭の存在が数字以上に大きかったのは確かで、中日で他に有力な候補者がいなければMVPでもよかった。

　だが、打者では**落合**がリーグ1位のPV37.9を記録していた。打率は規定打席以上では初めて3割に満たず、本塁打・打点も**ポンセ**を下回り無冠に終わったものの、3部門すべてでチームトップ。98四球は2位の小早川毅彦（広島）に26個差で1位、出塁率.418も首位打者の**正田**を.029も上回って1位だった。ここ一番の場面でよく打っていたことは、勝利打点19が間接的な証拠となっている。中日の野手で落合に次ぐPV17.7だった宇野勝は、リーグ全体では17位。投手陣における郭と同様に、打線における落合の価値も極めて高かった。

　オールスター以降優勝が決まる10月7日まで、落合は48試合で162打数52安打（打率.321）、10本塁打、40打点。出塁率.441、長打率は.623で、全打点の42％を大事な追い込みの時期に稼いでいた。8月に過去2回しか経験のなかったサヨナラ打を3度も記録したのを含め、この期間に9度も決勝打を放つなど、勝負どころでの活躍も光った。郭の数字に表れない貢献度を評価してもなお、落合のほうがよりMVPにふさわしいと見る。

　大野の防御率1.70も、セ・リーグでは70年の村山（0.98）以来の数字。PV36.5も落合より1.4点少ないだけだが、前年の桑田や85年の小松を下回っている。広島が3位どまりだったこともあり、PVではずっと下の点数であっても、次点には郭を選びたい。

◆1988年のセ・リーグ年間チーム順位
　1 中日ドラゴンズ、2 読売ジャイアンツ、3 広島東洋カープ、4 横浜大洋ホエールズ、5 ヤクルトスワローズ、6 阪神タイガース
◆1988年のセ・リーグのタイトルホルダー
　首位打者：正田耕三、**最多本塁打**：C.ポンセ、**最多打点**：C.ポンセ、**最多盗塁**：屋鋪要、**最多勝**：小野和幸・伊東昭光、**最優秀防御率**：大野豊、**最多奪三振**：槙原寛己、**最優秀救援投手**：郭源治
◆1988年のトピックス
　東京ドーム、オープン。阪急、南海が球団を売却。冬季カルガリー五輪で黒岩彰がスケートで銅。ソウル五輪、100m優勝のベン・ジョンソンが薬物使用でメダル剥奪。千代の富士53連勝。

1988　パ・リーグ

実際のMVP ＝ 門田博光（南海）
本書でのMVP ＝ 秋山幸二（西武）、初
次点 ＝ 門田博光（南海）

PVトップ10

1	門田博光	南海	打率.311、44本、125打点	40.9
2	T・バナザード	南海	打率.315、20本、60打点	38.2
3	R・ブライアント	近鉄	打率.307、34本、73打点	34.1
4	西崎幸広	日本ハム	15勝11敗、防2.50	33.7
5	松永浩美	阪急	打率.326、16本、77打点	32.9
6	秋山幸二	西武	打率.292、38本、103打点	32.5
7	山本和範	南海	打率.321、21本、62打点	28.5
8	T・バークレオ	西武	打率.268、38本、90打点	28.1
9	阿波野秀幸	近鉄	14勝12敗、防2.61	27.8
10	清原和博	西武	打率.286、31本、77打点	27.1

　パ・リーグ史上最も激動の年であった。西武が序盤から独走し、6月末には2位近鉄に8ゲーム差をつける。しかし仰木彬新監督率いる近鉄は、シーズン途中に中日から移籍した**ブライアント**の猛打に引っ張られて夏場以降猛追。10月4日には2位でありながらマジックを点灯させ、19日のロッテとのダブルヘッダーに連勝すれば優勝が決まるところだった。第1試合に勝ち、第2試合も一旦リードを奪うも、**阿波野**が高沢秀昭に同点弾を浴び時間切れ引き分け。その劇的な展開と幕切れは"10・19"として後世に語り継がれた。
　グラウンド外でも南海がダイエーへ球団を売却し、さらに阪急もオリエントリース（オリックス）へ身売り。戦前からプロ野球に参加、パ・リーグ結成当初からのメンバーで、合計20枚のペナントを手にした名門2球団が同時に消滅した衝撃は、極めて大きかった。
　MVP受賞者は激戦を演じた西武、近鉄のどちらでもなく、5位の南海から選出された。40歳の**門田**が44本塁打、125打点の二冠王となり、プロ19年目にして初の栄誉に輝いたのである。98四球、長打率.633、10犠飛も1位。DH

であるため守備位置修正は大きなマイナスになるが、それでもPV40.9は1位。RC127.3は2位**秋山**より24.6点も上だった。PV38.2で僅差の2位はチームメイトの**バナザード**。二塁手としては相当のハイレベルだったものの、門田のような突出した成績ではなく、チーム成績を考えればMVP候補にはならない。

　西武では秋山がPV32.5でトップ。投手で1位の郭は22.2と10点以上も下で、チーム内に他のMVP候補はいない。近鉄ではブライアントが74試合、267打数でRC73.6を叩き出し、PV34.1も3位だったが出場試合数が少なすぎる。阿波野はPV27.8でチーム1位、リーグ9位。優勝していたらMVPもあり得たが、高沢からの被弾で可能性は消えた。

　門田の成績は確かに凄かった。だが、MVPに選ばれたのは南海最後の年という感傷に加え、40歳という年齢が強いインパクトをもたらした側面があった。門田が40歳でなく、39歳や38歳でこの数字ならどうだったのか。あるいは41歳、42歳であれば、ここまでの好成績ではなくともMVPに選ばれたのか。南海が5位に終わったのは門田の責任ではないけれども、Bクラス球団からのMVPという、これまでの慣例を崩すほどの歴史的好成績とも言い難い。

　秋山の成績も、歴代のMVPと比べれば特筆するほどではなかった。だがこの年の西武は、前年とうって変わって投手陣が弱く、防御率3.61は3位。優勝したのはリーグ最多の645得点を記録した打線の力であり、中でも秋山の貢献度は最も高かった。オールスター以降の52試合で211打数63安打（打率.299）、17本塁打、44打点、OPS.986。近鉄とのデッドヒートが続いた10月以降の13試合も打率.333、5本塁打、14打点、OPS1.252と申し分ない。守備でも313刺殺・6補殺・2失策で合計321守備機会は、外野手で2位の高沢を39回も上回った。このような材料も考慮に入れて検討するなら、MVPに最もふさわしかったのは秋山だと考える。

◆1988年のパ・リーグ年間チーム順位
　1西武ライオンズ★、2近鉄バファローズ、3日本ハムファイターズ、4阪急ブレーブス、5南海ホークス、6ロッテオリオンズ
◆1988年のパ・リーグのタイトルホルダー
　首位打者：高沢秀昭、**最多本塁打**：門田博光、**最多打点**：門田博光、**最多盗塁**：西村徳文、**最多勝**：渡辺久信・西崎幸広・松浦宏明、**最優秀防御率**：河野博文、**最多奪三振**：小川博、**最優秀救援投手**：吉井理人

1989 セ・リーグ

実際のMVP＝ウォーレン・クロマティ（巨人）
本書でのMVP＝斎藤雅樹（巨人）、初
次点＝ウォーレン・クロマティ（巨人）

PVトップ10

1	落合博満	中日	打率.321、40本、116打点	57.2
2	斎藤雅樹	巨人	20勝7敗、防1.62	53.2
3	W・クロマティ	巨人	打率.378、15本、72打点	52.0
4	C・フィルダー	阪神	打率.302、38本、81打点	33.2
5	池山隆寛	ヤクルト	打率.264、34本、74打点	31.4
6	宇野勝	中日	打率.304、25本、68打点	31.0
7	西本聖	中日	20勝6敗、防2.44	30.8
8	槙原寛己	巨人	12勝4敗、防1.79	29.8
9	大野豊	広島	8勝6敗、防1.92	26.8
9	桑田真澄	巨人	17勝9敗、防2.60	26.8

　巨人は王貞治が退陣し、藤田元司が6年ぶりに監督に復帰。6月上旬までは広島と競り合っていたが、その後はずっと首位を守り続け、9ゲーム差で優勝を決めた。MVPに選ばれたのは、開幕から97試合目までずっと打率4割をキープした**クロマティ**。この時点で年間の規定打席数に達しており、その後の試合を欠場していれば史上唯一の4割打者になるところだった。最後は打率を.378まで下げたが、2位パチョレック（大洋）に.045の大差で首位打者。修正打率も.369で、実質を伴った高打率であった。

　クロマティのPV52.0はリーグ3位。巨人の野手では1位だったが、チーム1位は投手の**斎藤**だった。前年まで伸び悩みが続いていた斎藤は突如として開眼し、開幕から11連続完投勝利の日本記録を樹立。20勝、防御率1.62の二冠で、PV53.2はクロマティを1.2点上回った。斎藤のさらに上を行のは**落合**で、40本塁打、リーグ最多の116打点、PV57.2は中日移籍後で最多。MVP候補はこの3人に絞られる。

　まず実際の受賞者であるクロマティだが、PVは自己最多だった86年の66.8

を大きく下回っている。86年は.363の高打率に加え29二塁打、37本塁打を放っており、長打率は.673もあった。ところが89年は二塁打こそ33本あったものの、本塁打は15本しかなく、長打率も.560で4位にとどまっている。打率を上げるために長打を犠牲にした結果、歴史的な高打率だった割に、PVはイメージほど高くはならなかった。

　その点、落合は打率4位・本塁打1位・四球1位・出塁率2位・長打率2位と、どの部門でもコンスタントに上位を占め、PVではクロマティに5.2点差をつけた。ただ中日が巨人・広島に大きく離されての3位とあっては、MVP候補として強力に推すことはできない。また巨人の打者は全体的に低調で、クロマティに次ぐPVだったのは原（打率.261、25本塁打）の17.8。クロマティが一人で打線を引っ張っていたことも評価すべきだろう。広島戦でも打率.329ながら出塁率.457、OPS.957と、ライバル相手に好成績を残した。

　それでもMVPにふさわしいのは斎藤だと考える。PVは巨人の投手では52年の別所（55.3）以来のハイレベル。セ・リーグ全体でも、50点台は64年のバッキー（51.2）以来25年ぶりで、クロマティの高打率より、むしろこちらのほうが歴史的だった。他の投手では槙原（PV29.8、8位）や桑田（26.8、10位）もかなりの好成績で、特に槙原は広島に強く、7月11日まで6試合に投げ5勝0敗、防御率1.31。斎藤以上に投球内容は良かった。もっとも、斎藤も広島戦は2勝2敗ながら防御率1.72。またクロマティは、守備では122試合センターを守って補殺が1回だけ。守備範囲も、奪三振数を除いたチームの全アウトに関わった比率を算出したところ、センターでは長嶋清幸（広島）に次ぐ低さだった。大変高いレベルの争いながら、総合的に見てわずかに斎藤が上と判断する。

◆1989年のセ・リーグ年間チーム順位
　1 読売ジャイアンツ★、2 広島東洋カープ、3 中日ドラゴンズ、4 ヤクルトスワローズ、5 阪神タイガース、6 横浜大洋ホエールズ
◆1989年のセ・リーグのタイトルホルダー
　首位打者：W.クロマティ、**最多本塁打**：L.パリッシュ、**最多打点**：落合博満、**最多盗塁**：正田耕三、**最多勝**：斎藤雅樹・西本聖、**最優秀防御率**：斎藤雅樹、**最多奪三振**：川口和久、**最優秀救援投手**：津田恒実
◆1989年のトピックス
　伊藤みどり、フィギュアスケート世界選手権で日本人初優勝。平成に改元。消費税スタート。リクルート事件で竹下内閣総辞職。パへつづく→

1989　パ・リーグ

実際のMVP ＝ ラルフ・ブライアント（近鉄）
本書でのMVP ＝ ラルフ・ブライアント（近鉄）、初
次点 ＝ 阿波野秀幸（近鉄）

PVトップ10

1	R・ブライアント	近鉄	打率.283、49本、121打点	40.2
2	阿波野秀幸	近鉄	19勝8敗、防2.71	39.8
3	T・バナザード	ダイエー	打率.271、34本、93打点	36.2
4	村田兆治	ロッテ	7勝9敗、防2.50	34.4
5	門田博光	オリックス	打率.305、33本、93打点	33.8
6	秋山幸二	西武	打率.301、31本、99打点、31盗塁	32.0
7	松永浩美	オリックス	打率.309、17本、60打点	31.1
8	清原和博	西武	打率.283、35本、92打点	28.7
9	藤井康雄	オリックス	打率.292、30本、90打点	24.9
10	郭泰源	西武	10勝10敗、防3.27	21.2

　福岡行きを拒否し、ダイエーに加わらなかった**門田**を打線に加えて"ブルーサンダー打線"を形成した新生オリックスが開幕8連勝し、前半戦をリードした。だが夏場には近鉄が首位に立ち、本命の西武も追い上げて三つ巴の展開になった。10月10日、残り4試合未満の段階で1位西武・2位オリックス・3位近鉄が1ゲーム差以内。この大混戦を大きく動かしたのは、近鉄の**ブライアント**だった。12日の対西武ダブルヘッダー第1試合で満塁弾を含む3連続アーチを放つと、第2試合でも4打数連続の49号。この超人的な本塁打攻勢で西武を撃沈したあと、翌日の最終戦にも勝ち、なおかつオリックスが敗れたことで80年以来9年ぶり、1シーズン制では球団史上初の優勝が決まった。
　MVPに選ばれたブライアントは49本塁打、121打点の二冠でPV40.2はリーグ1位。何より西武に引導を渡した4連発のインパクトは絶大だった。わずか0.4点差でPV2位だったのは**阿波野**。19勝で最多勝のほか、21完投・5完封・183奪三振・235.2投球回の4部門で1位と堂々たる内容であり、優勝チームの投打の柱以外にMVP候補は考えられない。

阿波野はオリックスに対して6勝3敗、防御率3.82、6完投。ただし後半戦に限ると5勝1敗、2.90、6先発で5完投と内容が良くなっている。対西武は3勝1敗、2.92、4先発で3完投。19勝中半分の9勝を優勝争いのライバルから挙げていた点、後半戦の出来が良かった点など、大黒柱にふさわしい働きだった。ブライアントもオリックス戦で98打数27安打（.276）、12本塁打、22打点。西武戦ではさらに凄く、96打数37安打（.385）、14本塁打、37打点。49本塁打中半分以上の26本を両球団から稼いでいて、阿波野ともども、強い相手ほど力を発揮する頼りがいのある選手たちだった。

　甲乙つけ難いとはこのことだが、いずれかに軍配を上げるならブライアントか。その根拠は、近鉄の投手成績・打撃成績だ。防御率3.859は、西武に0.003差で2位。阿波野以外にも小野和義（16.8）と吉井理人（11.6）がPV10以上を記録し、投手ではリーグ10位以内に入っていた。これに対して打線は打率.257が5位、606得点が4位で、157本塁打も3位。ブライアント以外の打者は総数で108本しか打っておらず、PV10以上の野手も皆無。チーム全体のRCは630.1で、ブライアント（120.4）単独でその19.1％を占める計算になる。チーム内における比重の大きさを考えれば、これだけの大活躍を阿波野がしていても、ブライアントがMVPで間違いない。

1980年代

◆1989年のパ・リーグ年間チーム順位
　1近鉄バファローズ、2オリックスブレーブス、3西武ライオンズ、4福岡ダイエーホークス、5日本ハムファイターズ、6ロッテオリオンズ
◆1989年のパ・リーグのタイトルホルダー
　首位打者：ブーマー、**最多本塁打**：R.ブライアント、**最多打点**：ブーマー、**最多盗塁**：西村徳文、**最多勝**：阿波野秀幸、**最優秀防御率**：村田兆治、**最多奪三振**：阿波野秀幸、**最優秀救援投手**：井上祐二
◆1989年のトピックス
　→セより　阪急ブレーブス→オリックスブレーブス、南海ホークス→福岡ダイエーホークスに。中国で天安門事件。ベルリンの壁撤去。連続幼女誘拐事件、オタク文化話題に。

1990　セ・リーグ

実際のMVP＝斎藤雅樹（巨人）
本書でのMVP＝斎藤雅樹（巨人）、２年連続２回目
次点＝桑田真澄（巨人）

PVトップ10
1	池山隆寛	ヤクルト	打率.303、31本、97打点	45.7
2	斎藤雅樹	巨人	20勝5敗、防2.17	43.1
3	立浪和義	中日	打率.303、11本、45打点	35.3
4	高木豊	大洋	打率.323、10本、55打点	33.1
5	落合博満	中日	打率.290、34本、102打点	31.7
6	桑田真澄	巨人	14勝7敗、防2.51	28.7
7	野村謙二郎	広島	打率.287、16本、44打点、33盗塁	27.1
8	バンスロー	中日	打率.313、29本、78打点	27.0
9	木田優夫	巨人	12勝8敗7S、防2.71	24.2
10	岡田彰布	阪神	打率.265、20本、75打点	23.2

　巨人が前年に続いて独走。88勝は、再試合なしの130試合制では55年の92勝以来、実に35年ぶりの高水準。勝率.677も66年の.685以来の高率で、9月8日には16試合を残し、2リーグ分立後最速での優勝が決定。2位広島には22ゲームもの大差をつけた。攻撃力はリーグ1位の589得点ではあったものの、6位のヤクルトとも60点差しかなく、それほど際立ったものではなかった。これに対し、投手陣は防御率2.83。前年の2.56には及ばなかったとはいえ、2位広島を0.74も下回り、399失点も広島より129点、すなわちほぼ1試合につき1点少ない計算だった。
　PVにもその点は反映されており、野手では原（打率.303、20本塁打）の22.2がチームトップ、リーグ14位だったのに対し、投手では**斎藤**が43.1で2年連続2位だったのを筆頭に、**桑田、木田**の3人がトップ10入り。この他、水野雄仁が14.8、香田勲男が14.5で、投手のPV上位5位までを巨人勢で独占。防御率も斎藤、桑田、木田、香田が上位4位を占め、これは史上初のことだった。70完投は2番目に多いヤクルト（37完投）の約2倍。50年巨人の89回、同年

の中日の72回に次ぎ、リーグ史上3位の数だった。

　実際のMVPを斎藤が受賞したのも当然である。20勝、防御率2.17で2年連続二冠となり、19完投、6完封も1位。PVは前年ほどではなかったものの、投手で2年連続40点以上は54〜55年の別所以来、セ・リーグでは35年ぶり2人目。1位の池山との差も2.6点とほとんどなかった。チーム内では前年のクロマティのような対抗馬が不在であり、本書でも文句なしのMVPとしたい。

　次点は**池山**か、巨人でPV2位の桑田のいずれかだろうが、ヤクルトが巨人に30ゲーム差も離されて5位に終わった以上、PVで17.0点の大差があっても桑田が上と見る。池山は巨人戦で99打数21安打、5本塁打、11打点。打率は.212にとどまり、出塁率も3割に満たなかった。桑田は首位攻防戦（開幕〜8月上旬までは大洋、その後は広島が相手）で6試合に投げ4勝2敗、すべて完投で防御率は1.56（52回・自責点9）と完璧に近い内容だった。

　本塁打・打点の二冠を制した**落合**は、PV31.7で5位と意外な低ランクとなった。256塁打は83年以来では最少であり、またこの年から完全に三塁から一塁にコンバートされたため、それまでよりも守備位置修正の係数が小さくなったのが理由だ。その一方で遊撃手の池山・**立浪**・**野村**がPV7位以内、二塁手の**高木**と岡田も4・10位に食い込むなど、二遊間で打撃の良い打者の台頭が目立つようになった。

◆1990年のセ・リーグ年間チーム順位
1 読売ジャイアンツ、2 広島東洋カープ、3 横浜大洋ホエールズ、4 中日ドラゴンズ、5 ヤクルトスワローズ、6 阪神タイガース

◆1990年のセ・リーグのタイトルホルダー
首位打者：J.パチョレック、**最多本塁打**：落合博満、**最多打点**：落合博満、**最多盗塁**：緒方耕一・野村謙二郎、**最多勝**：斎藤雅樹、**最優秀防御率**：斎藤雅樹、**最多奪三振**：木田優夫、**最優秀救援投手**：与田剛

◆1990年のトピックス
スケート世界選手権で橋本聖子が初の銀メダル。イラク、クウェート侵攻。パ へつづく→

1990 パ・リーグ

実際のMVP ＝ 野茂英雄（近鉄）
本書でのMVP ＝ 野茂英雄（近鉄）、初
次点 ＝ 清原和博（西武）

PVトップ10

1	清原和博	西武	打率.307、37本、94打点	43.3
2	大石第二朗	近鉄	打率.314、20本、69打点	36.2
3	野茂英雄	近鉄	18勝8敗、防2.91	35.2
4	藤井康雄	オリックス	打率.285、37本、96打点	34.5
5	M・ディアズ	ロッテ	打率.311、33本、101打点	32.5
6	渡辺久信	西武	18勝10敗、防2.97	32.2
7	潮崎哲也	西武	7勝4敗8S、防1.84	27.6
8	柴田保光	日本ハム	12勝10敗、防3.11	25.8
9	西村徳文	ロッテ	打率.338、3本、38打点	19.8
10	石井浩郎	近鉄	打率.300、22本、46打点	19.6

　西武がほぼ独走状態でペナントを奪回。81勝は86勝した83年以来の高水準で、2位オリックスに12.5ゲーム差をつけた。PVでも43.3で1位の**清原**を筆頭に、リーグ最多の18勝を挙げた**渡辺**、新人ながら中継ぎとして大活躍した**潮崎**の3人がトップ10入り。中でも清原は打率.307、出塁率.454、長打率.615、37本塁打がすべて自己最高、出塁率と長打率はリーグトップでもあった。もちろんPVも自己最多、優勝チームの主砲として申し分ない働きであり、通常の年だったら間違いなくMVPに選ばれていただろう。

　けれども、90年は"通常の年"ではなかった。近鉄のルーキー**野茂**が新人王だけでなくMVPとの同時受賞という、80年の木田勇以来史上2人目の快挙を成し遂げたことによって、清原はMVPとなる唯一のチャンスを逃してしまった。

　前年のドラフトで史上最多の8球団が入札し、近鉄が射止めた野茂はそれだけの存在だった。独特のトルネード投法から繰り出す快速球とフォークボールによって、奪った三振数は287。2位の渡辺に115個もの差をつける圧倒的な数

字だった。初勝利を挙げた試合で17奪三振のタイ記録を樹立、年間21度の2ケタ奪三振も新記録。さらに18勝、防御率2.91、勝率.692もすべて1位で、新人での投手三冠は宅和本司・木田に次いでリーグ史上3人目。当然PV35.2も投手では1位、清原・**大石**に次いで総合3位だった。

　近鉄は3位であり、優勝した西武にはMVPにふさわしい成績の清原がいたことを考えれば、MVPは清原とすべきではないかとの声もあろう。野茂のPVも、数字だけなら前年の阿波野（39.8）より低く、80年の木田の66.4をはるかに下回ってもいる。しかしながら、野茂が残した数々の記録はPVの値以上のインパクトがあった。287奪三振は、パ・リーグでは68年に鈴木啓示が305個を記録して以来の数で、奪三振率10.99は鈴木の7.65とは段違い。疑いの余地なく歴史的レベルだった。

　西武戦の成績も8試合に先発して4勝4敗（5完投）、65.1回を投げ防御率3.03。2ケタ奪三振も4回、トータルでは73奪三振。野茂以外の近鉄の投手が5勝13敗、防御率5.52と滅多打ちにされていた西武打線相手に、互角以上の結果を残していた。実際の投票でも、1位票は野茂の80票に対して清原は33票しか得られなかった。清原は相手が悪かったと言うしかない。

　この年は新人の大豊作年で、野茂・潮崎以外にも、ロッテの小宮山悟が防御率3.27で4位、PV18.8は11位。日本ハムの酒井光次郎も防御率3.46は7位、PV15.3は18位だった。野手でも**石井**が打数は少ないながらも22本塁打を放ち、PV19.6で10位に食い込んでいる。セ・リーグでも佐々岡真司（広島）がPV12.6で、投手では8位。ただし新人王になった与田剛（中日）は、リーグ最多の31セーブは稼いだもののPVは6.3でずっと下位だった。

◆1990年のパ・リーグ年間チーム順位
　1西武ライオンズ★、2オリックスブレーブス、3近鉄バファローズ、4日本ハムファイターズ、5ロッテオリオンズ、6福岡ダイエーホークス
◆1990年のパ・リーグのタイトルホルダー
　首位打者：西村徳文、**最多本塁打**：O.デストラーデ、最多打点：O.デストラーデ・石嶺和彦、最多盗塁：秋山幸二、最多勝：渡辺久信・野茂英雄、**最優秀防御率**：野茂英雄、最多奪三振：野茂英雄、最優秀救援投手：鹿取義隆
◆1990年のトピックス
　→セより　ゴルバチョフがソ連初の大統領に。東西ドイツ統一。バブル崩壊へ。

1991 セ・リーグ

実際のMVP = 佐々岡真司（広島）
本書でのMVP = 野村謙二郎（広島）、初
次点 = 佐々岡真司（広島）

PVトップ10

1	落合博満	中日	打率.340、37本、91打点	57.6
2	古田敦也	ヤクルト	打率.340、11本、50打点	56.9
3	高木豊	大洋	打率.333、4本、62打点	39.8
4	野村謙二郎	広島	打率.324、10本、66打点、31盗塁	38.7
5	佐々岡真司	広島	17勝9敗、防2.44	35.3
5	池山隆寛	ヤクルト	打率.269、32本、80打点	35.3
7	立浪和義	中日	打率.290、10本、45打点	31.0
8	今中慎二	中日	12勝13敗、防2.52	26.6
9	J・レイ	ヤクルト	打率.299、11本、51打点	26.3
10	西村龍次	ヤクルト	15勝8敗、防2.80	24.4

夏場までは中日が首位を快走していたが、広島が最大7.5ゲーム差を逆転して5年ぶりの優勝。2連覇中の巨人は大きく順位を落とし、勝率5割をキープするのがやっとで12年ぶりのBクラスに転落した。PVトップ10にも巨人勢は誰一人入らず、村田真一の17.4（19位）が最高。代わってヤクルトが10年ぶりの勝率5割/Aクラスと躍進を遂げ、PVランキングにも球団史上最多の4人を送り込んだ。

MVPは2年目の**佐々岡**が選ばれた。17勝、防御率2.44はいずれもリーグトップ、213奪三振もチームメイトの川口（230個）に次いで2位。勝率も北別府（.733）が1位、最多セーブも大野（26個）でタイトルを広島勢が独占した。チーム防御率3.23も1位で、516得点で4位の攻撃力不足を補って余りある強力投手陣だった。

その中でも、貢献度が最も高かったのが佐々岡だったのは間違いない。PV35.3はリーグ全体でも5位。ただ、広島では入団3年目の**野村**のほうがPVは上だった。打率.324が4位、31盗塁は1位で、PV38.7は佐々岡を3.4点

上回った。広島からMVPを選ぶなら、この2人のうちいずれかとなる。

　リーグ最高のPV57.6を記録したのは**落合**で、37本塁打は1位、打率も僅差の2位。プロ2年目の**古田**は打率.3398で、3毛差で落合を下し1位。セ・リーグ初の捕手の首位打者となり、PV56.9も落合に0.7点差の2位だった。守備でも強肩を存分に発揮し、盗塁阻止率は.578の高率に達していて、万年下位のヤクルトが3位に浮上した最大の要因だった。とはいえ、ヤクルトの野手では他にも**池山**と**レイ**がPV10位以内で、古田に頼りきりだったわけではない。優勝チームで充分MVPに値する成績を残した野村と佐々岡を押しのけてMVPとするにふさわしい、とまでは言い難い。

　2位の中日相手には、佐々岡が5勝3敗、防御率2.27、野村は打率.320、15打点、OPS.778に加えて11盗塁と二人とも優れた数字を残していて、明確な差はつかない。だが投手陣では、佐々岡以外にも川口（12勝8敗、防御率2.90）がPV19.6で投手では5位、大野（6勝2敗26セーブ、1.17）が13.4で9位に入っていた。これに対し、野手ではPV10以上は正田耕三（打率.291、OPS.747）の10.7だけで、打率.301、OPS.780の山崎隆造も9.8にとどまっていた。投手陣に占める佐々岡よりも、打線における野村の貢献度のほうが上だったと判断し、MVPは野村、佐々岡は次点とした。

1990年代

◆1991年のセ・リーグ年間チーム順位
　1広島東洋カープ、2中日ドラゴンズ、3ヤクルトスワローズ、4読売ジャイアンツ、5横浜大洋ホエールズ、6阪神タイガース
◆1991年のセ・リーグのタイトルホルダー
　首位打者：古田敦也、**最多本塁打**：落合博満、**最多打点**：広沢克己、**最多盗塁**：野村謙二郎、**最多勝**：佐々岡真司、**最優秀防御率**：佐々岡真司、**最多奪三振**：川口和久、**最優秀救援投手**：大野豊
◆1991年のトピックス
　田部井淳子、女性初の世界6大陸最高峰制覇。湾岸戦争。自衛隊初の海外派遣。ソ連崩壊。パへつづく→

1991　パ・リーグ

実際のMVP ＝ 郭泰源（西武）
本書でのMVP ＝ 郭泰源（西武）、初
次点 ＝ 秋山幸二（西武）

PVトップ10

1	秋山幸二	西武	打率.297、35本、88打点	36.9
2	佐々木誠	ダイエー	打率.304、21本、71本、36盗塁	31.0
3	松永浩美	オリックス	打率.314、13本、76打点	29.2
4	O・デストラーデ	西武	打率.268、39本、92打点	27.9
5	柴田保光	日本ハム	9勝9敗、防2.48	27.0
6	渡辺智男	西武	11勝6敗、防2.35	26.7
7	郭泰源	西武	15勝6敗、防2.59	26.5
8	野茂英雄	近鉄	17勝11敗、防3.05	22.5
9	M・ウインタース	日本ハム	打率.269、33本、84打点	21.6
10	工藤公康	西武	16勝3敗、防2.82	20.6

　西武が前年と同じく81勝と強さを発揮したけれども、楽な戦いではなかった。近鉄も77勝し、一時は9.5まで開いたゲーム差を一気に詰め、9月上旬まで激しい首位争いを展開した。ただし得失点差に目を向けると、西武は＋185、近鉄は＋73と100点以上の開きがあり、実力差は最終的な勝敗以上にあったと思われる。近鉄は石井浩郎、ブライアントと打線の主軸が相次いで故障により離脱し、それぞれ96試合、63試合しか出場できなかったのが痛かった。

　MVPは**郭**が受賞。タイトルはなかったけれども、15勝は4位、防御率2.59は3位だった。しかしPVでは防御率2.35で1位の**渡辺智**が、0.2点差ながら郭の上を行く。渡辺はPV26.7で、西武のチーム内では3位。トップは**秋山**の36.9で、リーグでも1位。39本塁打、92打点の二冠に輝いた**デストラーデ**は27.9で4位、このほか**工藤**も20.6で10位と、西武勢が5人もトップ10にランクインした。近鉄は**野茂**の8位が最上位で、その他の球団にも有力な候補がいなかったこともあり、MVPは西武から選ぶべきだろう。

　まず実際の受賞者である郭だが、防御率こそ渡辺智より悪かったものの、投

球回数は184.1対157、完投/完封数も12/4対11/3でいずれも上回っている。さらにライバルの近鉄戦の成績は8試合で7勝1敗、防御率0.82。渡辺智は6試合で4勝1敗、2.28とこちらも良かったが、郭には及ばない。工藤は近鉄戦の登板自体が2試合しかなく（1勝0敗、2.63）、投手では郭が第一候補だ。

秋山とデストラーデの近鉄戦の成績はどうか。秋山は95打数26安打（打率.274）、8本塁打、18打点、OPS.960。デストラーデは89打数16安打（.180）、3本塁打、9打点、OPS.650とまったく打てておらず、明らかに秋山が優っている。

郭と秋山の比較では、西武が一旦2位に転落した8月17日から、優勝を決めた10月3日までの30試合を参照しよう。秋山も122打数33安打（.270）、8本塁打、13打点、OPS.862とよく打っていたが、郭は登板した6試合すべて完投勝利を挙げ、防御率1.50と完璧。PVでは10.4点差があっても、終盤戦の郭の働きぶりは秋山をしのいでいて、近鉄戦の成績も考え合わせれば、優勝への貢献度は上だろう。MVPは郭、次点は秋山とした記者投票は正しかった。

なおこの年は、平井光親（ロッテ）と**松永**（オリックス）が激しい首位打者争いを展開した末、最後の直接対決でロッテ投手陣が松永を実に11打席連続で敬遠するという、何ともみっともない形で平井のタイトル獲得を助けた。だがPVで判断すると、松永がリーグ3位の29.2だったのに対し、平井は4.6。この年優れた打者がどちらだったのかは言うまでもない。

1990年代

◆1991年のパ・リーグ年間チーム順位
1西武ライオンズ★、2近鉄バファローズ、3オリックスブルーウェーブ、4日本ハムファイターズ、5福岡ダイエーホークス、6ロッテオリオンズ
◆1991年のパ・リーグのタイトルホルダー
首位打者：平井光親、**最多本塁打**：O.デストラーデ、**最多打点**：O.デストラーデ・J.トレーバー、**最多盗塁**：大野久、**最多勝**：野茂英雄、**最優秀防御率**：渡辺智男、**最多奪三振**：野茂英雄、**最優秀救援投手**：武田一浩
◆1991年のトピックス
→セ･リーグ　オリックスブレーブス→オリックスブルーウェーブに。陸上世界選手権、東京で開催。カール・ルイス大活躍。地価下落、平成不況に。

1992 セ・リーグ

実際のMVP＝ジャック・ハウエル（ヤクルト）
本書でのMVP＝古田敦也（ヤクルト）、初
次点＝ジャック・ハウエル（ヤクルト）

PVトップ10

1	古田敦也	ヤクルト	打率.316、30本、86打点	82.2
2	J・ハウエル	ヤクルト	打率.331、38本、87打点	50.9
3	T・オマリー	阪神	打率.325、15本、62打点	43.6
4	池山隆寛	ヤクルト	打率.279、30本、79打点	40.3
5	L・モスビー	巨人	打率.306、25本、71打点	32.3
6	野村謙二郎	広島	打率.288、14本、63打点	29.5
7	駒田徳広	巨人	打率.307、27本、64打点	28.0
8	高木豊	大洋	打率.300、5本、39打点	26.5
9	中込伸	阪神	9勝8敗、防2.42	26.3
10	仲田幸司	阪神	14勝12敗、防2.53	25.9

　最終盤まで4球団に優勝の可能性が残る、セ・リーグでは73年以来の大激戦が繰り広げられた。シーズンを大いに盛り上げたのは阪神で、9月半ばまで巨人、ヤクルトを抑えて首位に立っていたが、終盤戦で大きく負けが込み、ヤクルトとの直接対決もすべて敗れてしまう。最終的にはヤクルトが巨人と阪神に2ゲーム、広島には3ゲームの僅差ながら、78年以来14年ぶりの優勝を飾った。得失点差はヤクルト+33、阪神+30、巨人+13で、4位に終わった広島が+39でトップという珍しい状況だった。
　MVPに選ばれたのは、首位打者と本塁打王の二冠を制した**ハウエル**。入団1年目で日本の野球に慣れるまで時間がかかったせいか、6月末まで6本塁打にとどまっていたのが、7月以降は32本と人が違ったように打ち始めた。PVも50.9でリーグ2位と極めて高く、来日1年目の外国人選手のリーグ最高記録となったが、それでもチームメイトである**古田**を30点以上も下回っていた。実際の投票も大激戦で、1位票は85対77で古田のほうが多かったのだが、総得点は625対600でハウエルが逆転していた。

古田のPV82.2は驚異的な水準だった。76年以降の17年間で、これを上回ったのは86年のバース（90.6）だけ。捕手では74・75年の田淵に次ぐセ・リーグ史上3位、スワローズの選手では69年ロバーツの57.7を大幅に更新し、球団史上1位となった。打率.316は2年連続首位打者こそ逃したものの3位、さらに長打力が飛躍的に増し、30本塁打はハウエルに次いで2位、86打点も5位。出塁率.422と長打率.576も2位だった。セ・リーグ他球団の捕手では規定打席に到達した者すらいない中、古田の存在価値は計り知れないほど高かった。盗塁阻止率も.483で1位と、攻守とも傑出した働きであり、MVPは彼以外に考えられない。ハウエルの三塁守備は悪くはなかったものの、特別良かったわけでもなく、投票者は守備力の違いをまったく考えに入れていなかったのではと思える。

　次点はハウエルと、4位のPV40.3だった池山が候補になる。阪神、巨人とのデッドヒートを勝ち抜いた最終14試合では、ハウエルが59打数19安打（打率.322）、7本塁打、16打点、OPS1.131、池山が60打数17安打（.283）、1本塁打、5打点、OPS.781と明白な差がある。守備位置および守備力の差を考慮するとしても、そもそもPVも10点以上の差があるので、ハウエルが上だろう。

1990年代

◆1992年のセ・リーグ年間チーム順位
　1ヤクルトスワローズ、2読売ジャイアンツ、3阪神タイガース、4広島東洋カープ、5横浜大洋ホエールズ、6中日ドラゴンズ
◆1992年のセ・リーグのタイトルホルダー
　首位打者：J.ハウエル、最多本塁打：J.ハウエル、最多打点：L.シーツ、最多盗塁：飯田哲也、最多勝：斎藤雅樹、最優秀防御率：盛田幸妃、最多奪三振：仲田幸司、最優秀救援投手：佐々木主浩
◆1992年のトピックス
　夏の甲子園、星稜の松井秀喜5打席連続敬遠。「不良債権」が問題化。パへつづく→

1992 パ・リーグ

実際のMVP＝石井丈裕（西武）
本書でのMVP＝秋山幸二（西武）、4年ぶり2回目
次点＝石井丈裕（西武）

PVトップ10

1	秋山幸二	西武	打率.296、31本、89打点	41.4
2	M・ウインタース	日本ハム	打率.282、35本、79打点	32.7
3	石井丈裕	西武	15勝3敗、防1.94	32.3
4	赤堀元之	近鉄	11勝4敗22S、防1.80	30.3
5	野茂英雄	近鉄	18勝8敗、防2.66	29.9
6	高橋智	オリックス	打率.297、29本、78打点	28.9
7	郭泰源	西武	14勝4敗、防2.41	27.8
8	佐々木誠	ダイエー	打率.322、21本、54打点、40盗塁	27.5
9	清原和博	西武	打率.289、36本、96打点	26.7
10	O・デストラーデ	西武	打率.266、41本、87打点	23.9

　西武が優勝、近鉄が2位だっただけでなく、ゲーム差まで4.5で前年とまったく同じ。オリックスが3位だったところまで同じだった。得失点差が西武＋163、近鉄＋65と大差だった点も同様。ただしペナントレース自体は、終始西武が余裕を持った戦いで、8月9日には早々にマジック37が点灯。83年に1シーズン制を復活させてからでは、最も早い点灯日だった。9月17日に近鉄との最後の直接対決を終えた時点では、9.5ゲームまで差が開いてしまい、前年ほど白熱した展開にはならなかった。
　MVPを受賞した**石井**は15勝、防御率1.94のいずれも2位。15先発以上した投手の防御率が1点台だったのは、パ・リーグでは76年の村田以来16年ぶりだった。防御率1.80で1位だった**赤堀**は先発が2試合だけで、PVも2.0点差で石井が上。投手ではリーグ1位、野手を含めても**秋山、ウインタース**に次いで3位だった。
　秋山のPV41.4は自己最多であり、前年に続いてリーグ1位。31本塁打は5位、西武でも**デストラーデ**（41本）、**清原**（36本）に次ぐ3番目で、89打点

も清原を下回って4位だった。しかしながら自己最多の77四球を選び、塁打＋四死球＋盗塁は361で清原の353を上回る。さらに併殺打も13本対6本で清原より少なく、守備位置修正も加わって、PVは清原に14.7点、デストラーデには17.5点とかなりの差をつけた。守備力を考えても、野手では秋山の他に候補はいない。

　近鉄戦での石井と秋山の成績は、石井が7試合（4先発）で4勝1敗、防御率2.52。秋山は94打数26安打（打率.277）、6本塁打、27打点、OPS.898。全打点の30％以上を近鉄戦で稼いでいた。これだけでは明確な差はつかないが、石井は先発が19試合だけで、投球回数148.1はリーグ17位、西武投手陣の中でも渡辺久、**郭**、工藤に次いで4番目だった。仕事の質はともかくとして、量では明らかに秋山に分があったことになる。

　実際の投票では、石井が1位票87を獲得。秋山はわずか5票で、25票の清原をも下回る3位だったが、PVの差を考えてもMVPは秋山、石井は次点というのが本書の判断だ。現実ではMVPを一度も受賞しなかった秋山だが、本書ではこれで88年に続き、2度目のMVP。ライバルの清原と比べても、チームメイトだった86〜93年の8年間で、秋山のほうがPVが少なかったのは90年だけである。秋山がどれだけ優れた選手だったかを、具体的な数字として再確認できるのもPVの長所の一つだろう。

1990年代

◆1992年のパ・リーグ年間チーム順位
　1西武ライオンズ★、2近鉄バファローズ、3オリックスブルーウェーブ、4福岡ダイエーホークス、5日本ハムファイターズ、6千葉ロッテマリーンズ
◆1992年のパ・リーグのタイトルホルダー
　首位打者：佐々木誠、**最多本塁打**：O.デストラーデ、**最多打点**：ブーマー、**最多盗塁**：佐々木誠、**最多勝**：野茂英雄、**最優秀防御率**：赤堀元之、**最多奪三振**：野茂英雄、**最優秀救援投手**：赤堀元之
◆1992年のトピックス
　→セより　ロッテオリオンズ→千葉ロッテマリーンズに。バルセロナ五輪、14歳で優勝の水泳岩崎恭子「生きてきたなかで一番幸せ」。リオで地球サミット、「グローバリゼーション」の広まり。

1993 セ・リーグ

実際のMVP＝古田敦也（ヤクルト）
本書でのMVP＝古田敦也（ヤクルト）、2年連続2回目
次点＝ジャック・ハウエル（ヤクルト）

PVトップ10

1	前田智徳	広島	打率.317、27本、70打点	48.9
2	古田敦也	ヤクルト	打率.308、17本、75打点	48.2
3	R・ローズ	横浜	打率.325、19本、94打点	45.9
4	J・ハウエル	ヤクルト	打率.295、28本、88打点	41.6
5	今中慎二	中日	17勝7敗、防2.20	38.0
6	T・オマリー	阪神	打率.329、23本、87打点	37.8
7	江藤智	広島	打率.282、34本、82打点	36.5
8	G・ブラッグス	横浜	打率.345、19本、41打点	36.1
9	伊藤智仁	ヤクルト	7勝2敗、防0.91	32.4
10	山本昌広	中日	17勝5敗、防2.05	31.9

　長嶋茂雄が13年ぶりに監督に返り咲き、息子の一茂がヤクルトから移籍。さらには松井秀喜も入団し、前年オフからの話題を一身に集めた巨人は、勝率5割前後に終始するなど評判倒れもいいところ。最終的には3位とはいえ借金2、14年ぶりに勝率5割を下回ってしまい、91年に引き続いてまたもPVトップ10に誰も入らなかった。前年躍進した阪神も4位へ後退し、代わって前年最下位の中日が最後までヤクルトと優勝を争ったが、最後はヤクルトが11連勝と底力を見せて振り切った。
　MVPを受賞したのは、92年は惜しくも**ハウエル**に敗れた**古田**。リーグ最多の160安打を放ち、29二塁打は4位、75打点と出塁率.381はいずれも7位。PV48.2も前年からは大きく下がったとはいえ、**前田**に0.7点及ばないだけでリーグ2位。チーム内のライバルであるハウエル、**伊藤**を上回った。守備でも自慢の強肩にさらに磨きがかかって、45回走られたうち16回しか成功させず、阻止率は.644。当然の受賞というべきで、実際の投票でも1位票175のうち146を獲得していた。もちろん本書でも迷うことなくMVPに選ぶ。

ハウエルもPV41.6は古田に6.6点差。日本新記録となる5本のサヨナラ本塁打を放つなど勝負強さを発揮し、また中日戦の成績（優勝が決まるまでの22試合）のOPSも.770で、.693の古田より良かった。守備の差を考えればMVPとはできないが、次点には十分だ。

　シーズン途中で戦列を離れなかったら、伊藤もMVP候補だったかもしれない。三菱自動車京都からドラフト1位でヤクルト入りした伊藤は、史上屈指の切れ味を誇るスライダーを駆使し、14試合に登板しただけだったが7勝中4勝が完封、防御率は驚異の0.91。PV32.4は投手ではリーグ2位、総合9位で、セ・リーグの新人投手では61年の権藤博（46.8）以来の数字だった。

　ところが150球以上を投げたのが4試合、うち5月28日の横浜戦は193球、6月27日の阪神戦は185球という常軌を逸した起用法が祟り、7月4日の巨人戦を最後に戦列を離れてしまった。ヤクルトの優勝に多大な貢献があったのは間違いないけれども、約半年出場しただけではMVPはもちろん、次点にも推すのは難しい。

　実際の投票で1位票10票を集め、次点に入った広沢克己は、94打点でタイトルは獲得していても、PVは10.5とあって対象外。他球団から候補を探すと、PVで古田とほぼ変わらないレベルだった前田と**ローズ**が挙げられるが、広島は最下位、横浜も5位にとどまっていた。優勝を争った中日でトップ、投手としてもリーグ1位のPV38.0だった**今中**は、ヤクルト戦でも8先発で4勝0敗、防御率1.99と出色の内容だったが、PVで上回るハウエルには及ばないだろう。

1990年代

◆1993年のセ・リーグ年間チーム順位
　1ヤクルトスワローズ★、2中日ドラゴンズ、3読売ジャイアンツ、4阪神タイガース、5横浜ベイスターズ、6広島東洋カープ
◆1993年のセ・リーグのタイトルホルダー
　首位打者：T.オマリー、**最多本塁打**：江藤智、**最多打点**：広沢克己・R.ローズ、**最多盗塁**：緒方耕一・石井琢朗、**最多勝**：今中慎二・山本昌広・野村弘樹、**最優秀防御率**：山本昌広、**最多奪三振**：今中慎二、**最優秀救援投手**：石毛博史
◆1993年のトピックス
　初場所優勝の曙、初の外国人横綱に。55年体制崩壊、細川・非自民連立内閣成立。北海道南西沖地震の大津波で奥尻島に壊滅的被害。パへつづく→

1993　パ・リーグ

実際のMVP = 工藤公康（西武）
本書でのMVP = 工藤公康（西武）、6年ぶり2回目
次点 = 辻発彦（西武）

PVトップ10

1	タイゲイニー	オリックス	打率.290、23本、43打点	37.9
2	吉永幸一郎	ダイエー	打率.291、12本、44打点	31.9
3	辻発彦	西武	打率.319、3本、31打点	28.9
4	工藤公康	西武	15勝3敗、防2.06	28.6
5	石井浩郎	近鉄	打率.309、22本、80打点	27.1
6	西崎幸広	日本ハム	11勝9敗、防2.20	26.9
7	野田浩司	オリックス	17勝5敗、防2.56	25.5
8	潮崎哲也	西武	6勝3敗8S、防1.18	22.3
9	石毛宏典	西武	打率.306、15本、53打点	22.9
10	M・ホール	ロッテ	打率.296、30本、92打点	19.2

　西武が4連覇、史上初の4年連続完全優勝（全球団に勝ち越し）を果たしたが、夏場以降は日本ハムとのマッチレースとなり、最終的なゲーム差はわずか1だった。MVPを受賞したのは**工藤**で、防御率2.06と勝率.833は1位。PV28.6は4位、西武でも辻に0.3点及ばず2位だったが、西武打線はデストラーデが退団した穴を埋められず、リーグ4位の512点と攻撃力が大きく減少していた。それでも優勝できたのは防御率2.96だった投手陣のおかげであり、工藤はその中心となっていた。辻も打率.319で首位打者、出塁率.395も1位。守備の要の二塁手として投手陣を支え、PVの数値以上の働きがあったはずだ。
　両者の日本ハム戦の成績はどうか。工藤は前半戦は日本ハム相手の登板がなく、年間でも4試合で2勝1敗、防御率1.59。辻も92打数25安打（打率.272）、5打点、出塁率.362、長打率.326と今一つだった。次に、日本ハムに追い上げられて一旦2位に下がった8月25日から、優勝が決まった10月13日までの34試合を見てみよう。工藤は7試合で4勝0敗だが、防御率2.81は年間のレベルを下回る。辻も123打数35安打（.285）、12打点、出塁率.376、長

打率.317で、これまた年間の数字に届かない。二人とも勝負どころの終盤戦では、それほど際立った働きではなかった。

だが、野手では辻のほかに**石毛**がPV22.9で9位、秋山（15.3）と清原（15.1）も例年に比べれば不振ではあっても、PV15以上は記録していた。一方投手陣では、工藤以外の先発要員でトップ10に入った者は皆無。12勝の石井も8.2どまりで、郭（8勝、1.0）、渡辺久（9勝、－4.4）らも当てにならなかった。**潮崎**、鹿取義隆、杉山賢人らのリリーフ陣にかなりの程度頼っていた半崩壊状態のローテーションを、しっかり支えていた工藤が、やはりMVPにふさわしいだろう。

なおPV37.9で1位になったのは、オリックスの外国人選手**タイゲイニー**だった。今ではほとんど忘れられているタイゲイニーだが、98試合の出場ながら23本塁打、63四球を選び、規定打席不足でも出塁率.412、長打率.565はそれぞれリーグ1位の辻とブライアントを上回っていた。規定打席に届かない選手のPV1位は、両リーグを通じて史上唯一の例である。

このような珍事が発生したのは、例年PVで上位を占めていた選手たちの不振が原因だった。秋山は打率.247、30本塁打、9盗塁のいずれもレギュラー定着後最低で、PVは前年の1位から16位まで後退。31歳となり、自慢の身体能力に衰えが見え始めていた。清原も打率.268と25本塁打は自己ワースト2位と冴えず、PVは17位。シーズン終了後には秋山が佐々木誠との交換でダイエーへ放出され、8年間コンビを組んでいたAK砲は解体される。

これはまた、80～90年代の最強球団西武の黄金時代の終わりでもあった。翌94年もパ・リーグを制するなど依然として強豪ではあったが、以前のような絶対的な強さは感じさせなくなり、95年以降はパ・リーグで3連覇を成し遂げた球団は出ていない。

◆1993年のパ・リーグ年間チーム順位
1 西武ライオンズ、2 日本ハムファイターズ、3 オリックスブルーウェーブ、4 近鉄バファローズ、5 千葉ロッテマリーンズ、6 福岡ダイエーホークス

◆1993年のパ・リーグのタイトルホルダー
首位打者：辻発彦、**最多本塁打**：R.ブライアント、**最多打点**：R.ブライアント、**最多盗塁**：大石大二郎、**最多勝**：野田浩司・野茂英雄、**最優秀防御率**：工藤公康、**最多奪三振**：野茂英雄、**最優秀救援投手**：赤堀元之

◆1993年のトピックス
→セより　サッカーJリーグ開幕。米大統領にビル・クリントン。

1994　セ・リーグ

実際のMVP＝桑田真澄（巨人）
本書でのMVP＝桑田真澄（巨人）、7年ぶり2回目
次点＝大豊泰昭（中日）

PVトップ10

1	G・ブラッグス	横浜	打率.315、35本、91打点	51.2
2	江藤智	広島	打率.321、28本、81打点	46.9
3	大豊泰昭	中日	打率.310、38本、107打点	41.0
4	前田智徳	広島	打率.321、20本、66打点	29.4
5	A・パウエル	中日	打率.324、20本、76打点	28.2
6	桑田真澄	巨人	14勝11敗、防2.52	27.5
7	斎藤雅樹	巨人	14勝8敗、防2.53	27.1
8	野村謙二郎	広島	打率.303、10本、61打点、37盗塁	25.5
9	R・ローズ	横浜	打率.296、15本、86打点	22.4
10	立浪和義	中日	打率.274、10本、53打点	22.2

　前年オフにフリー・エージェント（FA）制度が導入され、巨人は中日からFAとなった落合を獲得。2年目の松井の成長もあって、6月終了時点で42勝22敗の貯金20。8月8日時点で2位広島に9ゲーム差をつけていた。だがオールスター後の勝率は5割を大きく下回り、9月下旬には9連勝と猛追してきた中日に並ばれる。129試合終了時点で両者とも69勝60敗、最終戦で史上初の同率決戦が実現したが、巨人が勝って3年ぶりに優勝した。

　MVPを受賞した**桑田**と、**斎藤**の成績はほとんど同じだった。勝利数はどちらも14、被本塁打数も16本で同じ。防御率は0.01差、投球回数は1回差でいずれも桑田が上。PVも0.4点差で桑田が上位だったが、負け数は斎藤のほうが3つ少なかった。奪三振/与四球比も桑田の3.63を斎藤が4.50で上回り、完投/完封は桑田が10/1、斎藤が11/5。しかしながら、MVP投票では桑田が1位票を79も得たのに対し、斎藤は9票のみで5位にしかならなかった。なぜ桑田の評価は、これほどまで斎藤より高かったのだろうか。

　まず中日戦の成績を比較すると、桑田は6試合で3勝1敗、防御率1.91

で、斎藤は8試合で4勝3敗、2.47。急激にチーム状態が悪化した7月以降は桑田6勝6敗1セーブ、2.11で、斎藤は5勝6敗、3.20。どちらも明らかに桑田が上回っている。また、この期間の中日戦でも桑田が1勝1敗1セーブ、1.42、斎藤は2勝3敗、3.68と大きな差が出ている。年間を通じての数字はほぼ互角でも、実質的には両者には明確な差があったのだ。

　巨人と優勝を争った中日では、**大豊**が落合の抜けた穴を見事に埋めた。38本塁打、107打点で二冠王、71四球も4位で、OPS 1.004は**ブラッグス**、**江藤**に次いで3位。PV 41.0はチームで2位の**パウエル**を12.8点上回りリーグ3位だった。ブラッグスは個人成績こそ素晴らしかったけれども、所属する横浜は最下位だったこともあって、MVP候補は桑田か大豊に絞られる。

　大豊の巨人戦での成績は101打数29安打（打率.287）、5本塁打、18打点、出塁率.351、長打率.525でOPSは.876。17勝6敗と猛烈に追い上げた8月28日以降の23試合でも、79打数26安打（.329）、3本塁打、20打点、出塁率.436、長打率.532でOPS .968とよく打っていた。しかし肝心の最終決戦では4打数0安打、初回一死一・二塁の先制機に併殺打、8回無死一塁の場面でも凡退した。この試合に負けた責任は大豊よりも、8点取られた投手陣にあるのだが、大一番で打てなかったことがプラスになるわけもない。MVPは桑田で間違いないだろう。

1990年代

◆1994年のセ・リーグ年間チーム順位
　1 読売ジャイアンツ★、2 中日ドラゴンズ、3 広島東洋カープ、4 ヤクルトスワローズ、5 阪神タイガース、6 横浜ベイスターズ
◆1994年のセ・リーグのタイトルホルダー
　首位打者：A.パウエル、**最多本塁打**：大豊泰昭、**最多打点**：大豊泰昭、**最多盗塁**：野村謙二郎、**最多勝**：山本昌広、**最優秀防御率**：郭源治、**最多奪三振**：桑田真澄、**最優秀救援投手**：高津臣吾
◆1994年のトピックス
　F1のアイルトン・セナ、伊でレース中に事故死。自社さの村山内閣成立。松本サリン事件。パへつづく→

1994 パ・リーグ

実際のMVP ＝ イチロー（オリックス）
本書でのMVP ＝ イチロー（オリックス）、初
次点 ＝ 石井浩郎（近鉄）

PVトップ10

1	イチロー	オリックス	打率.385、13本、54打点、29盗塁	60.5
2	石井浩郎	近鉄	打率.316、33本、111打点	33.5
3	吉永幸一郎	ダイエー	打率.284、19本、55打点	30.9
4	伊良部秀輝	ロッテ	15勝10敗、防3.04	26.8
5	鈴木健	西武	打率.350、12本、49打点	26.2
6	赤堀元之	近鉄	9勝4敗24S、防1.82	24.9
7	K・ライマー	ダイエー	打率.298、26本、97打点	20.7
8	長谷川滋利	オリックス	11勝9敗、防3.11	19.0
9	清原和博	西武	打率.279、26本、93打点	18.9
10	新谷博	西武	10勝8敗9S、防2.91	18.7

　8月上旬まで西武、近鉄、オリックス、ダイエーの4球団による首位争いが展開されたが、9月に11連勝を記録した西武が抜け出し、最終的にはオリックスに7.5ゲーム差。5年連続の完全優勝を果たした。
　この年最も注目を集めたのは優勝争いではなく、**イチロー**の出現だった。プロ入り3年目、前年まで一軍出場83試合だった20歳の外野手・鈴木一朗が、新監督に就任した仰木彬によって"イチロー"の登録名とレギュラーポジションを与えられると、プロ野球史上初の年間200安打を達成。最終的には210本まで本数を伸ばし、打率も4割にこそ届かなかったものの、パ・リーグ新記録の.385。修正打率は.364で、この時点でリーグ史上6位だったから、実際には見た目ほどの高打率ではなかったのだが、5月から8月にかけてはこれまた新記録となる69試合連続出塁も達成した。1年にしてプロ野球を代表するスーパースターにのし上がり、オリックスが優勝を逃してもMVPに選ばれたのは当然だった。PVも60.5で、2位**石井**の33.5の約2倍。2位の選手に27点以上の差をつけたのは、パ・リーグでは野村と落合しか先例がなかった。阪急/オ

リックスでも、PV60以上は54年のレインズ（70.2）、64・65年のスペンサー（61.3、76.2）に次ぎ4度目、日本人選手では過去最高の数字となった。

　リーグ全体ではPV30以上が3人だけと、抜きんでた実力を持つ選手が少なかったことも、イチローのMVPを後押ししていた。優勝した西武でトップの**鈴木健**は26.2。.350の高打率ではあっても規定打席には達していなかった。西武では**清原**が26本塁打、93打点ながらPV18.9は9位どまり。投手では、実際の投票で次点だった**新谷**が防御率2.91でリーグ1位となっていたが、先発したのは8試合だけでPV18.7は10位。鈴木も含め、次点としてもみな弱いと言わざるを得ない。111打点でタイトルを取っただけでなく、打率が3位、本塁打も2位で、チームも優勝争いに加わっていた石井が、PV通り次点にはふさわしいだろう。

　外国人選手も元気がなく、トップ10には7位に**ライマー**が入っただけ。ブライアントは35本塁打でタイトルを獲得したがPV13.7に過ぎず、ブーマーやデストラーデはすでに帰国、ウインタースもこの年限り。80年代後半から90年代前半のパ・リーグを彩った個性派の強打者が、次々に姿を消す寂しい状況になりつつあって、それだけにより一層イチローの存在が救いとなっていた。

1990年代

◆1994年のパ・リーグ年間チーム順位
　1西武ライオンズ、2オリックスブルーウェーブ、3近鉄バファローズ、4福岡ダイエーホークス、5千葉ロッテマリーンズ、6日本ハムファイターズ
◆1994年のパ・リーグのタイトルホルダー
　首位打者：イチロー、**最多本塁打**：R.ブライアント、**最多打点**：石井浩郎、**最多盗塁**：佐々木誠、**最多勝**：伊良部秀輝、**最優秀防御率**：新谷博、**最多奪三振**：伊良部秀輝、**最優秀救援投手**：赤堀元之
◆1994年のトピックス
　→セより　サッカー、ヴェルディ川崎の三浦知良が伊のジェノアに移籍。大江健三郎がノーベル文学賞。

1995 セ・リーグ

実際のMVP＝トム・オマリー（ヤクルト）
本書でのMVP＝野村謙二郎（広島）、4年ぶり2回目
次点＝古田敦也（ヤクルト）

PVトップ10

1	野村謙二郎	広島	打率.315、32本、75打点、30盗塁	67.1
2	江藤智	広島	打率.286、39本、106打点	50.2
3	R・ローズ	横浜	打率.315、22本、97打点	43.2
4	A・パウエル	中日	打率.355、19本、69打点	40.9
5	T・オマリー	ヤクルト	打率.302、31本、87打点	33.9
6	古田敦也	ヤクルト	打率.294、21本、76打点	31.5
7	斎藤雅樹	巨人	18勝10敗、防2.70	28.8
8	T・ブロス	ヤクルト	14勝5敗、防2.33	28.7
9	緒方孝市	広島	打率.316、10本、43打点、47盗塁	27.3
10	R・チェコ	広島	15勝8敗、防2.74	25.4

　広沢克己、川口和久、ジャック・ハウエル、シェーン・マックらを獲得する"30億円補強"を施した巨人が3位に沈んだのを後目に、広沢やハウエルが退団したヤクルトが終始余裕を持った展開で、ここ4年間で3度目のリーグ制覇を果たした。
　MVPに選ばれたのは、阪神を退団してヤクルトに加わった**オマリー**だった。打率.302は7位、31本塁打と87打点は3位。96四球と出塁率.429は1位、長打率.570も3位。前年も出塁率.429は1位で、15本塁打の長打力不足を理由に解雇した阪神の見る目のなさも批判された。PV33.9もリーグ5位、**古田**（31.5）と**ブロス**（28.7）を抑えチームトップだった。
　前年は故障に泣いた古田は、130試合にフル出場。打率は.294で3割に届かなかったが、21本塁打、76打点、守備でも2失策だけでリーグ最少（80試合以上）、盗塁阻止率.478は中村武志（中日）に次いで2位。数字には表れない投手リードでも存分に力を発揮したのは、チーム防御率が4.05→3.60と改善されたことで間接的に証明している。ブロスが予想以上の成績を収めたのも、

制球に不安のある石井一久や山部太が2ケタ勝利を挙げることができたのも、古田のインサイドワークによる助けがあったはずだ。特にキャンプ中にテスト採用したブロスは防御率2.23が1位、162.1回を投げて被本塁打6本。9月9日は巨人相手にノーヒットノーランを達成、巨人戦は3完封の5勝0敗、39.1回で自責点わずかに1、防御率0.23と完璧に封じた。

　ヤクルト以外では、リーグトップのPV67.1だった**野村**も忘れてはならない。打率.315は3位、32本塁打は2位、30盗塁も2位。本塁打の多さは広島球場が狭いからではなく、ホームとロードでほぼ同数だった。3割/30本塁打/30盗塁は史上6人目、遊撃手では初めて。過去の5人で最多のPVだった50年別当（62.3）を4.8点更新した。遊撃手としても54年レインズ（70.2）以来の水準で、セ・リーグでこれまで1位だった50年の白石を20.6点も上回る。十分に歴史的な活躍であり、広島も終盤までヤクルトについて行き2位に入ったので、野村にもMVPの資格はある。

　ヤクルトの3人では古田が最有力だ。広島戦で古田は104打数28安打、.269と打率こそ高くはないものの7本塁打、18打点。オマリーは74打数14安打で.189の低打率、4本塁打、10打点。21四球を選び出塁率は.368と高かったが、OPSは.784対.746で古田が上だった。ブロスは広島戦では3先発で1勝0敗、防御率2.41。優勝候補の本命だった巨人に強かった点はポイントが高いけれども、4位横浜・5位中日に3勝5敗、4.70と取りこぼしも多かった。

　最後は古田と野村の比較だが、野村はヤクルト戦で112打数44安打、7本塁打、19打点、9盗塁と殊の外強かった。打率/出塁率/長打率は.393/.433/.688で、OPSは1.121に達し、広島戦での古田を.337も上回る。広島はヤクルトに11勝15敗と負け越していたが、その責任は少なくとも野村にはなかった。PVも古田の2倍以上であり、ヤクルト優勝の立役者が古田であっても、MVPに最もふさわしいのは野村だと考える。

◆1995年のセ・リーグ年間チーム順位
　1ヤクルトスワローズ★、2広島東洋カープ、3読売ジャイアンツ、4横浜ベイスターズ、5中日ドラゴンズ、6阪神タイガース
◆1995年のセ・リーグのタイトルホルダー
　首位打者：A.パウエル、**最多本塁打**：江藤智、**最多打点**：江藤智、**最多盗塁**：緒方孝市、**最多勝**：斎藤雅樹、**最優秀防御率**：T.ブロス、**最多奪三振**：斎藤雅樹、**最優秀救援投手**：佐々木主浩

1995　パ・リーグ

実際のMVP＝イチロー（オリックス）
本書でのMVP＝イチロー（オリックス）、2年連続2回目
次点＝小久保裕紀（ダイエー）

PVトップ10

1	イチロー	オリックス	打率.342、25本、80打点、49盗塁	66.4
2	小久保裕紀	ダイエー	打率.286、28本、76打点	44.3
3	田中幸雄	日本ハム	打率.291、25本、80打点	43.8
4	堀幸一	ロッテ	打率.309、11本、67打点	35.9
5	初芝清	ロッテ	打率.301、25本、80打点	28.2
6	吉永幸一郎	ダイエー	打率.293、8本、34打点	25.3
7	伊良部秀輝	ロッテ	11勝11敗、防2.53	21.3
8	清原和博	西武	打率.245、25本、64打点	19.2
9	小宮山悟	ロッテ	11勝4敗、防2.60	18.1
10	R・デューシー	日本ハム	打率.249、25本、61打点	16.9

　1月に本拠地・神戸が阪神・淡路大震災に見舞われたオリックスが"がんばろう神戸"を合言葉に快進撃。オールスター前の7月22日にマジック43を点灯させる圧倒的な強さで、阪急時代以来11年ぶり、オリックスとなってからでは初の優勝を成し遂げた。ボビー・バレンタイン新監督を迎えたロッテは10年ぶりのAクラス、6連覇を目指した西武は3位に甘んじた。

　前年に一躍スーパースターとなった**イチロー**は、さらなる進化を遂げる。打率こそ.342に下がり、安打数も179本で2年連続200本はならなかった。それでも四死球が61個から86個へ大幅に増えた結果、出塁率は.445→.432と微減にとどめた。また二塁打が41→23本と減った分、本塁打が13→25本と約倍増。長打率も.544で前年の.549とほとんど変わらなかった。盗塁は29→49個と20個も増やし、80打点ともどもリーグ1位。打率、安打、出塁率と併せ5部門でトップとなった。

　またこの年は、リーグ平均得点が前年の4.59から3.82と大きく下がり、投手優位になっていた。この環境でこれだけの成績を残したことで、PVは60.5

から66.4へ上昇。日本でレギュラーだった7年間で最高の数字だった。オリックスでイチローに次ぐPVだったのは長谷川滋利（12勝7敗、防御率2.89）と平井正史（27セーブ）の10.9（ともに21位）。打者ではトロイ・ニールが27本塁打を放っていたが、PVは10.6に過ぎず、イチローがMVPに選ばれたのは当然だった。

　次点は誰になるだろうか。打点王は例年になく低いレベルでの争いとなり、イチロー、**田中**、**初芝**の3人がリーグ史上最少の80打点でトップタイ。本塁打王も**小久保**の28本で、20本台でのタイトルは34年ぶり。それでもPVの上位6位までは打者で占められ、小久保が44.3で2位、0.5点差で田中が続く。小久保は二塁守備でも130試合で9失策と堅実で、守備率.987は3位、1試合あたりの守備機会5.27は1位だった。

　PV5位の初芝は25本塁打、80打点は田中と同数、打率.301は1分も上だった。それでいてPVは田中が15点も上回ったのは、四球が58個と多かった（初芝は36個）のと、守備位置が遊撃手だったのが理由。PV43.8は、遊撃手としてはここ30年間で86年の石毛（46.0）に次ぐ高水準。74年に日本ハムが球団を買収してからでは、野手では最高の数字でもあった。田中と同じ遊撃手で、リーグ2位の打率.309、PV4位の35.9だった**堀**も、ロッテが2位だったことを考えれば対抗馬となりそうだが、守備成績は田中のほうが117回も守備機会が多かった上、失策は9つ少なかった。

　次点は小久保か田中のいずれかだが、オリックス戦での成績は小久保の打率.337、10本塁打、23打点、OPS 1.157に対し、田中は打率.255、5本塁打、15打点、OPS .819と明らかに差があったので、小久保とするのが妥当だろう。

◆1995年のパ・リーグ年間チーム順位
　1オリックスブルーウェーブ、2千葉ロッテマリーンズ、3西武ライオンズ、4日本ハムファイターズ、5福岡ダイエーホークス、6近鉄バファローズ
◆1995年のパ・リーグのタイトルホルダー
　首位打者：イチロー、**最多本塁打**：小久保裕紀、**最多打点**：イチロー・田中幸雄・初芝清、**最多盗塁**：イチロー、**最多勝**：K.グロス、**最優秀防御率**：伊良部秀輝、**最多奪三振**：伊良部秀輝、**最優秀救援投手**：平井正史
◆1995年のトピックス
　野茂英雄、近鉄を退団し大リーグ・ドジャースへ、オールスター戦先発、新人王。テニスの伊達公子、全仏で日本人女子初のベスト4。阪神淡路大震災。地下鉄サリン事件。

1996 セ・リーグ

実際のMVP = 松井秀喜（巨人）
本書でのMVP = 松井秀喜（巨人）、初
次点 = 斎藤雅樹（巨人）

PVトップ10

1	松井秀喜	巨人	打率 .314、38本、99打点	55.7
2	江藤智	広島	打率 .314、32本、79打点	51.3
3	山崎武司	中日	打率 .322、39本、107打点	39.7
4	立浪和義	中日	打率 .323、10本、62打点	36.0
5	斎藤雅樹	巨人	16勝4敗、防2.36	35.4
6	金本知憲	広島	打率 .300、27本、72打点	35.1
7	谷繁元信	横浜	打率 .300、8本、54打点	29.6
8	R・ローズ	横浜	打率 .304、16本、86打点	29.5
9	大豊泰昭	中日	打率 .294、38本、89打点	27.6
10	A・パウエル	中日	打率 .340、14本、67打点	27.4

　7月6日時点で首位広島に11.5ゲーム差をつけられていた巨人が、その後60試合で43勝17敗、勝率.717のハイペースで勝ち進む。同期間に広島は26勝35敗と大きく負け越し、代わって中日が浮上して最終盤まで逆転優勝に望みをつないだが、10月6日の直接対決で巨人が勝って優勝を決めた。リーグ史上初となる2ケタゲーム差を跳ね返しての優勝は、長嶋監督独特の言語センスで"メークドラマ"と呼ばれた。

　MVP候補はPV55.7で初めてリーグ1位となった**松井**、16勝を挙げ投手ではトップの35.4だった**斎藤**の2人に絞られる。松井は38本塁打が山崎に1本差の2位、99打点が3位。OPS1.027は**江藤**に次いで2位だった。斎藤は16勝がチームメイトのガルベスと並んで1位、防御率2.36もガルベスに0.69の大差をつけ1位だった。実際の投票でも1位票は斎藤85、松井83で、2・3位票の差で松井が6ポイント上回って受賞している。そのくらい両者は同等に評価されていた。ガルベスのPV22.9は斎藤より10点以上も下で、巨人の打者ではPV20以上は誰もいないので、巨人からの候補者は2人に絞られる。中

日勢は4人を10位以内に送り込んだものの、トップの山崎でもPV39.7は松井より16.0点も低いとあっては、有力候補とするには難しい。

快進撃を演じた最終60試合での、松井と斎藤の成績はどうだったか。斎藤は12試合に先発して4完投、8勝1敗、防御率2.23。松井は227打数77安打（打率.339）、19本塁打、57打点、出塁率.425、長打率.656。ともに前半戦を上回る成績を残していた。

これだけでは明確な差がつかないので、8月末まで1位、9月末の段階でも2位だった広島との対戦成績を参照しよう。斎藤の登板は、5回6失点ながら勝利投手になったのと、7回2失点で勝敗がつかなかった2試合のみ。年間でも広島戦では3試合しか先発しなかった。松井は11試合で44打数19安打、3本塁打、19打点、OPS1.206と打ちまくって、広島の追い落としに大きく貢献していた。もともとPVが斎藤より20点以上高いこともあって、MVPは実際の投票結果通りに松井で間違いない。

次点の候補としては、PVで松井に4.4点差の2位だった江藤も有力であるように思える。けれども8月末に自打球を顔面に当ててしまい骨折、以後の試合はすべて欠場していたため、出場試合数は106にとどまった。前半戦に広島打線を引っ張っていたことを考慮に入れたとしても、やはり斎藤のほうがふさわしいだろう。

1990年代

◆1996年のセ・リーグ年間チーム順位
　1読売ジャイアンツ、2中日ドラゴンズ、3広島東洋カープ、4ヤクルトスワローズ、5横浜ベイスターズ、6阪神タイガース
◆1996年のセ・リーグのタイトルホルダー
　首位打者：A.パウエル、**最多本塁打**：山崎武司、**最多打点**：L.ロペス、**最多盗塁**：緒方孝市、**最多勝**：斎藤雅樹・B.ガルベス、**最優秀防御率**：斎藤雅樹、**最多奪三振**：斎藤隆、**最優秀救援投手**：佐々木主浩
◆1996年のトピックス
　大リーグ2年目の野茂がノーヒットノーラン、シーズン16勝。ジャンボ尾崎、プロ100勝。将棋の羽生善治、7タイトルを同時期に独占。パへつづく→

1996 パ・リーグ

実際のMVP＝イチロー（オリックス）
本書でのMVP＝イチロー（オリックス）、3年連続3回目
次点＝トロイ・ニール（オリックス）

PVトップ10

1	イチロー	オリックス	打率.356、16本、84打点、35盗塁	50.6
2	吉永幸一郎	ダイエー	打率.295、20本、72打点	49.2
3	堀幸一	ロッテ	打率.312、16本、68打点	41.2
4	E・ヒルマン	ロッテ	14勝9敗、防2.40	31.2
5	田中幸雄	日本ハム	打率.277、22本、82打点	28.0
6	鈴木健	西武	打率.302、21本、60打点	24.3
7	伊良部秀輝	ロッテ	12勝6敗、防2.40	23.0
8	T・ローズ	近鉄	打率.293、27本、97打点	22.4
9	T・ニール	オリックス	打率.274、32本、111打点	21.5
10	渡辺秀一	ダイエー	9勝5敗、防2.54	18.9
10	R・デューシー	日本ハム	打率.246、26本、59打点	18.9

　シーズン途中まで首位を快走し、マジック点灯を目前にしていた日本ハムが、オールスター後急速に勢いを失う。猛追してきたオリックスが逆転して2連覇を果たし、日本シリーズでも巨人を倒して、阪急時代以来17年ぶりの日本一となった。

　リーグ優勝を決めた試合でサヨナラ打を放ったのは、3年連続でMVPに輝いた**イチロー**。こちらも3年連続1位の打率.356、193安打、出塁率.422。84打点は自己記録となったが、本塁打は16本に減り、長打率.504も過去2年の水準に届かなかった。そのためPV50.6もここ3年では最も低かったが、**吉永**を1.4点上回って1位を死守。3年連続50点以上は、パ・リーグでは60～68年に9年連続で記録した野村以来となった。

　前年はイチロー以外に誰もPVトップ10に入らなかったオリックスでは、32本塁打、111打点で二冠王となった**ニール**が21.5で9位に食い込んだ。それでもイチローの半分にも満たず、投手では野田浩司（8勝7敗、防御率3.14）

の11.5が最高とあっては、イチロー以外にMVPは考えられない。

　他球団にもイチローを脅かす選手はいなかった。PV2位の吉永にしても、捕手としてはこの打撃成績は立派であっても、実際にマスクを被ったのは84試合で、DHとして32試合に出場していた。PV49.2を捕手とDHでの出場比率に応じて計算し直すと、39.8と10点近くも下がってしまう。捕手としての評価もあまり高くはなく、翌97年は一塁にコンバートされているほどで、守備面でのプラスアルファもそれほどなかったと考えられる。途中まで優勝を争っていた日本ハムでは**田中**のPV28.0がトップだったが、こちらも前年の43.8から大きく後退している。PVで3、4、7位を占めているロッテ勢はチームが5位と元気がなかった。

　このような状況では次点候補を探すのにも苦労するが、強いて挙げるならニールか。PVは大して高くないけれども、得点圏打率.371、3本のサヨナラ本塁打を放つなど勝負強さを発揮。優勝チームの主砲として活躍したことを評価した。ニールは日本シリーズでもたった3安打ながら、すべてタイムリーヒットでシリーズMVPになっている。それにしても、95年から野茂がアメリカに渡り、**伊良部**も日本でのプレーはこの年が最後。清原もFAとなって巨人へ移籍してしまうなど、パ・リーグの顔が続々と姿を消す寂しい時代となりつつあった。

◆1996年のパ・リーグ年間チーム順位
　1オリックスブルーウェーブ★、2日本ハムファイターズ、3西武ライオンズ、4近鉄バファローズ、5千葉ロッテマリーンズ、6福岡ダイエーホークス
◆1996年のパ・リーグのタイトルホルダー
　首位打者：イチロー、**最多本塁打**：T.ニール、**最多打点**：T.ニール、**最多盗塁**：村松有人、**最多勝**：K.グロス、**最優秀防御率**：伊良部秀輝、**最多奪三振**：工藤公康、**最優秀救援投手**：成本年秀・赤堀元之
◆1996年のトピックス
　→セより　アトランタ五輪は柔道田村亮子がまさかの敗北、マラソンの有森裕子が2大会連続のメダル。サッカーで日本がブラジルに歴史的勝利。

1997 セ・リーグ

実際のMVP＝古田敦也（ヤクルト）
本書でのMVP＝古田敦也（ヤクルト）、4年ぶり3回目
次点＝ドウェイン・ホージー（ヤクルト）

PVトップ10

1	R・ローズ	横浜	打率.328、18本、99打点	60.1
2	古田敦也	ヤクルト	打率.322、9本、86打点	52.6
3	松井秀喜	巨人	打率.298、37本、103打点	51.4
4	L・ゴメス	中日	打率.315、31本、81打点	42.8
5	D・ホージー	ヤクルト	打率.289、38本、100打点	37.6
6	金本知憲	広島	打率.301、33本、82打点	37.0
7	鈴木尚典	横浜	打率.335、21本、83打点	36.0
8	石井琢朗	横浜	打率.319、10本、44打点	28.8
9	石井一久	ヤクルト	10勝4敗、防1.91	25.3
10	江藤智	広島	打率.252、28本、76打点	24.9

　西武から清原和博（前年31本塁打）、ロッテからエリック・ヒルマン（前年14勝）を獲得する大補強を行なった巨人が4位に転落し、下馬評の低かったヤクルトが優勝するという、95年と同じような展開になった。ヤクルトは終盤戦で横浜の追い上げを受けながらも、一度も首位の座を明け渡しはしなかった。
　MVPは**古田**が4年ぶり2度目の受賞。打率.322は3位、出塁率.413も同じく3位。本塁打こそ9本だったが32二塁打は2位で、86打点も5位。PVも3度目の50点以上となる52.6だった。ヤクルトでは新外国人の**ホージー**が38本塁打でタイトルを獲得、PV37.6も5位ではあったが、古田には15.0点差をつけられた。
　この2人の終盤戦の成績はどうだったか。2.5ゲーム差にまで迫られた8月24日から、ヤクルトの優勝が決まる9月28日までの25試合では、古田は90打数30安打、3本塁打、17打点、21四球。打率.333、出塁率.459、長打率.456だった。ホージーは91打数23安打、9本塁打、21打点、23四球。打率.253、出塁率.404、長打率.593。OPSは古田.915、ホージー.997で、この期間にお

けるホージーの働きは素晴らしいものがあった。それでも古田もかなりの数字を残しているので、MVPの座は揺るがない。

投手でチーム1位のPV25.3だった**石井**は防御率1.91、9月2日には眼下の敵である横浜相手にノーヒットノーランを達成した。それでも故障で18試合にしか投げられず、規定投球回数に満たなかったとあってMVP候補にはなり得ない。

PVで古田を上回り、リーグトップだったのは**ローズ**。打率.328はチームメイトの**鈴木尚**に7厘差及ばず2位だったが、99打点は4位、91四球は2位。出塁率.444は1位で、OPS.984も**松井**に1厘差で1位だった。しかも二塁手であることから守備位置修正の恩恵もあり、PV60.1は87年のポンセ、同期入団である94年のブラッグスに続き、横浜の外国人選手として3度目の1位になった。18年ぶりに2位に入った横浜躍進の立役者である。

しかし、最終的に優勝したのがヤクルトである以上、古田が優位であることには変わりはない。ローズと古田の差は7.5点であるが、古田の卓越した守備力を考慮すれば、その差はもっと小さかったはずだ。前年MVPの松井もPV51.4の3位と活躍はしたものの、巨人が4位では候補とはならない。

次点はホージーとローズの争いだが、前出の終盤戦（8月24日～9月28日）で横浜は13勝13敗と伸び悩み、首位奪取に失敗していた。ローズの成績も94打数28安打、3本塁打、22打点、打率.298、OPS.910とホージーを下回る。よってPVでは20点以上の差があっても、次点は実際の投票結果と同様、ホージーがふさわしいと判断する。

1990年代

- -
◆1997年のセ・リーグ年間チーム順位
1 ヤクルトスワローズ★、2 横浜ベイスターズ、3 広島東洋カープ、4 読売ジャイアンツ、5 阪神タイガース、6 中日ドラゴンズ
◆1997年のセ・リーグのタイトルホルダー
首位打者：鈴木尚典、**最多本塁打**：D.ホージー、**最多打点**：L.ロペス、**最多盗塁**：緒方孝市、**最多勝**：山本昌、**最優秀防御率**：大野豊、**最多奪三振**：山本昌、**最優秀救援投手**：佐々木主浩
◆1997年のトピックス
伊良部秀輝がヤンキース入り。大阪ドーム、名古屋ドーム開業。日本サッカー、イランに逆転勝利でW杯出場権獲得。小錦引退。国際柔道連盟、カラー柔道着導入を決定。

1997 パ・リーグ

実際のMVP = 西口文也（西武）
本書でのMVP = 鈴木健（西武）、初
次点 = イチロー（オリックス）

PVトップ10

1	小久保裕紀	ダイエー	打率.302、36本、114打点	49.7
2	イチロー	オリックス	打率.345、17本、91打点、39盗塁	46.0
3	鈴木健	西武	打率.312、19本、94打点	39.6
4	T・ローズ	近鉄	打率.307、22本、102打点	37.5
5	松井稼頭央	西武	打率.309、7本、63打点、62盗塁	32.7
6	小宮山悟	ロッテ	11勝9敗、防2.49	28.9
7	城島健司	ダイエー	打率.308、15本、68打点	26.9
8	黒木知宏	ロッテ	12勝15敗、防2.99	23.8
9	吉永幸一郎	ダイエー	打率.300、29本、73打点	19.2
10	潮崎哲也	西武	12勝7敗、防2.90	19.0

　清原をFAで失った西武がとった対策は、機動力の活用だった。レギュラー2年目の**松井**が62盗塁、大友進が31盗塁を決めるなど、チーム盗塁数は200個の大台に達し、これは球団新記録であるだけでなく、リーグ全体でも83年の阪急以来14年ぶり。機動力を生かそうにも出塁できなければ意味はないが、出塁率.352も1位。松井ら4人が打率3割、レギュラー7人が.278以上で、8月半ばまでずっと首位だったオリックスを同月下旬の9連勝で逆転し、3年ぶりに王座に返り咲いた。

　MVPは15勝で小池秀郎（近鉄）と最多勝を分け合った西口。ただ防御率3.12は7位で、PV17.5も13位。先発に転向して12勝を挙げた**潮崎**より下だった。西武でトップのPV39.6、リーグ3位だった**鈴木**（94打点、出塁率.431＝1位）や、32.7で5位の松井（13三塁打と62盗塁で1位）を抑えてのMVP受賞には疑問もある。

　実際の投票で1位票が最多だったのは伊東勤の64、次いで西口の60。松井は8票、鈴木は3票だけだった。伊東は35歳にして自己最多に近い打率.280、

13本塁打、またチームリーダーとしての働きも加味されてこれだけの票を集めたようだが、PV14.2は20位以内にも入っていない。

　オリックス戦で西口は9試合に投げ（6先発）4勝2敗1セーブ、防御率3.20。潮崎は7試合で2勝4敗、3.57と西口に分がある。打者では松井の115打数35安打（打率.304）、9打点、8盗塁、OPS.727に対し、鈴木が92打数30安打（.326）、5本塁打、15打点、OPS.989と圧倒した。

　続いて、8月19日から優勝を決めた10月3日までの34試合の成績も比較する。この間チームは24勝9敗だったが、西口は9試合に投げ（6先発）4勝1敗1セーブ、防御率2.36。潮崎は7試合で3勝1敗、防御率2.06。打線の援護に恵まれない試合が多かったが、内容は西口より良かった。松井は155打数45安打（.290）、10打点、13盗塁、OPS.691と平凡だったのに対し、鈴木は108打数38安打、8本塁打、19打点。28四球を選んで出塁率は.485に達し、OPSも1.179。松井を.488も上回った。西武の4人では鈴木の貢献度が頭一つ抜けており、これに次ぐのはオリックス戦・終盤戦でそれほどの活躍ではなかった松井ではなく、西口だろう。

　前年まで3年連続MVPだった**イチロー**は、打率.345、185安打で4年連続1位。だがPV46.0は**小久保**に3.7点及ばず、4年連続トップとはならなかった。小久保は36本塁打が首位に1本差の2位、114打点は1位で個人成績は申し分なかったが、前半戦で健闘したダイエーは最終的に4位。両者とも優勝チームの主砲である鈴木を上回るほどではなく、MVPは鈴木が妥当だ。

　西口、小久保、イチローの次点争いは、頼りになるチームメイトがいない中、オリックスを中盤戦まで首位に導いたイチローを選んだ。西武戦の成績も105打数36安打、3本塁打、16打点、8盗塁。打率.343、OPS.915と申し分なく、PVが30点近く低い西口よりも下位とする理由はない。

◆1997年のパ・リーグ年間チーム順位
　1西武ライオンズ、2オリックスブルーウェーブ、3近鉄バファローズ、4日本ハムファイターズ、5福岡ダイエーホークス、6千葉ロッテマリーンズ
◆1997年のパ・リーグのタイトルホルダー
　首位打者：イチロー、**最多本塁打**：N.ウィルソン、**最多打点**：小久保裕紀、**最多盗塁**：松井稼頭央、**最多勝**：西口文也・小池秀郎、**最優秀防御率**：小宮山悟、**最多奪三振**：西口文也、**最優秀救援投手**：赤堀元之

1998 セ・リーグ

実際のMVP = 佐々木主浩（横浜）
本書でのMVP = ロバート・ローズ（横浜）、初
次点 = 石井琢朗（横浜）

PVトップ10

1	松井秀喜	巨人	打率.292、34本、100打点	51.2
2	R・ローズ	横浜	打率.325、19本、96打点	44.9
3	石井琢朗	横浜	打率.314、7本、48打点、39盗塁	44.2
4	前田智徳	広島	打率.335、24本、80打点	42.6
5	鈴木尚典	横浜	打率.337、16本、87打点	35.0
6	緒方孝市	広島	打率.326、15本、59打点	29.3
7	野口茂樹	中日	14勝9敗、防2.34	28.3
8	N・ミンチー	広島	15勝11敗、防2.75	24.2
9	高橋由伸	巨人	打率.300、19本、75打点	23.5
10	江藤智	広島	打率.253、28本、81打点	23.3

　横浜が大洋時代以来、38年ぶりのリーグ優勝。9月初めには中日に1ゲーム差に迫られたが、直接対決で3連勝して引き離し逃げ切った。優勝の要因は2つ。まずはマシンガン打線と呼ばれた攻撃力で、642得点、打率.277、出塁率.345はいずれも1位。100本塁打は3位で**鈴木尚**の16本が最多、68犠打は優勝チームでは79年の広島（同じく68個）以来の少なさで、長打にも小技にも頼らず、徹底的に打ってつなぐ攻撃が成功していた。

　もう一つは権藤博監督の絶妙な継投である。先発陣は13勝でチーム最多の斎藤隆と野村弘樹でも、PVはそれぞれ11.6、6.4。投手陣でトップのPV21.6だったのは佐々木で、日本新記録の45セーブ、防御率も0.64。MVPも受賞したが、PVは**ローズ**、**石井**、鈴木尚に次いでチーム4位、リーグ11位。ローズとは23.3点も開きがあった。

　88年の郭のケースで説明したように、セーブはその難易度によって分類できる。登板時の点差が1点なら難易度高、2点なら中、3点以上なら低。イニング数が1回を超えれば高、ただし3点差以上の場合はイニング数にかかわら

ず低とする。佐々木は49回セーブ機会があって、難易度低は17回、中は12回、残りの20回が高となる。1点差での登板は17試合中15試合を0点に抑えたが、8回の頭から起用されたのは2試合だけで、10年前の郭が21回あったのとは随分差がある。この10年間で抑え投手の起用法は大きく変化し、登板機会とセーブ数が増えた代わり、比較的楽な場面で投げるようになったのだ。佐々木の投球内容自体は非の打ち所がなく、絶対的守護神が控える安心感も与えていたが、セーブ数や防御率だけでは真の価値を見誤りかねない。

野手の3人はどうだったか。2位中日との対戦では、ローズが88打数33安打（打率.375）、5本塁打、19打点、OPS1.131。鈴木は93打数28安打（.301）、2本塁打、14打点、OPS.799、石井が109打数41安打（.376）、8打点、8盗塁、OPS.948で、ローズが抜群に良く、鈴木が若干劣る。

1ゲーム差まで迫られた8月28日以降、優勝が決まる10月8日までの31試合は、ローズが116打数42安打（.362）、5本塁打、26打点、OPS1.069。鈴木は101打数35安打（.347）、2本塁打、17打点、OPS.936、石井は120打数35安打（.292）、12打点、15盗塁、OPS.801となる。鈴木が盛り返しているが、ローズの優位は変わらない。年間の数字は大差がなくとも、中日戦と終盤戦で猛烈に打っていたローズの貢献度が一番高かった。守備でもローズは657守備機会/9失策と、644守備機会/17失策の石井より安定していた。

また、この年のセ・リーグは、前年に比べて1試合あたり0.2点ほど平均得点が下がっていた。その環境で横浜は70点も得点を増やし、投手陣は20点しか自責点が減っていなかった。優勝の原動力としては打線の力が第一で、その中でもローズが最もMVPにふさわしい。次点は石井と佐々木、それにPV51.2で1位の**松井**との比較になるが、松井は横浜勢との差はさほどなく、巨人も3位どまりで脱落。残りの2人では135試合にフル出場し、PVもローズに肉薄していた石井が上と判断した。

1990年代

◆1998年のセ・リーグ年間チーム順位
1横浜ベイスターズ★、2中日ドラゴンズ、3読売ジャイアンツ、4ヤクルトスワローズ、5広島東洋カープ、6阪神タイガース
◆1998年のセ・リーグのタイトルホルダー
首位打者：鈴木尚典、**最多本塁打**：松井秀喜、**最多打点**：松井秀喜、**最多盗塁**：石井琢朗、**最多勝**：川崎憲次郎、**最優秀防御率**：野口茂樹、**最多奪三振**：石井一久、**最優秀救援投手**：佐々木主浩

1998 パ・リーグ

実際のMVP = 松井稼頭央（西武）
本書でのMVP = 松井稼頭央（西武）、初
次点 = 片岡篤史（日本ハム）

PVトップ10

1	イチロー	オリックス	打率.358、13本、71打点	32.7
2	松井稼頭央	西武	打率.311、9本、58打点、43盗塁	31.8
2	田中幸雄	日本ハム	打率.274、24本、63打点	31.8
4	片岡篤史	日本ハム	打率.300、17本、83打点	31.5
5	P・クラーク	近鉄	打率.320、31本、114打点	27.3
6	J・フランコ	ロッテ	打率.290、18本、77打点	25.3
7	初芝清	ロッテ	打率.296、25本、86打点	25.1
8	中村紀洋	近鉄	打率.260、32本、90打点	21.6
9	藤井康雄	オリックス	打率.250、30本、80打点	19.5
10	金村暁	日本ハム	8勝8敗、防2.73	17.8
10	T・ニール	オリックス	打率.288、28本、76打点	17.8

　前半戦は日本ハムがビッグバン打線と称された強力打線の力で独走、オールスター時点では2位西武に8ゲーム差をつけていた。だが8月9日から9連敗を喫し、9月19日には西武が首位に立った。それでもなお24日時点で西武、日本ハム、ダイエー、近鉄が1ゲーム差にひしめく大混戦。最後は西武が抜け出して、史上最低の勝率.534ながら2連覇。10ゲーム差以上を跳ね返しての優勝は、パ・リーグでは63年の西鉄以来35年ぶり、100試合以上を経過して初めて首位に立った（116試合目）チームの優勝も初めてだった。西武の得失点差は+27に過ぎなかったが、これでもリーグ2位。1位の日本ハムが+64、ロッテは+18でありながら最下位だったのが、混戦の状況を象徴していた。

　MVPに選ばれた**松井**は打率.311が5位、43盗塁が1位だったが本塁打は9本。1ケタ本塁打の野手のMVPは、52年の山本一人以来46年ぶりだった。PV31.8は**イチロー**に次いで2位、西武で他にトップ10に入った者は皆無。投手では西口が2年連続の最多勝になったものの、13勝は2リーグ分立後の

最多勝では最少で、防御率3.38は6位。PV10.8は投手でも8番目だった。松井以外の野手では鈴木健（13.3）の14位が最上位。30本塁打、95打点を叩き出したマルティネスはPV2.0とあって、西武のMVP候補は松井以外にいない。

　西武以外の球団にも、これといって松井の対抗馬は見当たらない。イチローはPV1位とはいえ、32.7はレギュラー定着後では最も低い水準。5年連続首位打者＆最多安打でも、併殺打がリーグワースト2位の21本もあり、盗塁も11個のみとおよそイチローらしくない数字だった。西武戦の成績は96打数32安打、2本塁打、10打点、2盗塁。打率.333、OPS.865で、イチロー自身の水準からすれば特別良くもない。

　松井と同じPV31.8で2位だった**田中**は、故障で107試合の出場にとどまったのがマイナス材料。日本ハムでは田中よりむしろ、PV31.5で4位の**片岡**のほうが貢献度が高かった。打率.300は7位でも、113四球を選んでリーグ新記録を樹立。セ・リーグを含めても、これ以上の四球数を選んだことがあったのは王貞治だけだった。出塁率.435は、打率で5分8厘も上のイチローを.021上回り、もちろんリーグトップ。PVは33本塁打・124打点で二冠王となったチームメイトのウィルソンより32.0点も高く、松井とも0.3点しか離れていない。

　ただし西武戦では93打数23安打、3本塁打、16打点。打率は.247に過ぎず、16四球を選んで出塁率は.358だったものの、OPSは.734と今一つだったので、松井を抑えてMVPとするわけにはいかない。とはいえイチローとのPVの差はわずかであり、日本ハムが2位だったことを考えれば、次点としては充分だろう。

◆1998年のパ・リーグ年間チーム順位
　1西武ライオンズ、2日本ハムファイターズ、3オリックスブルーウェーブ、4福岡ダイエーホークス、5近鉄バファローズ、6千葉ロッテマリーンズ
◆1998年のパ・リーグのタイトルホルダー
　首位打者：イチロー、**最多本塁打**：N.ウィルソン、**最多打点**：N.ウィルソン、**最多盗塁**：松井稼頭央・小坂誠、**最多勝**：西口文也・武田一浩・黒木知宏、**最優秀防御率**：金村暁、**最多奪三振**：西口文也、**最優秀救援投手**：大塚晶文
◆1998年のトピックス
　長野五輪、金5、銀1、銅4の史上最高。ジャンプの原田雅彦、雪の中泣く。サッカー日本代表、W杯初出場。大相撲、若乃花・貴乃花、史上初の兄弟横綱。

1999　セ・リーグ

実際のMVP ＝ 野口茂樹（中日）
本書でのMVP ＝ ロバート・ローズ（横浜）、2年連続2回目
次点 ＝ 上原浩治（巨人）

PVトップ10

1	R・ローズ	横浜	打率.369、37本、153打点	88.7
2	R・ペタジーニ	ヤクルト	打率.325、44本、112打点	61.9
3	松井秀喜	巨人	打率.304、42本、95打点	56.6
4	緒方孝市	広島	打率.305、36本、69打点	46.9
5	上原浩治	巨人	20勝4敗、防2.09	44.5
6	高橋由伸	巨人	打率.315、34本、98打点	37.8
7	江藤智	広島	打率.291、27本、79打点	35.7
8	古田敦也	ヤクルト	打率.302、13本、71打点	35.1
9	L・ゴメス	中日	打率.297、36本、109打点	34.8
10	金本知憲	広島	打率.293、34本、94打点	33.4

　中日が開幕11連勝、一旦阪神に抜かれたが6月半ばに再びトップに立つと、最後までその座を明け渡すことなく11年ぶりの優勝。598得点は3位、広いナゴヤドームが本拠とあって120本塁打と長打率.402は5位と、攻撃力はさほどでもなかったが、投手陣は防御率3.39。2位の巨人に0.45差をつけて1位であり、優勝の原動力であった。

　MVPに選ばれたのは19勝、防御率2.65がいずれも2位の野口。しかしながらPV33.2はリーグ11位で、チーム最多の36本塁打、109打点でPV34.8だった**ゴメス**を下回った。前述のようにナゴヤドームは打者に不利、投手に有利な球場であることを考えると、ゴメスの働きは野口以上に大きかったと考えてよい。

　中日勢以外にも有力なMVP候補が何人もいた。まずは新人ながら20勝、防御率2.09、179奪三振で投手三冠に輝いた**上原**。巨人の投手が三冠を制したのは81年の江川以来、セ・リーグでは85年の小松以来のこと。新人での三冠は権藤博以来38年ぶり、パ・リーグを含めても宅和本司・木田勇・野茂英雄に

次いで5人目の快挙となった。PV44.5も投手ではトップ、リーグ全体では5位。巨人は優勝を逃したとはいえ、上原の先発した試合は20勝5敗。投球内容は明らかに野口より上で、実際の投票でも1位票80票は野口の59票を大きく上回っていた。

　ヤクルトの新外国人**ペタジーニ**はPV61.9で2位。44本塁打は**松井**を2本上回ってタイトルを獲得、112打点は2位。抜群の選球眼で116四球を選び、2位の松井を23個も上回った。出塁率.469、長打率.677はいずれも1位で、当然OPS1.146もトップ。91年に落合（中日）が1.155を記録して以来の数字だった。

　上原やペタジーニがかすむほどの打棒を振るったのは**ローズ**。打率.369はリーグ史上5位、192安打は50年の藤村を1本上回って新記録となった。37本塁打は自己記録を15本も更新し、153打点は50年に小鶴が161打点を叩き出して以来の最高記録。50年はリーグ平均得点が5.00だったのに対し、この年は4.43と0.5点以上も低かったことを考えれば、実質的には小鶴を上回っていた。PV88.7も、82年落合の72.8を上回る二塁手の新記録。セ・リーグの二塁手でこれに次ぐのは85年岡田彰布の68.0で、ローズはこれを20点以上も更新した。横浜は3位に終わっていても、真に歴史的な成績だったローズがMVPだろう。

　次点はペタジーニと上原、ゴメスの間で迷うところだが、ここは上原を推したい。PV40点台はセ・リーグの投手では90年の斎藤以来9年ぶり、新人では権藤以来の高水準。ペタジーニの活躍も素晴らしかったが、PV60以上の外国人選手はこの15年間にバース、クロマティ、ローズがいて、歴史的とまでは言えない。ゴメスも優勝球団という枠を取り外せばそこまで際立った成績ではなく、上原には及ばないだろう。

◆1999年のセ・リーグ年間チーム順位
　1中日ドラゴンズ、2読売ジャイアンツ、3横浜ベイスターズ、4ヤクルトスワローズ、5広島東洋カープ、6阪神タイガース
◆1999年のセ・リーグのタイトルホルダー
　首位打者：R.ローズ、**最多本塁打**：R.ペタジーニ、**最多打点**：R.ローズ、**最多盗塁**：石井琢朗、**最多勝**：上原浩治、**最優秀防御率**：上原浩治、**最多奪三振**：上原浩治、**最優秀救援投手**：高津臣吾
◆1999年のトピックス
　近鉄バファローズ→大阪近鉄バファローズに。

1999　パ・リーグ

実際のMVP ＝ 工藤公康（ダイエー）
本書でのMVP ＝ 工藤公康（ダイエー）、6年ぶり3回目
次点 ＝ 城島健司（ダイエー）

PVトップ10

1	松井稼頭央	西武	打率.330、15本、67打点、32盗塁	49.8
2	T・ローズ	近鉄	打率.301、40本、101打点	48.7
3	イチロー	オリックス	打率.343、21本、68打点	44.4
4	城島健司	ダイエー	打率.306、17本、77打点	38.4
5	黒木知宏	ロッテ	14勝10敗、防2.50	33.2
6	工藤公康	ダイエー	11勝7敗、防2.38	33.1
7	松坂大輔	西武	16勝5敗、防2.60	26.0
8	篠原貴行	ダイエー	14勝1敗、防1.25	23.4
9	川越英隆	オリックス	11勝8敗、防2.85	20.7
10	小倉恒	オリックス	5勝2敗11S、防2.17	19.9

　就任5年目の王貞治監督率いるダイエーが、福岡移転11年目で初、南海時代から数えると26年ぶりの優勝。得失点差はわずかに＋10で、オリックス（＋43）、西武（＋22）より少なかった。それでも24の貯金を作ったのは接戦に強かったから。1点差試合は26勝14敗、サヨナラ勝ち12度はリーグ記録で、終盤まで競り合った西武を振り切った。
　MVPを受賞したのは**工藤**。防御率2.38はリーグトップながら、11勝は先発投手のMVPとしては史上最少だった。もっとも投球回196.2は2位、196奪三振は1位で34四球のみ。奪三振／与四球比は5.76と投球内容は抜群で、PV33.1もチーム2位／リーグ6位である。
　ホークスで他にPVトップ10入りしたのは、4位の**城島**と8位の**篠原**。左の中継ぎである篠原は防御率1.25と内容が良かっただけでなく、勝ち星に恵まれ続け開幕14連勝。最後の最後で敗戦投手になり、間柴茂有が81年に記録した15勝0敗に並ぶには至らなかったが、優勝を支えた一人であった。PV23.4も中継ぎ投手としては出色の数字ではあるが、工藤を抑えてMVPとなるほど

ではない。城島は重労働の捕手で135試合にフル出場、打率.306は3位で、77打点もチームトップ。PV38.4も工藤を5.3点上回った。ダイエーからMVPを選ぶなら、城島か工藤のどちらだろう。

　PV49.8で1位の**松井**は打率.330が2位、盗塁数は前年より減ったものの32個で1位、さらに長打力が増して自己初の2ケタとなる15本塁打。40本塁打、101打点で二冠王の**ローズ**を1.1点差でかわし、パ・リーグの遊撃手では60年の豊田（52.4）以来、39年ぶりの高水準となった。

　この年一番話題となった選手は、西武の大型新人・**松坂大輔**。18歳にしてリーグ最多の16勝、防御率2.60も3位。PV26.0は7位で、高卒新人では86年の清原（21.6）を超え、56年の稲尾（45.7）以来の数字となった。西武が最後まで優勝を争った原動力の一人ではあったが、PVは松井の約半分で、MVP候補とまではいかない。

　城島、工藤と松井の直接対決での成績はどうだったか。工藤は2試合しか西武戦に投げず、0勝2敗、防御率2.57。城島は95打数30安打で打率.316ながら本塁打0本、打点も5だけ。OPSも.761と平凡だった。だが松井は96打数18安打の打率.188、2本塁打、7打点、4盗塁でOPS.503と、ホークス投手陣にまったく歯が立たなかった。首位ダイエーに0.5ゲーム差だった9月10日以降、優勝を決められる25日までの13試合では打率.377、3本塁打、8打点、OPS1.022とよく打っていたけれども、この間6勝7敗とずるずる後退するチームを救うことはできなかった。

　同期間でダイエーは8勝2敗。城島も38打数12安打（.316）、3打点、OPS.824とまずまずだったが、工藤は1勝0敗ながら24回を投げ3失点のみ、防御率1.13とそれ以上に良かった。優勝の行方を左右する時期に好投した工藤が殊勲甲でMVP、次点はダイエー戦の成績が冴えなかった松井より城島を上位とした。

◆1999年のパ・リーグ年間チーム順位
1 福岡ダイエーホークス★、2 西武ライオンズ、3 オリックスブルーウェーブ、4 千葉ロッテマリーンズ、5 日本ハムファイターズ、6 大阪近鉄バファローズ

◆1999年のパ・リーグのタイトルホルダー
首位打者：イチロー、**最多本塁打**：T.ローズ、**最多打点**：T.ローズ、**最多盗塁**：松井稼頭央、**最多勝**：松坂大輔、**最優秀防御率**：工藤公康、**最多奪三振**：工藤公康、**最優秀救援投手**：B.ウォーレン

2000 セ・リーグ

実際のMVP＝松井秀喜（巨人）
本書でのMVP＝松井秀喜（巨人）、4年ぶり2回目
次点＝ロバート・ローズ（横浜）

PVトップ10

1	松井秀喜	巨人	打率.316、42本、108打点	75.7
2	R・ローズ	横浜	打率.332、21本、97打点	58.0
3	R・ペタジーニ	ヤクルト	打率.316、36本、96打点	48.3
4	金本知憲	広島	打率.315、30本、90打点、30盗塁	46.6
5	石井琢朗	横浜	打率.302、10本、50打点、35盗塁	30.6
6	石井一久	ヤクルト	10勝9敗、防2.61	26.5
7	古田敦也	ヤクルト	打率.278、14本、64打点	24.0
8	仁志敏久	巨人	打率.298、20本、58打点	22.4
9	立浪和義	中日	打率.303、9本、58打点	22.0
10	山本昌	中日	11勝9敗、防2.61	21.9

　またしてもダイエーから工藤公康、広島から江藤智をFAで獲得する金満補強を繰り広げた巨人が、その甲斐あって中日に8ゲーム差をつけて優勝。42本の**松井**を筆頭に、江藤32本、高橋由伸27本、**仁志**も20本で20本以上が4人、チーム本塁打203本は球団史上最多。2番目に多かった広島を53本も上回り、689得点も同じく広島に98点差と、圧倒的な打力にものを言わせた。日本シリーズはダイエーとの"ON対決"となり、ONがプロ野球の顔であった20世紀の最後にふさわしい結末だったかもしれない。
　42本塁打、108打点で二冠王の松井がMVPに選ばれたのは順当だろう。PV 75.7は96、98年に次いで3度目の1位で、これまでの自己記録だった99年の56.6を20点近く更新した。巨人の選手のPVが70を超えたのは、74年の王（91.8）以来。チームで2番目に貢献度の高かった仁志ですら、リーグ8位のPV 22.4で、投手はダレル・メイ（12勝7敗、防御率2.95）が16.5で17位に入ったのが最上位。松井が巨人優勝の原動力だったのは疑問の余地がない。実際の投票でも1位票を189票も集め、次点の工藤は6票だけだった。

2位の中日では**立浪**と**山本**がPV10位以内に入っているけれども、20点台前半ではMVP候補になるほどではない。次点は3位の横浜でPV58.0だった**ローズ**がふさわしいだろう。驚異的な成績だった前年に比べて30点以上も低くなっていたが、それでも3位の**ペタジーニ**より10点近くも高い。168安打は1位、97打点は2位で、打率.332もチームメイトの金城龍彦に次いで2位だった。巨人戦でも103打数34安打、4本塁打、20打点。打率.330、出塁率.405、長打率.514でOPS.919。ペタジーニの巨人戦の成績（94打数24安打、7本塁打、18打点で打率.255、出塁率.358、長打率.543、OPS.901）を上回っていた。

　ところで、首位打者になった金城のPVは14.8で、野手に限っても17位。本塁打は3本、長打は合計でも24本で四球も37個。.346の高打率であっても、長打力と選球眼が不足していれば印象ほど貢献度が高くはならないという例である。ところがMVP投票は2位票を2つ獲得したのをはじめ、13ポイントで9位にランク。5ポイントのローズ、1ポイントのみのペタジーニより上だった。打率という統計がどれほど投票者に重視されているか、その反対に四球などを含めた総合的な攻撃力が、いかに軽視されているかを表す投票結果だった。

◆2000年のセ・リーグ年間チーム順位
　1読売ジャイアンツ★、2中日ドラゴンズ、3横浜ベイスターズ、4ヤクルトスワローズ、5広島東洋カープ、6阪神タイガース
◆2000年のセ・リーグのタイトルホルダー
　首位打者：金城龍彦、**最多本塁打**：松井秀喜、**最多打点**：松井秀喜、**最多盗塁**：石井琢朗、**最多勝**：M.バンチ、**最優秀防御率**：石井一久、**最多奪三振**：石井一久、**最優秀救援投手**：E.ギャラード
◆2000年のトピックス
　プロ野球日本シリーズ、ONが監督同士で対決。シドニー五輪、マラソン高橋尚子が金。田村亮子3度目の五輪で金。米ブッシュ大統領誕生。パへつづく→

2000 パ・リーグ

実際のMVP = 松中信彦（ダイエー）
本書でのMVP = 松井稼頭央（西武）、2年ぶり2回目
次点 = 松中信彦（ダイエー）

PVトップ10

1	松井稼頭央	西武	打率.322、23本、90打点、26盗塁	58.6
2	イチロー	オリックス	打率.387、12本、73打点	48.6
3	S・オバンドー	日本ハム	打率.332、30本、101打点	43.0
4	中村紀洋	近鉄	打率.277、39本、110打点	35.7
5	小笠原道大	日本ハム	打率.329、31本、102打点	35.6
6	小林雅英	ロッテ	11勝6敗14S、防2.13	27.6
7	F・ボーリック	ロッテ	打率.296、29本、102打点	26.8
8	片岡篤史	日本ハム	打率.290、21本、97打点	26.1
9	松中信彦	ダイエー	打率.312、33本、106打点	25.4
10	城島健司	ダイエー	打率.310、9本、50打点	23.9

　ダイエーが西武、日本ハムとの接戦を制し、2連覇を達成したが得失点差は+46に過ぎなかった。得失点差+107で1位だったのは日本ハム。771得点は2位のオリックスを133点も上回っていながら、防御率4.70は5位と投打のバランスが悪かった。それでもダイエーや西武（+42）の後塵を拝して3位に終わるような戦力でなかったはず。PVトップ10でも、全員打者とはいえ**オバンドー**（3位）、**小笠原**（5位）、**片岡**（8位）とトップ10に3人、さらに野口寿浩（22.2）が12位、ナイジェル・ウィルソン（20.1）も16位だった。

　実際のMVPを受賞したのは、打率.312、33本塁打、106打点ですべてチーム1位の**松中**。PV25.4もチームトップではあったが、リーグ全体では9位にとどまった。10位の**城島**はケガのため84試合にしか出場しておらず、投手でトップだったのは左の中継ぎである渡辺正和（6勝1敗、防御率2.54）の17.6とあって、確かにダイエーからMVPを選ぼうとすれば、松中しか候補はいなかった。西武との3ゲーム差を逆転した9月以降の成績も、65打数24安打（打率.369）、4本塁打、16打点。OPSは1.029に達していた。

しかし、PV 58.6 で1位の**松井**と松中は30点以上も点差が開いている。松井は打率 .322 が5位、40二塁打と11三塁打はともに1位で、23本塁打と合わせ長打74本も1位。遊撃手で90打点以上を叩き出したのは54年のレインズ（96打点）以来、パ・リーグでは46年ぶりのこと。9月以降は90打数29安打（打率 .322）、4本塁打、14打点、OPS .893 で、松中ほど良くはなかったとはいえ、西武が首位から転落した責任を負うほどではない。最終的なゲーム差も 2.5 しかなく、PV の差を考えても、MVP は松井で松中は次点とするのが妥当だろう。

なお、この年は**イチロー**の日本での最後の年でもあった。ケガのためシーズンの終盤を欠場したとはいえ、打率 .387 は自己最高で、2位のオバンドーには5分5厘の大差。PV 48.6 も97年以降では最多で、レギュラーとして出場した7年間は必ず3位以内だった。渡米後、イチローはRCAA 30以上を6度も記録。ア・リーグMVPとなった01年は46点で9位、年間262安打の新記録を樹立した04年は56点で1位タイだった。04年はメジャー2年目の松井秀喜も44点で7位に入っており、彼らがメジャー・リーグにおいても本当に優れた打者だったことがわかる。

◆2000年のパ・リーグ年間チーム順位
　1福岡ダイエーホークス、2西武ライオンズ、3日本ハムファイターズ、4オリックスブルーウェーブ、5千葉ロッテマリーンズ、6大阪近鉄バファローズ

◆2000年のパ・リーグのタイトルホルダー
　首位打者：イチロー、**最多本塁打**：中村紀洋、**最多打点**：中村紀洋、**最多盗塁**：小坂誠、**最多勝**：松坂大輔、**最優秀防御率**：戎信行、**最多奪三振**：松坂大輔、**最優秀救援投手**：R.ペドラザ

◆2000年のトピックス
　→セぁり　大リーガー・イチローが誕生、マリナーズ入団会見で「自信がなければここにはいない」。IT（情報技術）革命。介護保険制度スタート。

2001　セ・リーグ

実際のMVP ＝ ロベルト・ペタジーニ（ヤクルト）
本書でのMVP ＝ ロベルト・ペタジーニ（ヤクルト）、初
次点 ＝ 松井秀喜（巨人）

PVトップ10

1	松井秀喜	巨人	打率.333、36本、104打点	72.1
2	R・ペタジーニ	ヤクルト	打率.322、39本、127打点	58.3
3	金本知憲	広島	打率.314、25本、93打点	54.7
4	古田敦也	ヤクルト	打率.324、15本、66打点	42.0
5	E・ディアス	広島	打率.304、32本、85打点	38.5
6	稲葉篤紀	ヤクルト	打率.311、25本、90打点	35.0
7	谷繁元信	横浜	打率.262、20本、70打点	34.9
8	野口茂樹	中日	12勝9敗、防2.46	28.3
9	石井琢朗	横浜	打率.295、8本、36打点	27.4
10	江藤智	巨人	打率.285、30本、87打点	27.2

　140試合制となった最初の年を制したのはヤクルト。90年代以降、ヤクルトの4度の優勝はすべて野村克也が指揮を執っていたが、今回は就任3年目の若松勉監督の下でのものだった。この年は勝率ではなく、勝利数で優勝を決める変則的なルールが施行され、ヤクルトは76勝で巨人を1勝上回った。年間勝率も.567で、.543の巨人よりも高かったのだから文句を言われる筋合いはない。もし最多勝利数の球団と最高勝率の球団が食い違った場合は、プレーオフで最終的な勝者を決めることになっていたが、実現はしなかった。結局この順位決定法は不評につき1年限りで廃止、翌年から勝率で決める従来の方式に戻された。
　MVPは39本塁打・127打点の二冠を制し、打率.322も3位だった**ペタジーニ**。出塁率.466、長打率.633も1位であり、PV58.3もリーグ2位で、チーム2位の**古田**に16.3点差をつけていた。投手では入来智（10勝3敗、防御率2.85）のPV13.3（20位）がチーム最上位。実際のMVP投票では、リーグ最多の14勝を挙げた藤井秀悟がペタジーニ、古田に次ぐ3位に入っていた

のだが、PVは11.8にとどまった。古田の守備面での働きを考慮してもなお、ヤクルトの選手としてはペタジーニがMVP候補の最有力と見て間違いない。

　リーグトップのPVを記録したのは**松井**。打率.333で首位打者、36本塁打はペタジーニに次ぎ2位。PV72.1は前年の75.7にこそ及ばないものの、2年連続70点台は王、田淵に次いでリーグ史上3人目だった。巨人で他にPVトップ10に入ったのは10位の**江藤**のみで、投手は皆無。ヤクルトではペタジーニ以外にも古田がPV4位、**稲葉**も6位に入っていたが、巨人が1勝差の2位に食い込めたのは松井の力による部分が極めて大きいことから、立派なMVP候補となる。

　ヤクルトと巨人の直接対決でも、ペタジーニは98打数37安打、11本塁打、34打点、打率.378、出塁率.496（OPS.874）。松井は95打数37安打、9本塁打、27打点、打率.389、出塁率.513（OPS.902）と松井が上を行っている。とはいえ決定的な差があるわけではなく、優勝チームの選手を優先させる原則に従えば、MVPはペタジーニとすべきだろう。松井の成績も素晴らしいものであり、巨人が優勝を逃したのは彼の責任ではまったくない。それでも歴史的な活躍とまではいかなかったのであれば、次点どまりでも仕方あるまい。

◆2001年のセ・リーグ年間チーム順位
　1 ヤクルトスワローズ★、2 読売ジャイアンツ、3 横浜ベイスターズ、4 広島東洋カープ、5 中日ドラゴンズ、6 阪神タイガース
◆2001年のセ・リーグのタイトルホルダー
　首位打者：松井秀喜、**最多本塁打**：R.ペタジーニ、**最多打点**：R.ペタジーニ、**最多盗塁**：赤星憲広、**最多勝**：藤井秀悟、**最優秀防御率**：野口茂樹、**最多奪三振**：野口茂樹、**最優秀救援投手**：高津臣吾
◆2001年のトピックス
　阪神野村克也監督、妻サッチーが脱税容疑で逮捕され監督辞任。阪神から渡米の新庄剛志人気。小泉純一、首相に。9.11同時多発テロ。パへつづく→

2001　パ・リーグ

実際のMVP＝タフィ・ローズ（近鉄）
本書でのMVP＝中村紀洋（近鉄）、初
次点＝タフィ・ローズ（近鉄）

PVトップ10
1	T・ローズ	近鉄	打率.327、55本、131打点	63.4
2	中村紀洋	近鉄	打率.320、46本、132打点	62.3
3	松中信彦	ダイエー	打率.334、36本、122打点	39.7
4	小久保裕紀	ダイエー	打率.290、44本、123打点	39.1
5	松井稼頭央	西武	打率.308、24本、76打点、26盗塁	38.5
6	小笠原道大	日本ハム	打率.339、32本、86打点	35.2
7	福浦和也	ロッテ	打率.346、18本、67打点	31.8
8	A・カブレラ	西武	打率.282、49本、124打点	30.6
9	谷佳知	オリックス	打率.325、13本、79打点	28.3
10	F・ボーリック	ロッテ	打率.279、31本、101打点	26.8

　ダイエー、西武との接戦に競り勝って近鉄が12年ぶりの優勝。前年の最下位球団の優勝は、パ・リーグでは初めてだった。防御率4.98は最下位と、優勝チームとは思えない低レベルだったが、強力無比のいてまえ打線がそれをカバーして余りあった。打率.280、211本塁打のいずれも1位で、もちろん770得点も1位。PVもローズが63.4で1位、中村が1.1点差の62.3で2位。同一球団の野手2人がPV1・2位だったのは、セ・リーグではONの4度をはじめ、85年阪神（岡田とバース）、92年ヤクルト（古田とハウエル）、95年広島（野村と江藤）の都合7度も例があるが、パ・リーグでは64年の南海（広瀬と野村）、88年の同じく南海（門田とバナザード）に次いで3度目。3位以下を大きく引き離しており、投手でチーム最多の岡本晃（4勝4敗、防御率2.73）はPV18.7で15位とあって、MVPはこの2人のいずれか以外に考えられない。

　ローズは55本塁打で、王が64年に達成した日本記録に並んだだけでなく、131打点は2位、打率.327も4位。中村は132打点でローズを1点上回りタイ

トルを獲得。46本塁打もパ・リーグの日本人打者では、86年に落合が50本打って以来の本数だった。PVもわずか1.1点差で、両者はほぼ互角だった。

優勝を争ったダイエーと西武相手の成績は、ダイエー戦でローズは110打数42安打、13本塁打、30打点、打率.382、OPS1.233。中村は111打数36安打、12本塁打、31打点。打率.324、OPS1.079で、ローズに分がある。西武戦ではローズが112打数28安打、7本塁打、16打点、打率.250、OPS.813に対し、中村は104打数34安打、11本塁打、27打点、打率.327、OPS1.118と断然良い。上位球団との対戦成績では若干中村が有利だが、決定的な差ではない。

では、優勝を決める直前12試合の成績はどうか。この間近鉄は11勝1敗で、ローズは40打数12安打、3本塁打、3打点、12四球。中村は45打数12安打、5本塁打、15打点、5四球。OPSはローズが1.036、中村が.962だが、打点の多さなどを考えれば大きな差ではない。上位との対戦、終盤の成績のいずれも明確な差をつける材料とはならなかった。

となると、最終的には守備力での比較となる。中村は守備率.966こそ三塁手で4位でも、1試合あたりの守備機会2.76は1位であり、ゴールデングラブも受賞している。ローズも140試合すべてレフトの守備についていたが、守備力はごく平凡だった。王の本塁打記録に37年ぶりに並んだインパクトは大きかったけれども、この年のパ・リーグは64年のセ・リーグに比べて、500打数あたりの本塁打数が5本も多かった。そのため修正本塁打数を計算すると、64年の王は56.9本、ローズは39.6本で、実質的には王の本数に届いていない。実際の投票ではローズが1位票113、中村は26と大差がついたけれども、本書では中村がMVP、非常にわずかな差でローズは次点という結論に至った。

◆2001年のパ・リーグ年間チーム順位
　1 大阪近鉄バファローズ、2 福岡ダイエーホークス、3 西武ライオンズ、4 オリックスブルーウェーブ、5 千葉ロッテマリーンズ、6 日本ハムファイターズ
◆2001年のパ・リーグのタイトルホルダー
　首位打者：福浦和也、**最多本塁打**：T.ローズ、**最多打点**：中村紀洋、**最多盗塁**：井口資仁、**最多勝**：松坂大輔、**最優秀防御率**：N.ミンチー、**最多奪三振**：松坂大輔、**最優秀救援投手**：R.ペドラザ
◆2001年のトピックス
　→セより　イチロー、会見での豪語どおり日本人初のMVP。

2000年代

2002 セ・リーグ

実際のMVP ＝ 松井秀喜（巨人）
本書でのMVP ＝ 松井秀喜（巨人）、2年ぶり3回目
次点 ＝ 阿部慎之助（巨人）

PVトップ10

1	松井秀喜	巨人	打率 .334、50本、107打点	95.7
2	R・ペタジーニ	ヤクルト	打率 .322、41本、94打点	57.2
3	福留孝介	中日	打率 .343、19本、65打点	52.0
4	阿部慎之助	巨人	打率 .298、18本、73打点	45.1
5	岩村明憲	ヤクルト	打率 .320、23本、71打点	38.9
6	今岡誠	阪神	打率 .317、15本、56打点	33.6
7	緒方孝市	広島	打率 .300、25本、73打点	29.1
8	二岡智宏	巨人	打率 .281、24本、67打点	26.1
9	矢野輝弘	阪神	打率 .321、6本、27打点	25.8
10	川上憲伸	中日	12勝6敗、防2.35	25.6

　長嶋茂雄監督が退任し、原辰徳が後任となった巨人がシーズン途中からほぼ独走。8月半ばにマジックを点灯させ、2位ヤクルトに11ゲーム差で危なげなく優勝を決めた。得失点差は+206で、2番目に多い中日の+44の5倍近く、他の5球団との実力差は明白であった。

　MVPは**松井**が3度目の受賞。50本塁打はセ・リーグの日本人打者では77年の王以来、25年ぶりの大台到達。107打点と合わせて3度目の二冠王となった。修正本数は46.3本で50本には達しなかったものの、セ・リーグでは73年の王（51.3本）以来29年ぶりの水準である。打率.334も、首位打者の**福留**に9厘届かなかったとはいえ2位。PV95.7は73年の王（98.6）、75年田淵（96.3）に次ぎ、リーグ史上3位だった。これだけの数字を残していれば、たとえ巨人が優勝していなくともMVP以外考えられず、しかも独走で優勝していたのだから、満票で受賞してもおかしくなかった（実際には**阿部**が1票得たため、満票を逃している）。翌03年からメジャーに活躍の場を移し、そのまま日本球界に戻ってこなかった松井にとって、最高のフィナーレとなった。

次点は松井の三冠を阻み、ＰＶ52.0で３位だった福留か、２位ヤクルトの主砲としてＰＶ57.2が２位の**ペタジーニ**か。この２人の攻撃力はほぼ同レベルで、巨人戦の成績は福留が112打数39安打、４本塁打、10打点で打率.348、ＯＰＳ.951。ペタジーニは90打数27安打、７本塁打、17打点で打率.300、ＯＰＳ.994。ペタジーニが多少上ではあるが、守備力の差を考えれば互角だろう。

　巨人勢では松井に次ぐＰＶ45.1、リーグ４位と健闘した阿部も候補。まだプロ入り２年目であり、打率.298、18本塁打、73打点はそれほどすごい数字とは映らないが、ＯＰＳ.855は６位。すでにリーグ有数の強打者の仲間入りをしていた。投手では桑田（24.0）と上原（22.1）がＰＶ20以上であったけれども、それぞれ13位、15位で10位以内には入れず、有力な候補とはならない。

　福留と阿部のＰＶの点差は6.9と大した開きはなく、中日は巨人に15.5ゲームの大差で３位だったので、福留よりは阿部が上。ヤクルトは11ゲーム差の２位、ペタジーニと阿部のＰＶの差は12.1点もあって判断は難しいが、優勝チームで２番目の貢献度であったことを評価し、次点は阿部がふさわしいと考える。90年代後半～2000年代前半の最強打者だった松井の後継者として阿部が台頭し、2000年代後半～10年代前半最強の打者となる。この年は、ちょうどそのバトンが受け渡される年となったのだ。

◆2002年のセ・リーグ年間チーム順位
　１読売ジャイアンツ★、２ヤクルトスワローズ、３中日ドラゴンズ、４阪神タイガース、５広島東洋カープ、６横浜ベイスターズ
◆2002年のセ・リーグのタイトルホルダー
　首位打者：福留孝介、**最多本塁打**：松井秀喜、**最多打点**：松井秀喜、**最多盗塁**：赤星憲広、**最多勝**：上原浩治・Ｋ.ホッジス、**最優秀防御率**：桑田真澄、**最多奪三振**：井川慶、**最優秀救援投手**：Ｅ.ギャラード
◆2002年のトピックス
　松井秀喜がＦＡ宣言で巨人を退団、ヤンキース入り。大関２場所目の朝青龍がモンゴル人力士として初優勝。パへつづく→

2002　パ・リーグ

実際のMVP = アレックス・カブレラ（西武）
本書でのMVP = 松井稼頭央（西武）、2年ぶり3回目
次点 = アレックス・カブレラ（西武）

PVトップ10

1	松井稼頭央	西武	打率.332、36本、87打点、33盗塁	87.4
2	A・カブレラ	西武	打率.336、55本、115打点	83.7
3	中村紀洋	近鉄	打率.294、42本、115打点	55.1
4	小笠原道大	日本ハム	打率.340、32本、81打点	50.2
5	T・ローズ	近鉄	打率.272、46本、117打点	38.6
6	城島健司	ダイエー	打率.293、25本、74打点	35.3
7	小久保裕紀	ダイエー	打率.292、32本、89打点	34.0
8	和田一浩	西武	打率.319、33本、81打点	29.7
9	P・バルデス	ダイエー	打率.303、21本、76打点	23.3
10	N・ミンチー	ロッテ	15勝14敗、防2.85	21.4

　東尾修に代わって伊原春樹を新監督に据えた西武が、エース松坂が故障で14試合、6勝どまりだったにもかかわらず、90勝と圧倒的な強さを発揮し2位以下を寄せつけなかった。90勝台は154試合を戦った西鉄時代の56年以来、46年ぶりの大台。もっともこれは前年から140試合制になっていたためでもあり、勝率.647は130試合制だった83年（.683）や91年（.653）ほどの高率ではなかった。それでも恐ろしく強かったのは確かで、得失点差+180も2位ダイエー（+52）の3倍以上だった。
　MVPを受賞したのは前年の**ローズ**に続いて、55本塁打の日本タイ記録を達成した**カブレラ**。5試合を残して55本に達し、新記録も期待されたが1本も追加することはできなかった。それでもPV83.7は、パ・リーグの外国人選手としては65年のスペンサーが記録した76.2を大きく超え史上最多。打率.336は1位**小笠原**に4厘差の2位、115打点もローズに2点差の2位で、三冠王に限りなく近づいていた。出塁率と長打率も1位、OPS1.223は2位の小笠原を.192も上回っていた。

ところが、これほどの数字でもカブレラはPVではリーグトップとならず、3.7点差でチームメイト**松井**の後塵を拝した。松井は46二塁打・6三塁打・36本塁打で、合計88長打は新記録。一番打者として放った36本塁打も、85年の真弓（阪神）を抜いてこれまた新記録となった。PV 87.4は85年に落合が90.6を記録して以来、17年ぶりの高水準。もちろん遊撃手としてはパ・リーグだけでなく、セ・リーグも含めてもこれほどの数字を残した選手はいない。同一球団からPV 80以上の選手が2人出たのは史上唯一で、70以上にまでハードルを下げても63年巨人（王・長嶋）の例があるだけ。通常の年なら、2人とも楽々MVPになっていた。

　カブレラの55本塁打を、全年代の平均本塁打数と比較して修正すると45.9本になる。これも63年の野村（南海）の54.1本以来、39年ぶりの本数であり、前年に同じ55本だったローズの修正本数を上回っている。だが松井の打率3割/30本塁打/30盗塁もリーグ史上5人目、遊撃手としてはリーグ初、セ・リーグを含めても95年の野村（広島）に次いで2人目の快挙であった。守備力も併せて考えれば、松井の貢献度がカブレラを上回っていたのは疑いない。実際の投票では"55本"という数字の印象が絶大で、104票を集めたカブレラが、39票で次点の松井に大差をつけての受賞となったけれども、本書のMVPは松井に与えるべきだと考える。

◆2002年のパ・リーグ年間チーム順位
　1西武ライオンズ、2大阪近鉄バファローズ、3福岡ダイエーホークス、4千葉ロッテマリーンズ、5日本ハムファイターズ、6オリックスブルーウェーブ
◆2002年のパ・リーグのタイトルホルダー
　首位打者：小笠原道大、**最多本塁打**：A.カブレラ、**最多打点**：T.ローズ、**最多盗塁**：谷佳知、**最多勝**：J.パウエル、**最優秀防御率**：金田政彦、**最多奪三振**：J.パウエル、**最優秀救援投手**：豊田清
◆2002年のトピックス
　→セより　アジア初のサッカーW杯日韓大会開催。トルシエ監督率いる日本は、ロシア戦、チュニジア戦で勝利。北朝鮮拉致被害者帰国。

2003 セ・リーグ

実際のMVP = 井川慶（阪神）
本書でのMVP = 井川慶（阪神）、初
次点 = 矢野輝弘（阪神）

PVトップ10

1	福留孝介	中日	打率.313、34本、96打点	53.1
2	R・ペタジーニ	巨人	打率.323、34本、81打点	50.4
3	矢野輝弘	阪神	打率.328、14本、79打点	47.5
4	A・シーツ	広島	打率.313、25本、75打点	42.3
5	A・ラミレス	ヤクルト	打率.333、40本、124打点	40.2
6	古田敦也	ヤクルト	打率.287、23本、75打点	37.3
7	高橋由伸	巨人	打率.323、26本、68打点	33.2
8	阿部慎之助	巨人	打率.303、15本、51打点	32.9
9	今岡誠	阪神	打率.340、12本、72打点	31.8
10	井川慶	阪神	20勝5敗、防2.80	31.0

　メジャー帰りの伊良部秀輝、FAで金本知憲を獲得するなど意欲的な補強を繰り広げた阪神が、18年ぶりにリーグ優勝。7月8日に早くもマジック49が点灯、2位中日とは14.5ゲームの大差だった。ただし優勝監督の星野仙一は、健康上の理由でこの年限りで退任。2位中日の山田久志はシーズン途中で解任、3位巨人の原辰徳も"読売グループ内の人事異動"によって、Aクラス3球団の監督が揃って退陣する異常事態となった。

　MVPを受賞した**井川**のPV31.0は、投手では1位だったがリーグ全体では10位。それでも20勝、防御率2.80はいずれも1位であり、中日・巨人に対しても9勝2敗、防御率2.55で、特に巨人戦は3戦3勝、24回で自責点2とほぼ完璧に封じた。上位球団に着実に勝っていたのはポイントが高く、MVP候補としてもおかしくはない。

　阪神の野手でPVトップ10に入ったのは3位の**矢野**と9位の**今岡**。矢野はリーグ3位の高打率である.328を記録し、79打点もチームトップ。PV47.5は、阪神の捕手では田淵以来の数字だった。打率.340で首位打者の今岡は本

塁打が12本、四球も28個のみとあって、PVは31.8と矢野に大差をつけられているので、阪神のMVP候補は井川か矢野となる。実際の投票でも、1位票は矢野が71票で井川の62票を上回っており、2・3位票の差で井川が4ポイントリードしたという、史上稀に見る混戦だった。

矢野は巨人戦で打率.293、5本、20打点、OPS.881とよく打っていたものの、打順はほとんど下位で、3～5番を打ったのは5試合のみ。このあたりが過去に捕手でMVPに選んだ野村、田淵、古田とは大きく異なる。このように考えると、両者にはPVが示す16.5点ほどの差はなかったのではないか。阪神の打者では矢野、今岡の他にもアリアスがPV12.9、金本も10.0を記録しており、一方投手で規定投球回数に達したのは、井川以外にはPV5.8の伊良部だけだった。チームにおける貢献度は井川のほうが矢野より高かったと思われる。

他球団の野手で対抗馬に挙げられるのは、PV53.1でリーグ1位の**福留**。出塁率.401は1位だったが、34本塁打は4位、96打点も3位でタイトルとは縁がなかった。PV50.4で2位の**ペタジーニ**もタイトルはなく、40本塁打、124打点の二冠王に加え、打率.333も今岡に7厘差の2位だった**ラミレス**のほうが活躍していたイメージがある。ただラミレスは極端な早打ちのため、長距離打者としては例年四球が少なく、この年も34個。PV40.2は5位で、福留より10点以上も低かった。どの選手にも決め手がない以上、実際の投票結果通りにMVPは井川、次点は矢野という結論になった。

- ◆2003年のセ・リーグ年間チーム順位
  1阪神タイガース、2中日ドラゴンズ、3読売ジャイアンツ・ヤクルトスワローズ、5広島東洋カープ、6横浜ベイスターズ
- ◆2003年のセ・リーグのタイトルホルダー
  首位打者：今岡誠、最多本塁打：A.ラミレス・T.ウッズ、最多打点：A.ラミレス、最多盗塁：赤星憲広、最多勝：井川慶、最優秀防御率：井川慶、最多奪三振：上原浩治、最優秀救援投手：高津臣吾
- ◆2003年のトピックス
  星野仙一率いる阪神が18年ぶりにセ・リーグ優勝。横綱貴乃花引退。イラク戦争始まる。パへつづく→

2003 パ・リーグ

実際のMVP = 城島健司（ダイエー）
本書でのMVP = 城島健司（ダイエー）、初
次点 = 井口資仁（ダイエー）

PVトップ10

1	井口資仁	ダイエー	打率.340、27本、109打点、42盗塁	72.4
2	城島健司	ダイエー	打率.330、34本、119打点	71.2
3	小笠原道大	日本ハム	打率.360、31本、100打点	63.4
4	和田一浩	西武	打率.346、30本、89打点	46.8
5	松井稼頭央	西武	打率.305、33本、84打点	45.7
6	A・カブレラ	西武	打率.324、50本、112打点	42.9
7	松坂大輔	西武	16勝7敗、防2.83	39.0
7	斉藤和巳	ダイエー	20勝3敗、防2.83	39.0
9	T・ローズ	近鉄	打率.276、51本、117打点	36.3
10	清水直行	ロッテ	15勝10敗、防3.13	34.3

　ダイエーが6月10日以降は一度も首位を明け渡すことなく、全球団に勝ち越す完全優勝。チーム打率.297は新記録、125試合目までは3割をキープ。822得点も同じくリーグ新記録となり、打率3割6人、100打点以上4人はいずれも史上初。おまけに盗塁でも上位3位までを独占した。PVでも**井口**と**城島**が1・2位で、これは01年の近鉄に続いてリーグ史上4度目。投手でトップのPV39.0だったのもダイエーの**斉藤**で、同一球団で投打のPVトップを占めたのは、92年の西武（石井丈と秋山）以来11年ぶりだった。

　実際のMVPに選ばれた城島は、打率.330、34本塁打、119打点のすべてが自己記録。打率はパ・リーグの捕手としては、62年の和田博実（西鉄）の.325を更新して新記録となった。本塁打・打点も野村克也の全盛時以来のハイレベルで、PV71.2も捕手では70年の野村（74.3）以来の数字。捕手が全試合・全イニング出場したのも63年の野村以来で、リーグ史上に残る大活躍であった。

　しかしながら、実際の投票では1位票がなく4位どまりだった井口の働きも

見逃せない。PV 72.4 は城島を 1.2 点上回り、二塁手では 82 年の落合（72.8）以来という、これまた傑出した成績だった。打率.340 が 4 位、出塁率.438 が 2 位で、42 盗塁は 1 位。OPS 1.011 は城島の.992 を上回る。数字上では城島と井口は、攻撃力に関してはほぼ同等。守備でも城島はリーグ最高の盗塁阻止率.427、井口は刺殺・補殺・併殺のすべてで断然 1 位、守備率.986 も 2 位と優劣はつかない。したがって、判断材料は 2 位の球団との対戦成績となる。

8 月上旬までは近鉄、それ以降は西武がダイエーを追う一番手だった。そこで 8 月 13 日までの近鉄との 18 試合、それ以降の西武との 6 試合を対象とすると、城島は 86 打数 34 安打（打率.395）、9 本塁打、25 打点、出塁率.469、長打率.837。井口は 82 打数 24 安打（.293）、4 本塁打、16 打点、出塁率.408、長打率.476 と、明らかに城島が上だった。なお同じ試合を対象とした斉藤の成績は、4 試合で 3 勝 1 敗、防御率 4.61 で、井口・城島との PV の差を詰めるには至らない。MVP は城島、次点は井口でいいだろう。

それにしても、ダイエーは通常守備力優先で、打力はそこまで求められていない捕手と二塁手にトップクラスの打力を持つ選手がいたのだから強いはずだった。他球団では規定打席に到達した捕手すら一人もいない。PV は里崎智也（ロッテ）が 20.7 を記録していたが、出場試合数は 78 とあって、フル出場していた城島とは比べものにならなかった。

◆2003 年のパ・リーグ年間チーム順位
1 福岡ダイエーホークス★、2 西武ライオンズ、3 大阪近鉄バファローズ、4 千葉ロッテマリーンズ、5 日本ハムファイターズ、6 オリックスブルーウェーブ

◆2003 年のパ・リーグのタイトルホルダー
首位打者：小笠原道大、**最多本塁打**：T. ローズ、**最多打点**：松中信彦、**最多盗塁**：井口資仁、**最多勝**：斉藤和巳、**最優秀防御率**：斉藤和巳・松坂大輔、**最多奪三振**：松坂大輔、**最優秀救援投手**：豊田清

◆2003 年のトピックス
→せより　世界水泳選手権（バルセロナ）男子平泳ぎで、北島康介が 100m、200m の 2 種目で世界新。

2004 セ・リーグ

実際のMVP = 川上憲伸（中日）
本書でのMVP = 川上憲伸（中日）、初
次点 = 阿部慎之助（巨人）

PVトップ10

1	G・ラロッカ	広島	打率.328、40本、101打点	66.8
2	阿部慎之助	巨人	打率.301、33本、78打点	60.3
3	金本知憲	阪神	打率.317、34本、113打点	42.5
4	小久保裕紀	巨人	打率.314、41本、96打点	41.1
5	岩村明憲	ヤクルト	打率.300、44本、103打点	40.5
6	古田敦也	ヤクルト	打率.306、24本、79打点	38.6
7	嶋重宣	広島	打率.337、32本、84打点	36.1
8	上原浩治	巨人	13勝5敗、防2.60	32.5
9	T・ローズ	巨人	打率.287、45本、99打点	30.9
10	多村仁	横浜	打率.305、40本、100打点	30.8

　またしても**小久保裕紀**、**タフィ・ローズ**と2門の大砲を補強した巨人が、史上最多記録となる259本塁打と猛打を発揮。ところが優勝したのは、リーグ最少の111本塁打しか打てなかった中日だったのは皮肉だ。巨人のチーム防御率4.50は球団史上ワースト。これに対し、落合博満を新監督に据えた中日は3.86でリーグ唯一の3点台、しかも45失策は史上最少記録を更新と、守り勝つ野球で覇権を握った。

　MVPも当然投手で、エースとして17勝を挙げた川上が選ばれた。27先発で5回持たなかったのは1試合だけ、7回以上投げたのが19試合（全体の70％）と安定していたが、PV22.8は投手では**上原**に次いでリーグ2位ではあっても、野手も含めると15位にしかならない。チームメイトの山本昌との差も1.2点だけ。山本は13勝ながら、防御率3.15は川上より良かった。野手でチームトップのPV21.3だった福留は17位とあって、中日からMVPを選ぶなら川上か山本になる。

　2人の投球内容を比較すると、まずシーズンの大半で首位争いのライバルだ

った巨人戦ではともに7試合先発し、川上が4勝2敗、防御率2.55、山本が2勝4敗、4.58とはっきりとした差があった。山本は4位の阪神に7勝と強く、阪神が首位だった5月末までに3勝していたからそれなりに価値もあったとはいえ、川上を上回るほどではない。

中日以外では、リーグ最多のPV66.8を記録した広島の**ラロッカ**がまず候補に挙がる。実際ラロッカの打撃成績は素晴らしいものだったが、PVの値がこれほど高くなったのは、二塁手としての守備位置補正が効いていたため。ラロッカの守備は決して良いとは言えず、一塁を守る機会も多かった。正確には二塁での出場が84試合で全体の64％、一塁が47試合で36％となる。この比率を元にPVを計算し直すと、56.5にまで後退して2位の**阿部**を下回る。広島も借金17の5位で、このチーム状態でありながらMVPに選ばれるほど突出した成績とも言えない。

阿部は33本塁打を放ち、PV60.3もセ・リーグの捕手では92年の古田（82.2）以来の数字だった。打撃だけならMVPに選ばれてもおかしくはない。しかしながら8月下旬に脇腹を痛めてしまい、出場は108試合にとどまっていた。また前述のように、巨人が史上最多の本塁打数を記録しながらも3位にとどまったのは投手陣の崩壊が原因で、それを食い止められなかった正捕手の阿部にも、責任の一端はあったかもしれない。

このように見ていくと、どの候補にも一長一短があって絶対的な存在はない。となればPVは低くとも、優勝チームのエースだった川上をMVPとするのが最も妥当ではないか。次点は守備とチーム成績を考慮し、ラロッカではなく阿部とした。

◆2004年のセ・リーグ年間チーム順位
1中日ドラゴンズ、2ヤクルトスワローズ、3読売ジャイアンツ、4阪神タイガース、5広島東洋カープ、6横浜ベイスターズ
◆2004年のセ・リーグのタイトルホルダー
首位打者：嶋重宣、**最多本塁打**：T.ローズ・T.ウッズ、**最多打点**：金本知憲、**最多盗塁**：赤星憲広、**最多勝**：川上憲伸、**最優秀防御率**：上原浩治、**最多奪三振**：井川慶、**最優秀救援投手**：五十嵐亮太
◆2004年のトピックス
近鉄とオリックスの合併騒動に端を発した球界の再編騒動。選手会はストライキ決行。アテネ五輪を前に野球の長嶋監督が脳梗塞で倒れる。パへつづく→

2004　パ・リーグ

実際のMVP＝松中信彦（ダイエー）
本書でのMVP＝城島健司（ダイエー）、2年連続2回目
次点＝松中信彦（ダイエー）

PVトップ10

1	城島健司	ダイエー	打率.338、36本、91打点	77.3
2	松中信彦	ダイエー	打率.358、44本、120打点	69.2
3	ベニー	ロッテ	打率.315、35本、100打点	47.2
4	井口資仁	ダイエー	打率.333、24本、89打点	43.6
5	和田一浩	西武	打率.320、30本、89打点	34.8
6	小笠原道大	日本ハム	打率.345、18本、70打点	32.3
7	F・セギノール	日本ハム	打率.305、44本、108打点	32.2
8	高橋信二	日本ハム	打率.285、26本、84打点	31.5
9	新垣渚	ダイエー	11勝8敗、防3.28	30.0
10	岩隈久志	近鉄	15勝2敗、防3.01	29.5

　この年からペナントレース上位3チームによるプレーオフ制が導入された。レギュラーシーズン1位は前年に引き続き、.292と異常に高いチーム打率のダイエーだった。9月22日時点では2位西武とのゲーム差はなかったが、その後1位通過が決まるまでの17試合で12勝5敗、最終的には4.5ゲーム差。だがプレーオフでは、第1ステージで北海道移転1年目の日本ハムに勝った西武が勢いを維持し、第2ステージでダイエーを3勝2敗で下した。

　04年最大のトピックはグラウンドの外で起こっていた。近鉄とオリックスの合併騒動から始まった球界再編問題が、日本プロ野球史上初の選手会によるストライキに発展。大騒動の末近鉄はオリックスに吸収され、代わりに新球団として楽天が参入。さらにはダイエーもソフトバンクへの身売りを発表するなど、88年の南海・阪急の身売りをも上回る大混乱の1年となった。

　MVPは打率.358、44本塁打、120打点でリーグ18年ぶりの三冠王となった**松中**。OPSは1.179で、記者投票では1位票153のうち137票と圧倒的な支持を得た。ところがPVでは、チームメイトの**城島**が8.1点も松中を上回っ

ている。城島は打率.338が3位で、前年に自ら樹立した捕手のリーグ最高記録を更新。36本塁打は4位、パ・リーグの捕手では野村に次いで史上2人目の30本台。PV77.3は前年に続く70点台で、2年続けてPVが70を超えたのは、パ・リーグでは62～63、65～68年の野村、85～86年の落合に続いて3人目。リーグ1位の盗塁阻止率.452を記録するなど、守備面での貢献も大きかった。出場試合数が116にとどまっていたのは、アテネ五輪に参加して8月のほとんどを欠場していたからである。

優勝した西武では、**和田**がPV34.8で5位だったのが最高。プレーオフ第1ステージで11打数5安打3打点、第2ステージ進出を決めるサヨナラ弾。第2ステージでも18打数8安打6打点、5四球と暴れまくった。それでも城島・松中とのPVの点差が30点以上もあっては、MVP候補とまではいかない。

松中と城島では、どちらがよりMVPにふさわしかっただろう。1位通過を決定的にした終盤17試合では、城島の打率.294、2本塁打、4打点、OPS.878に対し松中は打率.415、7本塁打、21打点、OPS1.272と明白な差がある。1位通過の立役者は、間違いなく松中だった。

だが、プレーオフの5試合では城島が18打数8安打、3本塁打、6打点、OPS1.468に対して松中は19打数2安打、1本塁打、1打点、OPS.526と逆転する。1点差で敗れた第3戦・第5戦で、松中は走者を置いて立った5打席にすべて凡退。第5戦の9回裏は、同点の二死二・三塁で二ゴロに倒れた。城島もこの2試合では走者を置いて2打数無安打ではあったが、第3戦は1点差に迫るソロ本塁打、第5戦も先制本塁打を打っている。最終的に優勝を逃した試合で打てなかった松中よりも、そもそもPVが上である城島をMVPとしたい。

◆2004年のパ・リーグ年間チーム順位
　1福岡ダイエーホークス、2西武ライオンズ△★、3北海道日本ハムファイターズ、4千葉ロッテマリーンズ、5大阪近鉄バファローズ、6オリックスブルーウェーブ

◆2004年のパ・リーグのタイトルホルダー
　首位打者：松中信彦、**最多本塁打**：松中信彦・F.セギノール、**最多打点**：松中信彦、**最多盗塁**：川﨑宗則、**最多勝**：岩隈久志、**最優秀防御率**：松坂大輔、**最多奪三振**：新垣渚、**最優秀救援投手**：三瀬幸司・横山道哉

◆2004年のトピックス
　→セ・リーグ　日本ハム→北海道日本ハムファイターズに。ダイエー、ソフトバンクに身売り。西武鉄道の上場廃止。イチローが大リーグ年間最多安打記録。

2005 セ・リーグ

実際のMVP = 金本知憲（阪神）
本書でのMVP = 金本知憲（阪神）、初
次点 = 福留孝介（中日）

PVトップ10

1	金本知憲	阪神	打率 .327、40本、125打点	65.8
2	福留孝介	中日	打率 .328、28本、103打点	58.7
3	岩村明憲	ヤクルト	打率 .319、30本、102打点	45.0
4	阿部慎之助	巨人	打率 .300、26本、86打点	39.6
5	三浦大輔	横浜	12勝9敗、防2.52	37.8
6	新井貴浩	広島	打率 .305、43本、94打点	34.1
7	井端弘和	中日	打率 .323、6本、63打点	32.1
8	多村仁	横浜	打率 .304、31本、79打点	31.8
9	前田智徳	広島	打率 .319、32本、87打点	31.7
10	藤川球児	阪神	7勝1敗、防1.36	28.1

　阪神が2年ぶりの優勝。夏場には中日が11連勝で追い上げてきたが、最終的には10ゲームまで差を広げた。得失点差も+198で、2位中日（+52）の4倍近く、過去に優勝したどの年よりも多かった。セットアップマンの**藤川**が88試合登板の新記録を達成、久保田、ウィリアムスとのリリーバートリオ"JFK"が機能し、3人合わせて防御率は1.84。藤川はPVでもリーグ10位の28.1、92.1回で奪った139三振は、並み居る先発投手たちの間に割って入り8位にランクされた。久保田は17.7で投手としては6位、ウィリアムスも16.9で8位。先発では下柳剛の16.3が最多で、実に頼りになるリリーフ投手たちだった。
　それでも、阪神優勝の立役者が**金本**だったことに異論はないだろう。打率.327は3位、40本塁打は2位、125打点もチームメイトの今岡に22点差をつけられたとはいえ2位。出塁率.429も福留に1厘差で2位、長打率.615は1位だった。実際のMVPも受賞し、PV65.8も2位福留に7.1点差の1位である。阪神で他にトップ10に入ったのは藤川だけ。野手で金本に次ぐのは矢野の18.5（18位）、打点王の今岡は11.9とずっと下であり、優勝への貢献度は

金本が断然高かった。

　次点は阪神から選ぶなら藤川だが、他球団から候補を探すとＰＶ58.7で2位の福留が最有力。出塁率.430と39二塁打がリーグトップ、打率.328と93四球が2位。首位打者になった03年のＰＶ53.1を更新する自己記録で、藤川とのＰＶは30点以上も離れていた。中日も終盤で突き放されたとはいえ79勝の2位であり、福留のほうが優位だろう。阪神戦の成績も85打数23安打、3本塁打、11打点。打率は.271と平凡ながら14四球を選び、出塁率は.374、ＯＰＳ.809と悪くはなかった。

　ただ実際の投票では、藤川が1位票を43票も集めて金本に次ぐ2位だったのに対し、福留は3位票すら誰も投じず完全に無視されていた。福留だけでなく、打率と出塁率が5位以内、得点圏打率.408は1位で、ＰＶ32.1も7位だった**井端**、3位の38本塁打を放ったウッズも得票ゼロ。中日で票を得たのは年間46セーブの新記録を樹立した岩瀬だけ、それも3位票が5票のみ。5位の巨人が3人、最下位の広島でも2人が票を得ていたのに、2位のチームとは思えない扱いだった。

　なおヤクルトの青木宣親は94年のイチロー以来の大台となる202安打を放っていたが、ＰＶは18.1にとどまった。3本塁打と長打力に欠けたこと、四球も37個と少なかったのがその理由で、青木が真のスター選手になるのはもう少し先のことだった。

◆2005年のセ・リーグ年間チーム順位
　1阪神タイガース、2中日ドラゴンズ、3横浜ベイスターズ、4ヤクルトスワローズ、5読売ジャイアンツ、6広島東洋カープ
◆2005年のセ・リーグのタイトルホルダー
　首位打者：青木宣親、**最多本塁打**：新井貴浩、**最多打点**：今岡誠、**最多盗塁**：赤星憲広、**最多勝**：下柳剛・黒田博樹、**最優秀防御率**：三浦大輔、**最多奪三振**：門倉健・三浦大輔、**最多セーブ投手**：岩瀬仁紀
◆2005年のトピックス
　サッカー日本が3大会連続ワールドカップ（Ｗ杯）出場を決定。大相撲で朝青龍が史上初の年6場所全制覇。宮里藍フィーバー。郵政民営化関連法成立。ライブドアによるニッポン放送買収騒動。セ・パ交流戦始まる。パへつづく→

2000年代

2005　パ・リーグ

実際のMVP＝杉内俊哉（ソフトバンク）
本書でのMVP＝渡辺俊介（ロッテ）、初
次点＝杉内俊哉（ソフトバンク）

PVトップ10

1	松中信彦	ソフトバンク	打率.315、46本、121打点	45.2
2	城島健司	ソフトバンク	打率.309、24本、57打点	44.0
3	杉内俊哉	ソフトバンク	18勝4敗、防2.11	42.7
4	松坂大輔	西武	14勝13敗、防2.30	42.0
5	渡辺俊介	ロッテ	15勝4敗、防2.17	39.4
6	J・ズレータ	ソフトバンク	打率.319、43本、99打点	36.0
7	A・カブレラ	西武	打率.300、36本、92打点	33.9
8	和田一浩	西武	打率.322、27本、69打点	32.9
9	小笠原道大	日本ハム	打率.282、37本、92打点	32.1
10	西口文也	西武	17勝5敗、防2.77	24.6

　レギュラーシーズン1位は2年連続でホークス。経営母体はダイエーからソフトバンクに変わっても強さは変わらず、6～7月にかけては15連勝も記録、年間89勝もした。しかしながらロッテも手強く84勝、両者の対決となったプレーオフ第2ステージではロッテが3勝2敗で、31年ぶりのリーグ優勝を決めた。得失点差はロッテが＋261、ソフトバンクは＋154と大きな差があって、プレーオフの結果は番狂わせではなかった。

　ただ個人レベルでは、ロッテでPVトップ10に入ったのは5位の**渡辺**だけ。野手では里崎智也の23.5が最高で11位、次いでサブローが20.4で14位。渡辺は15勝、防御率2位の2.17で、PVは39.4。ロッテの投手では76年の村田兆治（43.5）以来、29年ぶりの高水準だった。投手で渡辺のPVを上回ったのは3位の**杉内**、4位の**松坂**。実際のMVPに選ばれた杉内は18勝、防御率2.11がいずれも1位、218奪三振は松坂に8個及ばないだけで2位。ソフトバンクの投手陣では頭一つ抜けていた。

　ホークスでは杉内以外にトップ10に入った野手が3人いた。**松中**は46本塁

打、121打点の二冠に加え、打率.315も1位の**和田**に7厘差の3位。2年連続三冠王も充分可能性があったほどで、PV45.2も1位だった。**城島**はPV44.0で2位だったが、24本塁打、57打点はいずれも前年から大きく減っている。何より9月下旬から脛を骨折し、ポストシーズンに出られなかったのが痛かった。むしろ松中に次ぐ43本塁打を放った**ズレータ**のほうが、PV36.0で6位ではあっても、城島より活躍した印象がある。

　MVP候補は優勝したロッテでPVトップの渡辺、ソフトバンクのレギュラーシーズン1位に貢献した杉内、松中の3人。実際の投票でも、1位票が杉内55、松中56、渡辺53と大接戦で、総得点で杉内が松中を21点差で退けていた。渡辺はソフトバンク戦に6試合先発し4勝1敗、防御率2.70。プレーオフでも勝敗はつかなかったけれども、西武、ソフトバンク戦に1試合ずつ投げ、14回で自責点1だった。杉内はロッテとのプレーオフ第1戦で4失点し敗戦投手、第5戦でも6回1失点で勝ちはつかなかった。ただし、いずれの試合も降板時点でリードを許してはいなかった。松中は同シリーズで16打数1安打1打点と、前年に続いて大ブレーキになっていた。

　後年のようにレギュラーシーズン1位＝リーグ優勝であればともかく、この年はまだプレーオフの結果で優勝が決まるシステムだったから、プレーオフの出来はMVPを決めるにあたって考慮の対象になる。PVで大きな差がついていれば別だが、松中と渡辺の点差は5.8しかない。プレーオフまで含めれば渡辺の防御率は2.06となり、杉内の2.19を逆転する。こうした点を検討するとMVPは渡辺で、次点は松中ではなく、プレーオフで一応試合を作っていた杉内としたい。

◆2005年のパ・リーグ年間チーム順位
　1福岡ソフトバンクホークス、2千葉ロッテマリーンズ△★、3西武ライオンズ、4オリックスバファローズ、5北海道日本ハムファイターズ、6東北楽天ゴールデンイーグルス
◆2005年のパ・リーグのタイトルホルダー
　首位打者：和田一浩、**最多本塁打**：松中信彦、**最多打点**：松中信彦、**最多盗塁**：西岡剛、**最多勝**：杉内俊哉、**最優秀防御率**：杉内俊哉、**最多奪三振**：松坂大輔、**最多セーブ投手**：小林雅英
◆2005年のトピックス
　→セぱり　新球団の東北楽天ゴールデンイーグルスがペナントレースに参入も最下位。オリックスバファローズ、福岡ソフトバンクホークス、誕生。

2006 セ・リーグ

実際のMVP ＝ 福留孝介（中日）
本書でのMVP ＝ 福留孝介（中日）、初
次点 ＝ タイロン・ウッズ（中日）

PVトップ10

1	福留孝介	中日	打率.351、31本、104打点	79.8
2	岩村明憲	ヤクルト	打率.311、32本、77打点	47.1
3	李承燁	巨人	打率.323、41本、108打点	45.6
4	T・ウッズ	中日	打率.310、47本、144打点	42.9
5	黒田博樹	広島	13勝6敗、防1.85	38.0
6	金本知憲	阪神	打率.303、26本、98打点	35.4
7	青木宣親	ヤクルト	打率.321、13本、62打点、41盗塁	33.0
8	鳥谷敬	阪神	打率.289、15本、58打点	27.8
9	川上憲伸	中日	17勝7敗、防2.51	27.4
10	福原忍	阪神	12勝5敗、防2.09	26.9

　中日が8月12日、96試合目で早くもマジック40を点灯させる独走状態。9月になって阪神が激しく追い上げマッチレースに持ち込んだが、最後まで一度も首位を明け渡すことなく逃げ切るという、前年とちょうど逆のパターンになった。669得点、打率.270、防御率3.10のすべてでリーグ1位。得失点差+173は阪神の+89の2倍近く、他球団との実力差は明白だった。

　MVPに選ばれた**福留**は打率.351で2度目の首位打者、47二塁打、出塁率.438、長打率.653もすべて1位。31本塁打と104打点も自己最多、PV 79.8は2位**岩村**に32.7点もの大差で1位だった。これはまた、54年の杉下（76.0）を抜いて、球団史上最多のPVともなった。

　中日勢では福留以外にも2人の活躍が目を惹いた。**ウッズ**は47本塁打、144打点で二冠王、PV 42.9は4位。中日の外国人選手としては、97年のゴメスを0.1点上回り最多PVとなった。川上は17勝、194奪三振、勝率.708がすべて1位、防御率2.51も3位。PV 27.4は9位で、MVPに選ばれた04年（22.8）よりも良い数字だった。普通ならこの2人は充分MVP候補に値する。それで

もPVはウッズが福留のほぼ半分、川上は3分の1に過ぎないのだから、福留の働きぶりは突出していた。
　MVPは福留で決まりとして、次点は誰にすべきか。PV2位の岩村、3位の**李**も優れた成績ではあったが、ヤクルトと巨人は優勝争いと無縁だった。2位阪神でPVトップ、リーグ6位の**金本**も、優勝した中日勢を押しのけてMVPに選ぶほどではないので、ウッズと川上の二択となる。
　川上は、8月20日以降優勝が決まる10月10日まで7試合に先発し2勝5敗、防御率4.60と不振で、終盤戦に苦戦した原因となっていた。この間ウッズは151打数51安打（打率.338）、16本塁打、49打点、出塁率.438、長打率.715と大暴れ。優勝を決めた10日の巨人戦でも、満塁弾を含む7打点を稼いでいた。そもそもPVでも大きく上であることから、ウッズが次点で間違いない。
　ところで、PVトップ10には福留、岩村、**黒田**、**青木**、川上と、のちにメジャー・リーグへ移った選手が5人も入っている。パ・リーグではすでに2000年の段階で、松井、イチロー、中村、小林雅、城島の5人がそうだった。日本プロ野球での成功が、選手たちにとって最終的な目標ではなくなっている事実が、この時期あたりからいよいよ明確になり始めている様子が窺える。

◆2006年のセ・リーグ年間チーム順位
　1中日ドラゴンズ、2阪神タイガース、3東京ヤクルトスワローズ、4読売ジャイアンツ、5広島東洋カープ、6横浜ベイスターズ
◆2006年のセ・リーグのタイトルホルダー
　首位打者：福留孝介、**最多本塁打**：T.ウッズ、**最多打点**：T.ウッズ、**最多盗塁**：青木宣親、**最多勝**：川上憲伸、**最優秀防御率**：黒田博樹、**最多奪三振**：川上憲伸・井川慶、**最多セーブ投手**：岩瀬仁紀
◆2006年のトピックス
　野球のWBCで日本が世界の頂点に。夏の甲子園、早実のエース斎藤佑樹は「ハンカチ王子」と大人気。トリノ冬季五輪のフィギュアスケートで荒川静香が金メダル、「イナバウアー」。パへつづく→

2000年代

セ・リーグ

2006 パ・リーグ

実際のMVP＝小笠原道大（日本ハム）
本書でのMVP＝小笠原道大（日本ハム）、初
次点＝斉藤和巳（ソフトバンク）

PVトップ10

1	松中信彦	ソフトバンク	打率.324、19本、76打点	48.9
2	斉藤和巳	ソフトバンク	18勝5敗、防1.75	41.8
3	小笠原道大	日本ハム	打率.313、32本、100打点	37.2
4	A・カブレラ	西武	打率.315、31本、100打点	32.6
5	J・フェルナンデス	楽天	打率.302、28本、88打点	31.0
5	中島裕之	西武	打率.306、16本、63打点	31.0
7	松坂大輔	西武	17勝5敗、防2.13	30.9
8	里崎智也	ロッテ	打率.264、17本、56打点	30.5
9	稲葉篤紀	日本ハム	打率.307、26本、75打点	26.4
10	和田一浩	西武	打率.298、19本、95打点	26.2

　6月末までは西武、ソフトバンク、ロッテの3球団による首位争い。ここからロッテが脱落し、残る2球団のマッチレースになるかと思われた。ところが8月10日時点で5ゲーム差をつけられていた日本ハムが、その後の34試合で26勝8敗と追い上げ、残り6試合でトップに立ち1位通過。1位に1勝のアドバンテージが与えられたプレーオフでも、ソフトバンクに2連勝して25年ぶりのリーグ制覇を果たした。

　MVPは32本塁打、100打点で二冠を制し、打率.313も.011差で4位だった**小笠原**。PV37.2はチームトップ、リーグ3位。日本ハムでは稲葉がPV26.4で9位、投手では新人王の八木智哉（12勝8敗、防御率2.48）が21.6で12位と健闘していたが、優勝への貢献度は小笠原が上と見て間違いない。最終34試合の成績は124打数38安打（打率.306）、7本塁打、31打点、出塁率.407、長打率.573。この期間は稲葉が127打数41安打（.323）、11本塁打、25打点、出塁率.394、長打率.638と小笠原を上回る数字を残していたが、年間のPVの差を埋めきれるほどでもない。

小笠原以上のPVを記録した2人はソフトバンクの選手。**松中**は本塁打・打点とも例年のレベルを下回ったものの、打率.324で首位打者となり、出塁率.453は2位**カブレラ**に.049もの差をつけ、PV48.9は2年連続1位だった。2位の**斉藤**も18勝、防御率1.75、205奪三振、勝率.783のすべてで1位。特に防御率はパ・リーグでは92年の赤堀（1.80）以来、150投球回以上では76年の村田以来となる1点台で、PV41.8は03年の39.0を更新する自己記録となった。

この3人には、みなMVP候補に挙げるには充分な根拠があるが、優勝チームの主砲である小笠原をMVPとするのが妥当だろう。PVでは松中が10点以上も上回っていたが、日本ハム戦で打率.246、1本塁打、6打点、OPS.677と打てていなかったのがマイナスになる。2000年以降、小笠原はPVランキングでは5位→6位→4位→3位→6位→9位→3位と、毎年上位に顔を出していたが、ようやくその実力に見合った賞を手に入れた。次点は日本ハムとの対戦で、4先発し1勝2敗ながら防御率1.80と好投した斉藤が松中より上と判断した。

なお実際の投票で、1位票が最も多かったのは斉藤（82票）。小笠原の74票に次いで、3番目はこの年限りで引退した新庄剛志の13票だった。確かに新庄はムードメーカーとしてファイターズを盛り上げはしたが、PVは-3.4とリーグ平均以下であった。このような成績でMVPに推す記者が13人もいたというのは、見識を問われても仕方がないのではないだろうか。

◆2006年のパ・リーグ年間チーム順位
1北海道日本ハムファイターズ△★、2西武ライオンズ、3福岡ソフトバンクホークス、4千葉ロッテマリーンズ、5オリックスバファローズ、6東北楽天ゴールデンイーグルス

◆2006年のパ・リーグのタイトルホルダー
首位打者：松中信彦、**最多本塁打**：小笠原道大、**最多打点**：小笠原道大・A.カブレラ、**最多盗塁**：西岡剛、**最多勝**：斉藤和巳、**最優秀防御率**：斉藤和巳、**最多奪三振**：斉藤和巳、**最多セーブ投手**：MICHEAL

◆2006年のトピックス
→セ・リーグ　王監督、胃がん手術も翌年春から現場復帰。ボクシングWBAライトフライ級王座決定戦で、亀田興毅判定勝ちも不可解な判定として社会問題化。J1は浦和初優勝。ライブドアグループの堀江貴文氏、逮捕される。

2007 セ・リーグ

実際のMVP = 小笠原道大（巨人）
本書でのMVP = 高橋由伸（巨人）、初
次点 = 小笠原道大（巨人）

PVトップ10

1	青木宣親	ヤクルト	打率.346、20本、58打点	51.6
2	高橋由伸	巨人	打率.308、35本、88打点	49.3
3	阿部慎之助	巨人	打率.275、33本、101打点	43.4
4	A・ラミレス	ヤクルト	打率.343、29本、122打点	40.2
5	村田修一	横浜	打率.287、36本、101打点	35.6
6	小笠原道大	巨人	打率.313、31本、88打点	35.5
7	A・ガイエル	ヤクルト	打率.245、35本、79打点	28.6
8	T・ウッズ	中日	打率.270、35本、102打点	26.5
9	福留孝介	中日	打率.294、13本、48打点	26.3
10	久保田智之	阪神	9勝3敗、防1.75	25.1

　巨人が5年ぶりのリーグ優勝。9月半ばまでは中日、猛烈に追い上げてきた阪神との三つ巴で、一旦は中日にマジックが点灯したが、すぐに巨人が抜き返した。ただし、この年からセ・リーグでも導入されたクライマックスシリーズでは中日に苦杯を喫し、日本シリーズには出場できなかった。リーグ覇者が日本シリーズに顔を出さなかったのは、もちろんこれが初めての事態だった。

　MVPを受賞したのは、前年日本ハムでパ・リーグMVPになった**小笠原**。FAで巨人に移籍したこの年も、打撃タイトルこそなかったものの、打率.313は4位、31本塁打は6位、88打点は9位。パ・リーグ時代と変わらない好成績で、異なるリーグでの2年連続MVPは史上初だった。

　しかしながら、小笠原のPV35.5は巨人でも3番目。トップはリーグ2位・自己最多の35本塁打を放った**高橋**で、出塁率.404は3位、長打率.579が1位でPV49.3は青木に次いで2位。自己最多の101打点を叩き出した**阿部**も43.4で3位に入った。この2人には、小笠原と同様にMVP候補として検討する価値が充分ある。結果的に日本一となった中日では、**ウッズ**と**福留**がトッ

プ10に入っていたが、いずれも20点台と格別良いレベルでもなく、リーグ優勝ではなかったこともあって候補とはなり得ない。

　PVでは大きな差がない巨人勢3人の、最終盤での働きはどうだったか。首位阪神に1.5ゲーム差の3位だった9月14日から、優勝を決めた10月2日までの13試合（この間巨人は10勝3敗）の成績は、高橋が52打数18安打（打率.346）、3本塁打、13打点、OPS 1.049、阿部は39打数8安打（.205）、3本塁打、7打点、OPS .741、小笠原は51打数15安打（.294）、3本塁打、10打点、OPS .933で、高橋が最も良い。もともとPVが最も高い上に、大事な最終盤で最も働いたことを考えれば、高橋をMVPとすべきだろう。次点は重労働の捕手である阿部かとも思えるが、守備率・盗塁阻止率がともにリーグ5位と冴えなかったので、三塁手として守備機会・守備率がいずれも2位の小笠原を上とした。終盤戦での打撃成績を考えても、これが妥当と思われる。

　リーグトップのPV 51.6だった青木は、ヤクルトが最下位だったためMVP候補とまではいかないが、打率.346で2度目の首位打者になっただけでなく、20本塁打とパワーアップ。200安打を打った05年よりPVがはるかに多かったのは、本塁打数の増加に加え選球眼が格段に良くなった（05年37四球→07年80四球）からでもあった。

◆2007年のセ・リーグ年間チーム順位
　1読売ジャイアンツ、2中日ドラゴンズ△★、3阪神タイガース、4横浜ベイスターズ、5広島東洋カープ、6東京ヤクルトスワローズ
◆2007年のセ・リーグのタイトルホルダー
　首位打者：青木宣親、**最多本塁打**：村田修一、**最多打点**：A.ラミレス、**最多盗塁**：荒木雅博、**最多勝**：S.グライシンガー、**最優秀防御率**：高橋尚成、**最多奪三振**：内海哲也、**最多セーブ投手**：藤川球児
◆2007年のトピックス
　セ・リーグでもクライマックスシリーズ導入（パは2004年から）。相撲界は朝青龍のモンゴルサッカー事件や時津風部屋若手力士急死事件など不祥事続出。サッカーのイビチャ・オシム監督が脳梗塞で倒れ後任に岡田武史。パへつづく→

2007　パ・リーグ

実際のMVP = ダルビッシュ有（日本ハム）
本書でのMVP = ダルビッシュ有（日本ハム）、初
次点 = 稲葉篤紀（日本ハム）

PVトップ10

1	ダルビッシュ有	日本ハム	15勝5敗、防1.82	40.4
2	稲葉篤紀	日本ハム	打率.334、17本、87打点	35.7
3	成瀬善久	ロッテ	16勝1敗、防1.82	33.8
4	T・ローズ	オリックス	打率.291、42本、96打点	33.1
5	中島裕之	西武	打率.300、12本、74打点	29.0
6	里崎智也	ロッテ	打率.270、14本、75打点	27.1
7	川崎宗則	ソフトバンク	打率.329、4本、43打点	26.9
8	G・ラロッカ	オリックス	打率.286、27本、79打点	24.5
9	杉内俊哉	ソフトバンク	15勝6敗、防2.46	24.4
10	R・グリン	日本ハム	9勝8敗、防2.21	23.5

　小笠原、新庄剛志、岡島秀樹ら主力選手が退団したにもかかわらず、日本ハムが交流戦で14連勝を記録するなど強さを発揮。2ゲーム差でロッテを退けリーグ2連覇を果たした。526得点はリーグ最少、得失点差も+37で+104のロッテ、+67のソフトバンクを下回っていたが、クライマックスシリーズでもロッテを3勝2敗で下した。

　MVPに選ばれた**ダルビッシュ**は入団3年目。防御率は1.820で、0.003差で**成瀬**に及ばず2位だったが、投球回数が34.1回も多かったことから、PV40.4は逆に6.6点差をつけ1位。2位も日本ハムの**稲葉**で、打率.334で首位打者。PV35.7はダルビッシュを4.7点下回るだけで、MVPを選ぶならこの2人以外に候補はあり得ない。

　稲葉は得点力の急激に下がった打線を引っ張った点では、ダルビッシュに匹敵する貢献度はあった。稲葉に次いでPVの高かった打者は、打率.255、10本塁打の高橋信二（10.1）。野手に限ってもリーグ14位に過ぎず、その他の主力では森本稀哲が9.8だったが、田中賢介は−0.8、セギノールは−1.3とリー

グ平均を下回った。日本ハムのチームRCは562.7で、稲葉の103.4は全体の18.4％を占めていた。投手では**グリン**がPV23.5で10位、武田勝も17.1で17位と、ダルビッシュ一人が支えていたわけではなく、こうした点をふまえれば両者はほとんど互角と言っていい。

　2位のロッテと、年間を通じて上位につけていたソフトバンクとの対戦成績ではどうか。ダルビッシュは2球団合計で8試合に先発し4勝3敗、防御率2.36。稲葉はロッテ戦で打率.268、2本塁打、15打点、OPS.717、ソフトバンク戦では打率.341、1本塁打、15打点、OPS.829。注目すべきは決勝打の数で、ロッテ戦で5本、ソフトバンク戦でも2本あった。若干稲葉が優勢だが、まだ決定的な差はつかない。

　2位ソフトバンクに1ゲーム差まで迫られた9月18日から、優勝が決まる29日までの10試合の結果ではどうだろうか。この間日本ハムは7勝2敗1分。ダルビッシュは19日楽天戦に8回無失点で勝利、26日の同カードでも勝利投手にはなれなかったが8回1失点（自責点0）と好投し、この試合は9回にサヨナラ勝ちした。稲葉も42打数18安打（.429）、8打点、OPS1.002とよく打っていて、ここでも明白な差はつかなかった。となると、最終的な判断はPVの数字に従い、ダルビッシュがMVP、稲葉が僅差の次点となるだろうか。実際の投票では1位票がダルビッシュ133、稲葉27の大差になったが、両者ともMVPとなってもおかしくなかった。

◆2007年のパ・リーグ年間チーム順位
　1北海道日本ハムファイターズ△、2千葉ロッテマリーンズ、3福岡ソフトバンクホークス、4東北楽天ゴールデンイーグルス、5西武ライオンズ、6オリックスバファローズ

◆2007年のパ・リーグのタイトルホルダー
　首位打者：稲葉篤紀、**最多本塁打**：山崎武司、**最多打点**：山崎武司、**最多盗塁**：片岡易之、**最多勝**：涌井秀章、**最優秀防御率**：成瀬善久、**最多奪三振**：ダルビッシュ有、**最多セーブ投手**：馬原孝浩

◆2007年のトピックス
　→セより　大リーグ1年目のレッドソックス松坂と岡島秀樹が活躍。ゴルフで高1のアマチュア石川遼が日本ツアー最年少優勝、「ハニカミ王子」として新風。フィギュアスケート女子は安藤美姫と浅田真央が人気。

2008　セ・リーグ

実際のMVP＝アレックス・ラミレス（巨人）
本書でのMVP＝アレックス・ラミレス（巨人）、初
次点＝村田修一（横浜）

PVトップ10

1	村田修一	横浜	打率.323、46本、114打点	62.4
2	青木宣親	ヤクルト	打率.347、14本、64打点、31盗塁	39.9
3	A・ラミレス	巨人	打率.319、45本、125打点	38.0
4	内川聖一	横浜	打率.378、14本、67打点	35.6
4	金本知憲	阪神	打率.307、27本、108打点	35.6
6	森野将彦	中日	打率.321、19本、59打点	33.4
7	阿部慎之助	巨人	打率.271、24本、67打点	30.2
8	小笠原道大	巨人	打率.310、36本、96打点	29.7
9	栗原健太	広島	打率.332、23本、103打点	23.8
10	鳥谷敬	阪神	打率.281、13本、80打点	23.1

　ヤクルトからラミレス、セス・グライシンガー、横浜からマーク・クルーンを獲得するなど、またしても大補強を展開した巨人だが、開幕5連敗。7月8日には首位阪神に13ゲーム差をつけられ、この時点で自力優勝の可能性が消えてしまい、オールスター前の22日には阪神にマジック46が点灯した。ところが、ここから巨人は45勝20敗の快ペースで勝ち進み、北京五輪に主力を送り出した阪神の失速にも助けられ逆転優勝。リーグ史上最大のゲーム差をひっくり返した。
　MVPに選ばれたラミレスはリーグ2位の45本塁打、2年連続タイトルとなる125打点。これは巨人では68年の長嶋以来、40年ぶりの数字であった。出塁率は**小笠原**がチームトップだったが、その他の打率・本塁打・打点・長打率はすべて1位で、PV38.0も1位だった。PVでチーム2位だった**阿部**の打撃成績は、北京五輪に参加していたこともあって特筆するほどの数字とはならず、36本塁打、96打点の小笠原のほうが印象度は強い。小笠原は巨人が勢いに乗った7月以降に打率.365、24本塁打で、猛追の立役者ともなっていた。ただこ

の年からは主に一塁を守るようになっており、三塁手だった前年ほどは守備面での貢献がなかった。ラミレスも守備範囲はレギュラー左翼手ではリーグ最低だったが、それでも巨人から選ぶならラミレスが一番手だろう。

終盤で大コケした阪神では、**金本**がリーグ4位のPV35.6だったけれども、成績はすべてラミレスを下回っていたので候補にはならない。右打者では史上最高となる打率.378を記録した**内川**の打撃も見事で、PVも金本と同点だったが、こちらも横浜が94敗で断然最下位とあっては難しい。同じ横浜勢の**村田**はリーグトップのPV62.4。ラミレスを24.4点も上回っており、こちらは一考の余地がある。46本塁打はラミレスを1本差で抑え初のタイトル、打率.323も4位で、OPS1.061もラミレスの.990を大きく引き離し1位だった。三塁手でPVが60を超えたのは、セ・リーグでは64年の長嶋（66.0）以来44年ぶりだった。

横浜が少なくとも3位以内に入るか、あるいは優勝した巨人に目立った候補者がいなければ、村田にもMVPの資格はあっただろう。だが村田の責任ではないとはいえ、94敗はいかにも負けすぎ。村田の巨人戦の成績も打率.222、5本塁打、15打点、OPS.802と大して良くはなかった。個人としての活躍は評価すべきでも次点どまりで、MVPはラミレスとするのが妥当だろう。

◆2008年のセ・リーグ年間チーム順位
1読売ジャイアンツ△、2阪神タイガース、3中日ドラゴンズ、4広島東洋カープ、5ヤクルトスワローズ、6横浜ベイスターズ

◆2008年のセ・リーグのタイトルホルダー
首位打者：内川聖一、**最多本塁打**：村田修一、**最多打点**：A.ラミレス、**最多盗塁**：福地寿樹、**最多勝**：S.グライシンガー、**最優秀防御率**：石川雅規、**最多奪三振**：C.ルイス、**最多セーブ投手**：M.クルーン

◆2008年のトピックス
北京五輪、男子平泳ぎで北島が100m、200mで2大会連続2種目制覇。高速水着レーザー・レーサーが話題に。ソフトボール金。パへつづく→

2008 パ・リーグ

実際のMVP＝岩隈久志（楽天）
本書でのMVP＝中島裕之（西武）、初
次点＝岩隈久志（楽天）

PVトップ10

1	中島裕之	西武	打率.331、21本、81打点、25盗塁	53.1
2	岩隈久志	楽天	21勝4敗、防1.87	45.4
3	ダルビッシュ有	日本ハム	16勝4敗、防1.88	45.0
4	橋本将	ロッテ	打率.311、11本、55打点	39.9
5	田中賢介	日本ハム	打率.297、11本、63打点	33.0
6	T・ローズ	オリックス	打率.277、40本、118打点	32.4
7	A・カブレラ	オリックス	打率.315、36本、104打点	31.6
8	西岡剛	ロッテ	打率.300、13本、49打点	27.4
9	杉内俊哉	ソフトバンク	10勝8敗、防2.66	26.9
10	小松聖	オリックス	15勝3敗、防2.51	26.7

　渡辺久信新監督を迎えた西武が終始リードを保って優勝。2位オリックスとのゲーム差は2.5しかなかったが、これは優勝が決定的になってから負けが込んだだけで、実際には残り9試合の時点で7ゲーム差と余裕があった。8人が2ケタ本塁打、5人が20本以上で合計198本はリーグトップ。107盗塁も1位とパワーとスピードを兼ね備え、クライマックスシリーズは日本ハム、日本シリーズでは巨人に勝って4年ぶりに日本一となった。
　MVPは5位だった楽天の**岩隈**で、5位以下の球団から選出されたのは88年の南海・門田以来。21勝、防御率1.87、勝率.840、投球回数201.2がすべて1位。21勝は85年の佐藤義則（阪急）以来であり、チームの65勝中約3分の1を一人で稼ぎ、PV45.4もリーグ2位だった。西武戦での成績も4試合で3勝0敗。26回を投げ自責点10、防御率は3.46とそれほど良くないようだが、これは5回5失点だった試合があるためで、その他の3試合は7回以上を投げて2点以下に抑えていた。目覚ましい活躍だったのは間違いないが、優勝した西武に明白な候補がいないと思われたのも受賞の理由だったろう。実際の投票では岩隈

が1位票73票、**中島**が56票、中村剛也が32票と割れていた。

　だがPVランキングでは、中島が53.1で岩隈に7.7点差をつけ1位。10位以内に他の西武勢はおらず、本書では中島が唯一の候補となる。中村は46本塁打でタイトルを取ったものの、打率.240、出塁率.320はいずれも平凡で、PV21.6は14位。中島は打率.331が1位のリック（楽天）に1厘差の2位だったのをはじめ、出塁率.410が1位、長打率.527も5位。OPS.937は**カブレラ**、**ローズ**に次いで3位であった。守備の要である遊撃手としてこれだけの打撃成績を残していたのだから、その貢献度は極めて高かった。チーム成績を考えても、PVランキングで下の岩隈に劣る理由はなく、迷うことなく中島をMVP、岩隈を次点とする。

　なおPVでは4位に**橋本**が入っているが、里崎智也との併用で出場は93試合、360打席に立ったのみで当然規定打席不足だった。しかしながら二塁打28本は3位、出塁率.404、長打率.536でOPS.940は中島よりも上。左投手に対しては使われないことも多く、フル出場していればもっと成績は下がったかもしれない。だがロッテは4位とはいえ西武とは4.5ゲーム差、3位日本ハムには0.5ゲーム差しかなかった。もし橋本の打力をもっと有効に活用していれば、その差はさらに縮まっていて、クライマックスシリーズに出ることができたのかもしれない。

◆2008年のパ・リーグ年間チーム順位
　1埼玉西武ライオンズ△★、2オリックスバファローズ、3北海道日本ハムファイターズ、4千葉ロッテマリーンズ、5東北楽天ゴールデンイーグルス、6福岡ソフトバンクホークス
◆2008年のパ・リーグのタイトルホルダー
　首位打者：リック、**最多本塁打**：中村剛也、**最多打点**：T.ローズ、**最多盗塁**：片岡易之、**最多勝**：岩隈久志、**最優秀防御率**：岩隈久志、**最多奪三振**：杉内俊哉、**最多セーブ投手**：加藤大輔
◆2008年のトピックス
　→セより　北京五輪の陸上男子400mリレーで銅。フェンシングの太田雄貴が銀。星野ジャパンは4位。野茂英雄、桑田真澄、清原和博、高橋尚子らが引退。

2009　セ・リーグ

実際のMVP＝アレックス・ラミレス（巨人）
本書でのMVP＝坂本勇人（巨人）、初
次点＝阿部慎之助（巨人）

PVトップ10

1	阿部慎之助	巨人	打率.293、32本、76打点	55.1
2	坂本勇人	巨人	打率.306、18本、62打点	40.2
3	チェン	中日	8勝4敗、防1.54	36.7
4	鳥谷敬	阪神	打率.288、20本、75打点	35.8
5	森野将彦	中日	打率.289、23本、109打点	34.3
6	和田一浩	中日	打率.302、29本、87打点	33.3
7	吉見一起	中日	16勝7敗、防2.00	32.7
8	小笠原道大	巨人	打率.309、31本、107打点	31.7
8	A・ラミレス	巨人	打率.322、31本、103打点	31.7
10	A・ガイエル	ヤクルト	打率.267、27本、80打点	28.7

　巨人が89勝と圧倒的な強さで、V9以来36年ぶりとなるリーグ3連覇を達成。年間を通じて連敗は3度あった3連敗が最多。逆に連勝は終盤戦の10連勝を最多として、5連勝以上が8度もあった。クライマックスシリーズも中日に1敗した後3連勝、日本シリーズにも勝って7年ぶりの日本一となった。
　MVPは2年連続で**ラミレス**が受賞。打率.322で首位打者、31本塁打は2位、103打点も4位だったが、例年通り四球が21個しかなく、出塁率.347は14位。PV31.7は8位、チーム内でも**阿部**や**坂本**を大きく下回った。守備面のマイナスも見過ごすことはできない。セ・リーグの左翼手では5人が120試合以上出場していたが、そのうち福地（ヤクルト）、**和田**（中日）、内川（横浜）の刺殺数は210を超え、41歳の金本（阪神）ですら184あったのに、ラミレスは147と明らかに少なかった。1試合あたりの守備機会は、前年の1.32から1.17にまで減少。それでいて失策数は金本の7個に次ぐ6個もあった。そのため日常的に守備固めを送られていて、試合終了までレフトを守り続けたのは39試合のみ。打力でもたらした得点のうち、決して少なくない分を守備力で

失っていたのではないかと考えられる。

　巨人でＰＶ１・２位の阿部と坂本はリーグでも１・２位で、ＭＶＰ候補はこの２人に絞られる。阿部は打率.293で自身初めての10傑入り、32本塁打は２位。長打率.587は１位だった。ＰＶ55.1は坂本に14.9点の大差だったが、得点圏打率が.250と低かったこともあり、打点は76と本塁打の割に少なかった。マスクを被ったのも107試合にとどまっており、坂本とのＰＶの差は実質的にはもう少し少なかったはずだ。

　レギュラー２年目の坂本は打撃面で大きく飛躍し、打率.306は４位、178安打は２位。出塁率.357は阿部やラミレスを上回り、巨人では小笠原に次いで２位だった。巨人の遊撃手でＰＶ40以上は54年の広岡（46.0）以来。守備でも19失策と信頼性が今一つだった反面、１試合あたりの守備機会4.96はリーグトップ。巨人の投手陣はリーグ２位の三振数を奪っていたので、単に打球が多く飛んできた結果でもない。守備成績が平均レベルだった阿部との差はさらに縮まった。

　２位中日との対戦成績はどうか。阿部は72打数17安打（打率.236）、３本塁打、９打点。ＯＰＳ.698は年間の.943を大きく下回った。坂本は91打数27安打（.297）、１本塁打、11打点で、ＯＰＳ.734は年間の.823より低いけれども、阿部ほど大きな落ち込みではない。このような様々な要素を考慮に入れれば、ＰＶの差はあってもＭＶＰは坂本、次点を阿部とするのが妥当ではないだろうか。実際の投票では１位ラミレス、２位小笠原、３位が15勝のディッキー・ゴンザレスで、坂本と阿部はそれぞれ６位、５位と支持を得られなかったが、その活躍は正当に評価されるべきだろう。

◆2009年のセ・リーグ年間チーム順位
１読売ジャイアンツ△★、２中日ドラゴンズ、３東京ヤクルトスワローズ、４阪神タイガース、５広島東洋カープ、６横浜ベイスターズ
◆2009年のセ・リーグのタイトルホルダー
首位打者：Ａ.ラミレス、最多本塁打：Ｔ.ブランコ、最多打点：Ｔ.ブランコ、最多盗塁：福地寿樹、最多勝：吉見一起・館山昌平、最優秀防御率：チェン、最多奪三振：Ｃ.ルイス、最多セーブ投手：岩瀬仁紀
◆2009年のトピックス
ＷＢＣ、原辰徳監督「サムライジャパン」２連覇。ゴルフ石川遼、米マスターズ・トーナメントに出場。2016年の五輪開催地で東京落選。パへつづく→

2009　パ・リーグ

実際のMVP ＝ ダルビッシュ有（日本ハム）
本書でのMVP ＝ ダルビッシュ有（日本ハム）、2年ぶり2回目
次点 ＝ 中村剛也（西武）

PVトップ10

1	ダルビッシュ有	日本ハム	15勝5敗、防1.73	46.5
2	中村剛也	西武	打率.285、48本、122打点	46.3
3	中島裕之	西武	打率.309、22本、92打点	45.1
4	涌井秀章	西武	16勝6敗、防2.30	40.8
5	田中将大	楽天	15勝6敗、防2.33	35.9
6	杉内俊哉	ソフトバンク	15勝5敗、防2.36	35.5
7	鉄平	楽天	打率.327、12本、76打点	31.1
8	井口資仁	ロッテ	打率.281、19本、65打点	29.9
9	稲葉篤紀	日本ハム	打率.300、17本、85打点	29.8
10	金子千尋	オリックス	11勝8敗、防2.57	27.9

　日本ハムが2年ぶりのリーグ優勝。打力は2年前から大幅に改善されて、打率.278、689得点はいずれも1位、290二塁打はプロ野球新記録。しかも55失策も両リーグ最少、盗塁刺や併殺打もリーグ最少とあらゆる面で隙がなく、クライマックスシリーズも楽天に3連勝。得失点差は日本ハム+139、楽天は-11であり、実力通りの結果だった。

　MVPは**ダルビッシュ**が2度目の受賞。15勝は**涌井**に1勝及ばず、またオールスターで打球を肩に当てた影響から、後半戦は本来の投球ではなく2度にわたって登録抹消もされた。そのため投球回数や奪三振数は07・08年に及ばなかったが、防御率1.73は2位の涌井に0.57点差をつけて断然1位。パ・リーグでは69年木樽の1.72以来、40年ぶりの好成績だった。PV46.5も、80年に木田が66.4を記録して以来最高の数字であり、07年に続いて2度目の1位。日本ハムで他にトップ10に入ったのは9位の**稲葉**だけで、優勝への貢献度は間違いなくチーム一だった。実際の投票でも187票中134票の1位票を集めていて、本書でもMVPとするのに迷いはない。

ただPVは意外な接戦で、西武からは**中村**、**中島**、涌井の3人が40点以上で2～4位を占めた。これほど優秀な選手がいながら70勝70敗の4位に終わったのは不思議だが、彼ら個人としては素晴らしいシーズンを送っていた。中村は2年連続本塁打王、48本は2位山崎武司（楽天）に9本差で、他には30本台に届いた者すら1人もいなかった。中島は173安打がリーグ最多のほか、出塁率.398も1位。涌井は前述のように最多勝、防御率2位で投球回数211.2はダルビッシュを30イニング近く上回る。11完投と4完封も1位で、ダルビッシュを押しのけ沢村賞に選出された。

　この3人の日本ハム戦の成績を見ると、中村は84打数33安打（打率.393）、11本塁打、26打点。出塁率.480、長打率は.893に達した。中島は93打数25安打（.269）、2本塁打、12打点、出塁率.430、長打率.409で、中村のほうがずっといい。涌井は3勝2敗、防御率2.85と悪くはないが特別良くもない。西武勢では中村が次点の最有力候補だ。

　あとは日本ハムでPV2位の稲葉との比較になるが、ファイターズの野手では糸井嘉男がPV25.1で11位だったほか、金子誠が20.8で16位、田中賢介が17.7で19位、ターメル・スレッジが16.6で20位と、稲葉以外にも多くの選手が活躍していた。OPSでも稲葉の.883は糸井（.901）やスレッジ（.888）を下回っている。PVで中村につけられた16.5点差を埋められるほどではなかったと判断し、中村を次点とした。

◆2009年のパ・リーグ年間チーム順位
　1北海道日本ハムファイターズ△、2東北楽天ゴールデンイーグルス、3福岡ソフトバンクホークス、4埼玉西武ライオンズ、5千葉ロッテマリーンズ、6オリックスバファローズ

◆2009年のパ・リーグのタイトルホルダー
　首位打者：鉄平、**最多本塁打**：中村剛也、**最多打点**：中村剛也、**最多盗塁**：片岡易之、**最多勝**：涌井秀章、**最優秀防御率**：ダルビッシュ有、**最多奪三振**：杉内俊哉、**最多セーブ投手**：武田久

◆2009年のトピックス
　→セより　楽天が初のCS進出、杜の都歓喜。野村監督勇退。宮里藍、米ツアー初優勝。プロレスの三沢光晴、試合中死亡。民主党に政権交代。

2010　セ・リーグ

実際のMVP＝和田一浩（中日）
本書でのMVP＝和田一浩（中日）、初
次点＝阿部慎之助（巨人）

PVトップ10

1	阿部慎之助	巨人	打率.281、44本、92打点	72.0
2	和田一浩	中日	打率.339、37本、93打点	61.8
3	青木宣親	ヤクルト	打率.358、14本、63打点	51.3
4	前田健太	広島	15勝8敗、防2.21	46.0
5	小笠原道大	巨人	打率.308、34本、90打点	41.5
6	城島健司	阪神	打率.303、28本、91打点	40.4
7	鳥谷敬	阪神	打率.301、19本、104打点	38.7
8	森野将彦	中日	打率.327、22本、84打点	37.3
9	坂本勇人	巨人	打率.281、31本、85打点	36.5
10	M・マートン	阪神	打率.349、17本、91打点	34.9

　6月末まで順調に首位を走っていた巨人が夏場に調子を崩し、阪神に抜かれる。その阪神も9月になってブレーキがかかり、7月1日時点で首位から8ゲーム離されていた中日が、8月31日からの14試合で12勝1敗1分の猛スパート。一気に首位を奪い、阪神・巨人に1ゲーム差で優勝。クライマックスシリーズでも巨人を下した。

　MVPの**和田**は打率.339が4位、出塁率.437と長打率.624はともに1位。PV 61.8はチーム2位の**森野**に24.5点の大差をつけ、リーグ全体でも2位。中日からMVPを選ぶなら他に候補はいない。PV 72.0でリーグ1位だったのは**阿部**。打率.281は22位でもリーグ3位の44本塁打を放ち、OPS .976も和田に次いで2位。守備が重視される捕手だったこともあって、PVは和田を10.2点上回った。巨人と中日のゲーム差は1しかなく、こちらも有力なMVP候補だ。

　中日と巨人の直接対決では、和田は86打数34安打（打率.395）、7本塁打、18打点、出塁率.480、長打率.733。阿部は77打数22安打（.286）、7本塁打、

250

10打点、出塁率.403、長打率.597で、明らかに和田に分がある。中日は巨人を15勝9敗と圧倒しており、和田のバットがそれに大きく貢献していた。MVPは投票結果通りに和田だろう。

　和田は阪神戦でも打率.354、5本塁打、15打点、OPS 1.081と打ちまくっていたが、森野も阪神戦では打率.462、5本塁打、15打点、OPS 1.254の猛打。年間の得点圏打率も.324と高く、.250に過ぎなかった阿部よりチャンスに強かった。とはいえ、34.7点も差があるPVの差を埋めるほどではない。4位の**前田**は、セ・リーグの投手では89年の斎藤以来となるPV 46.0を記録していたが、上位3強との対戦では6勝6敗、防御率3.38とさほどの数字でもなかった。次点は阿部が最もふさわしい。

　阪神の新外国人**マートン**は214安打を放ち、イチローが94年に達成した210安打を抜く新記録を樹立した。当時と比べて14試合も公式戦が増えていたことを考えても、これはこれで立派な本数である。けれどもPV 34.9はリーグ10位どまり。ヤクルトの**青木**も自身2度目の200本台となる204安打を放っていたが、こちらはPV 51.3で3位とマートンをはるかに上回っている。打率.358で首位打者になったのも青木で、マートンは打率.349、チームメイトの平野恵一（.350）をも下回り3位だった。塁打数は306対297でマートンが青木より多かったが、四死球は青木81、マートン50の大差。盗塁、盗塁刺、併殺打なども青木のほうが数字がよく、こうした要素が積み重なった結果、これほどまでにPVの差がついてしまったのだ。

◆2010年のセ・リーグ年間チーム順位
　1中日ドラゴンズ△、2阪神タイガース、3読売ジャイアンツ、4東京ヤクルトスワローズ、5広島東洋カープ、6横浜ベイスターズ
◆2010年のセ・リーグのタイトルホルダー
　首位打者：青木宣親、**最多本塁打**：A.ラミレス、**最多打点**：A.ラミレス、**最多盗塁**：梵英心、**最多勝**：前田健太、**最優秀防御率**：前田健太、**最多奪三振**：前田健太、**最多セーブ投手**：岩瀬仁紀
◆2010年のトピックス
　バンクーバー五輪開催（銀3、銅2）。サッカーワールドカップ南アフリカ大会で日本大健闘のベスト16。パへつづく→

2010 パ・リーグ

実際のMVP = 和田毅（ソフトバンク）
本書でのMVP = 西岡剛（ロッテ）、初
次点 = ダルビッシュ有（日本ハム）

PVトップ10

1	西岡剛	ロッテ	打率.346、11本、59打点	59.7
2	ダルビッシュ有	日本ハム	12勝8敗、防1.78	48.4
3	井口資仁	ロッテ	打率.294、17本、103打点	44.1
4	中島裕之	西武	打率.314、20本、93打点	40.5
5	田中賢介	日本ハム	打率.335、5本、54打点、34盗塁	37.4
6	多村仁志	ソフトバンク	打率.324、27本、89打点	32.5
7	A・カブレラ	オリックス	打率.331、24本、82打点	28.9
7	糸井嘉男	日本ハム	打率.309、15本、64打点	28.9
9	武田勝	日本ハム	14勝7敗、防2.41	28.7
10	T-岡田	オリックス	打率.284、33本、96打点	25.6

　9月上旬までソフトバンク、ロッテと競り合っていた西武が一歩抜け出し、残り8試合の時点で3.5ゲーム差をつけ首位、マジックは4まで減らしていた。ところがここからソフトバンクとの直接対決3連戦を含む5連敗を喫し、残り3試合でソフトバンクが逆転首位に立って逃げ切った。しかしながらクライマックスシリーズでは、ロッテが1勝3敗から3連勝。日本シリーズも制し"史上最大の下剋上"を成し遂げた。

　MVPを受賞したのはソフトバンクの和田で、同一年に同姓の選手がセ・パのMVPだったことになる。だが和田はリーグ最多の17勝を挙げてはいても、防御率3.14は5位、PV15.1は21位。チーム内でも**多村**、川崎宗則、ブライアン・ファルケンボーグ、馬原孝浩に次いで5位だった。しかも最後まで優勝を争った西武戦では、5試合で1勝4敗、防御率8.08と滅多打ちに遭っていた。ロッテ相手には4試合で3勝0敗、1.13と良かったが、PV順位の低さもあってMVP候補としては相当弱く、これほどの票数を集めた理由はよくわからない。和田の76票に次ぎ、2番目に多い1位票59票の杉内俊哉も、PV8.0

にすぎない。ソフトバンクでトップのPV32.5だった多村は、西武戦で84打数29安打、5本塁打、15打点。打率.345、出塁率.402、長打率.583と文句のない働きで、ホークスのMVP候補では一番手だろう。

他球団では**西岡**が打率.346で首位打者、パ・リーグではイチロー以来の200本となる206安打。出塁率.423は**カブレラ**に5厘差で2位、長打率.482も6位で、PV59.7も1位。ロッテでは86年の落合以来24年ぶりの1位であり、また遊撃手としては、02年に松井が82.7を記録して以来の高水準であった。和田はもとより多村にも27.2点の大差をつけていて、ロッテも3位とはいえソフトバンクとのゲーム差は2.5しかない。西岡がMVPに選ばれる資格は十分にあるだろう。

次点は多村よりも、MVPとなった前年をさらに上回るリーグ2位のPV48.4だった**ダルビッシュ**を推す。日本ハムが4位に終わったこともあり、実際のMVP投票では5番手だったが、上位3球団との対戦でも6勝3敗、防御率2.31と申し分なく、その実力を正当に評価したい。日本ハムからはダルビッシュ以外にも、**田中**、**糸井**、**武田勝**の合計4人がPVトップ10入り。順位は4位とはいえ得失点差＋64はロッテの＋73に次ぐものだった。優勝したソフトバンクの＋23は西武（＋38）をも下回る4位で、下克上を食らう要素は内在していた。

◆2010年のパ・リーグ年間チーム順位
1福岡ソフトバンクホークス、2埼玉西武ライオンズ、3千葉ロッテマリーンズ△★、4北海道日本ハムファイターズ、5オリックスバファローズ、6東北楽天ゴールデンイーグルス

◆2010年のパ・リーグのタイトルホルダー
首位打者：西岡剛、最多本塁打：T-岡田、最多打点：小谷野栄一、最多盗塁：本多雄一・片岡易之、最多勝：和田毅・金子千尋、最優秀防御率：ダルビッシュ有、最多奪三振：ダルビッシュ有、最多セーブ投手：B.シコースキー

◆2010年のトピックス
→セより　小惑星探査機「はやぶさ」が地球に帰還。各地で猛暑、熱中症患者相次ぐ。東北新幹線八戸・新青森間開通。

2011 セ・リーグ

実際のMVP＝浅尾拓也（中日）
本書でのMVP＝吉見一起（中日）、初
次点＝浅尾拓也（中日）

PVトップ10

1	鳥谷敬	阪神	打率.300、5本、51打点	45.9
2	阿部慎之助	巨人	打率.292、20本、61打点	45.0
3	長野久義	巨人	打率.316、17本、69打点	36.0
4	吉見一起	中日	18勝3敗、防1.65	29.8
5	内海哲也	巨人	18勝5敗、防1.70	28.1
6	坂本勇人	巨人	打率.262、16本、59打点	26.9
7	浅尾拓也	中日	7勝2敗10S、防0.41	25.7
8	畠山和洋	ヤクルト	打率.269、23本、85打点	23.7
9	澤村拓一	巨人	11勝11敗、防2.03	23.0
10	M・マートン	阪神	打率.311、13本、60打点	20.3

　この年のプロ野球最大のトピックはペナントレースの行方ではなく、統一球の導入だった。コミッショナーの肝煎りで使用球を全球団で統一したところ、過去のボールと比べて極めて反発力が弱くなり、打撃成績の大幅な低下／投手成績の急上昇を招くことになった。本塁打王はバレンティン（ヤクルト）だったが、31本はタイトルホルダーとしては61年の長嶋（28本）以来、最少の本数だった。
　セ・リーグのペナント争いは途中までヤクルトが独走。8月3日時点で2位阪神に8ゲーム、中日は4位で10ゲームも差をつけられていた。だが8月以降に中日は39勝19敗8分の快進撃で、この間30勝33敗4分だったヤクルトを逆転、2連覇を果たした。MVPはセットアップマンとして79試合に登板、防御率0.41だった**浅尾**。18勝、防御率1.65の二冠を制したチームメイトの**吉見**に、1位票170対70の大差をつけて選ばれ、この結果に吉見が不服を唱えもした。PRは吉見が投手で1位、リーグ全体でも4位。浅尾の25.7は**内海**の28.1をも下回り、投手では3位だったのだから、吉見の言い分もわからないで

はない。ただPV29.8は、吉見自身のベストだった09年の32.7を下回っている。

　浅尾は87.1回を投げ、自責点はわずか4点。とはいえ、リリーフ専門投手のPVが浅尾の25.7を超えていた例は何度もある。藤川球児などは05年に28.1、06年も26.3と、2年連続で浅尾より高いPVだった。浅尾の成績は多分に統一球効果のおかげでもあった。

　PVで1位だったのは、実際の投票では10位以内に入らなかった**鳥谷**の45.9。打率.300、5本塁打、51打点は目を惹く数字ではないが、出塁率.395は1位であり、なおかつ遊撃手としての守備位置修正が効いていた。だが阪神は4位どまりとあって、僅差でPV2位だった**阿部**ともども候補としては弱い。中日の野手では谷繁元信の15.4（16位）が最上位とあって、MVPはやはり浅尾か吉見のいずれかだろう。

　ヤクルトを逆転した最終3カ月の両者の成績を調べると、吉見は12試合（11先発）で10勝1敗、89回を投げ防御率1.52、PV15.3。浅尾は36試合に登板し3勝0敗6セーブ、42回で自責点1の防御率0.21、PV13.3。前の投手が残した走者を還し、セーブを失敗したことは2度あって、防御率が示すほど完璧ではなかったものの、それでも素晴らしい。吉見は浅尾の倍の投球回数だが、浅尾も登板数は吉見の3倍。複数イニングを投げたのも12試合あって、仕事量は不足していない。両者はほとんど互角といってよく、となるとPVの値に従い吉見がMVP、浅尾を次点とするのが、最も納得のいく結論となる。

◆2011年のセ・リーグ年間チーム順位
　1中日ドラゴンズ△、2東京ヤクルトスワローズ、3読売ジャイアンツ、4阪神タイガース、5広島東洋カープ、6横浜ベイスターズ
◆2011年のセ・リーグのタイトルホルダー
　首位打者：長野久義、**最多本塁打**：W.バレンティン、**最多打点**：新井貴浩、**最多盗塁**：藤村大介、**最多勝**：吉見一起・内海哲也、**最優秀防御率**：吉見一起、**最多奪三振**：前田健太、**最多セーブ投手**：藤川球児
◆2011年のトピックス
　3月11日、マグニチュード9.0の東日本大震災発生。死者・行方不明者数は2万人以上。福島第一原発で大事故。パへつづく→

2011 パ・リーグ

実際のMVP ＝ 内川聖一（ソフトバンク）
本書でのMVP ＝ 中村剛也（西武）、初
次点 ＝ 田中将大（楽天）

PVトップ10

1	中村剛也	西武	打率.269、48本、116打点	54.0
2	田中将大	楽天	19勝5敗、防1.27	42.2
3	中島裕之	西武	打率.297、16本、100打点	41.2
4	糸井嘉男	日本ハム	打率.319、11本、54打点、31盗塁	40.3
5	ダルビッシュ有	日本ハム	18勝6敗、防1.44	39.0
6	松田宣浩	ソフトバンク	打率.282、25本、83打点、27盗塁	31.0
7	内川聖一	ソフトバンク	打率.338、12本、74打点	29.6
8	和田毅	ソフトバンク	16勝5敗、防1.51	29.5
9	本多雄一	ソフトバンク	打率.305、0本、43打点、60盗塁	26.1
10	後藤光尊	オリックス	打率.312、8本、55打点	23.5

　日本ハムと首位争いをしていたソフトバンクが8月に抜け出し、最後は17.5ゲームの大差でリーグ2連覇。MVPに選ばれたのは、FAで横浜から加入した**内川**だった。打率.338で首位打者となったのが評価されたと思われ、実際の投票でも1位票120は、次点だった**田中**（43票）の3倍近くもあった。しかしながら、PV 29.6はリーグ7位でチームメイトの**松田**をも下回り、16勝を挙げた**和田**ともほとんど差がない。

　内川はケガのため114試合しか出場していなかった。欠場していた6月24日から7月31日までの29試合で、ホークスは17勝10敗2分、勝率.630。年間勝率は.657だから、出場時の存在価値の高さは証明している。だが不在時の勝率も2位日本ハムの.526よりはるかに上だった。また内川は守備についたのは88試合だけで、144試合フルイニング三塁を守った松田のほうが、より貢献度が高かったはずだ。

　松田と和田の日本ハム戦の成績は、7ゲームまで差を広げた9月7日までの17試合で和田は2試合に投げ1勝1敗、防御率3.86と平凡。松田も67打数20

安打（打率.299）、5打点、OPS.707と特に良くはない。だがそもそもPVの値が高いので、ホークスからMVPを選ぶなら松田が第一候補だろう。

ホークス以外にも有力なMVP候補が2人いた。実際の投票でも次点だった田中と、3位の**中村**である。田中は19勝、防御率1.27はいずれも1位。防御率はリーグ史上2位、56年稲尾の1.06以来の高水準で、歴史的な好成績として受賞を推す声もあった。だが田中の防御率の低さは、低反発球効果でリーグ全体の防御率が低くなっていたのも一因だった。PR 42.2はこの時点でリーグ史上22位と、歴史的な好成績とは言い難く、チームも5位と低迷していた。

史上屈指の成績を残していたのは、実は中村のほうだった。48本塁打、116打点で二冠王となった上、79四球と長打率.600も1位。本当に凄いのは48本塁打で、過去にもこれ以上の本数は何度もあったが、本塁打数が激減した11年のパ・リーグでは、2位の松田でさえ約半分の25本。20本以上はこの2人だけ、ロッテに至ってはチーム全体で46本と、中村1人にも及ばなかった。修正数は実に77.5本。プロ野球記録の55本塁打を放った王（64年）、ローズ（01年）、カブレラ（02年）の修正本数はそれぞれ56.9、39.6、45.9で、中村に遠く及ばない。修正本数のこれまでの最多記録だった、53年中西太の68.9本すらも9本近く更新し、実質的に日本新記録を樹立していたのだ。この結果、PV 54.0も田中に11.8点差で1位。これほどまで目覚しい成績を残していたのであれば、西武が3位どまりでも中村がMVPで間違いない。

次点は田中と松田の争い。田中はソフトバンク戦では4試合に先発し3勝0敗、37回で自責点1。44三振を奪い四球は5つ、8月27日には18奪三振。優勝チームを完膚なきまでに叩きのめしていて、松田も15打数2安打に封じていた。PVも田中が上位であり、チーム成績を勘案しても次点には充分と言える。

◆2011年のパ・リーグ年間チーム順位
　1福岡ソフトバンクホークス△★、2北海道日本ハムファイターズ、3埼玉西武ライオンズ、4オリックスバファローズ、5東北楽天ゴールデンイーグルス、6千葉ロッテマリーンズ

◆2011年のパ・リーグのタイトルホルダー
　首位打者：内川聖一、**最多本塁打**：中村剛也、**最多打点**：中村剛也、**最多盗塁**：本多雄一、**最多勝**：D.J.ホールトン・田中将大、**最優秀防御率**：田中将大、**最多奪三振**：ダルビッシュ有、**最多セーブ投手**：武田久

◆2011年のトピックス
　→せより　女子ワールドカップドイツ大会で、サッカー日本女子代表が初優勝。

2012 セ・リーグ

実際のMVP＝阿部慎之助（巨人）
本書でのMVP＝阿部慎之助（巨人）、初
次点＝坂本勇人（巨人）

PVトップ10

1	阿部慎之助	巨人	打率 .340、27本、104打点	93.3
2	坂本勇人	巨人	打率 .311、14本、69打点	50.7
3	長野久義	巨人	打率 .301、14本、60打点	36.4
4	W・バレンティン	ヤクルト	打率 .272、31本、81打点	35.6
5	鳥谷敬	阪神	打率 .262、8本、59打点	31.2
6	L・ミレッジ	ヤクルト	打率 .300、21本、65打点	30.9
7	前田健太	広島	14勝7敗、防1.53	30.6
8	川端慎吾	ヤクルト	打率 .298、4本、49打点	21.6
9	和田一浩	中日	打率 .285、9本、63打点	19.5
10	内海哲也	巨人	15勝6敗、防1.98	18.1

　巨人が中日に10.5ゲーム差をつけ3年ぶりに覇権を奪回。最初の20試合で6勝13敗1分とつまずいたが、4月26日以降は優勝が決まる9月21日まで3連敗以上は一度もなし、2連敗すら3度だけだった。クライマックスシリーズでは中日に3連敗し、土俵際に追い詰められてから3連勝。アドバンテージの1勝を加え日本シリーズ進出を果たした。PVランキングも1位**阿部**、2位**坂本**、3位**長野**とトップ3を巨人勢が独占し、これはセ・リーグ史上初めての快挙。パ・リーグを併せても50年の毎日（別当、荒巻、土井垣）、05年のソフトバンク（松中、城島、杉内）に次いで3度目のことだった。

　MVPが阿部だったのは至極当然だろう。実際の投票では1位票261のうち259票を獲得（残りは**内海**、山口鉄也が1票ずつ）。打率.340は2位の坂本に2分9厘差で首位打者、104打点もラミレス（DeNA）に28点の大差で1位。本塁打のみバレンティンに4本及ばず三冠王は逃したが、出塁率.429／長打率.565はいずれもただ一人の4割台／5割台で、PVは93.3というとてつもない数字を計上した。02年の松井以来となる90点台であり、2位坂本との42.6点

差は、75年に田淵が山本浩二に47.1点差をつけて以来の大差。捕手としても同年の田淵（96.3）に次ぎ、セ・リーグ史上2位の高水準だった。長年プロ野球を代表する強打者として君臨してきた阿部だが、MVPを受賞したのはこれが初めて。実際の投票では次点となったことすら一度もなかった。PV1位は09、10年に次いで3度目。本書でも02、04、09、10年と4回次点に選んではいたが、MVPとしたのは初めてで、満を持しての受賞と言える。

次点もPVの順位通り坂本で良いだろう。実際の投票では15勝を挙げた内海が2位、中継ぎの柱として72試合に登板、防御率0.84だった山口が3位で、坂本は4位どまりだった。だがリーグトップの173安打、35二塁打に加え、打率.311は2位、長打率.456と69打点は4位と、遊撃手としては出色の打力で、PV50.7もセ・リーグの遊撃手では95年の野村（67.1）以来の数字だった。

また、バレンティンは故障のため106試合の出場にとどまりながらも、リーグトップの31本塁打を放ってPV35.6も4位。規定打席に24も不足しながらタイトルを獲得した。2リーグ分立後では初の出来事であると同時に、翌年の大爆発の予兆となっていた。20本塁打以上は4人だけ、24本で3位のブランコ（中日）も359打席しか立っておらず当然規定不足で、本塁打ランキングの1・3位が規定以下という、統一球時代ならではの異常事態となっていた。

◆2012年のセ・リーグ年間チーム順位
1読売ジャイアンツ△★、2中日ドラゴンズ、3東京ヤクルトスワローズ、4広島東洋カープ、5阪神タイガース、6横浜ベイスターズ

◆2012年のセ・リーグのタイトルホルダー
首位打者：阿部慎之助、**最多本塁打**：W.バレンティン、**最多打点**：阿部慎之助、**最多盗塁**：大島洋平、**最多勝**：内海哲也、**最優秀防御率**：前田健太、**最多奪三振**：杉内俊哉・能見篤史、**最多セーブ投手**：岩瀬仁紀・T.バーネット

◆2012年のトピックス
ロンドンオリンピック開催、史上最多のメダル獲得。ノーベル生理学・医学賞を京都大学教授山中伸弥が受賞。パへつづく→

2012 パ・リーグ

実際のMVP = 吉川光夫（日本ハム）
本書でのMVP = 吉川光夫（日本ハム）、初
次点 = 糸井嘉男（日本ハム）

PVトップ10
1	中島裕之	西武	打率.311、13本、74打点	42.9
2	糸井嘉男	日本ハム	打率.304、9本、48打点	29.1
3	吉川光夫	日本ハム	14勝5敗、防1.71	25.5
4	攝津正	ソフトバンク	17勝5敗、防1.91	24.1
5	田中将大	楽天	10勝4敗、防1.87	22.2
6	李大浩	オリックス	打率.286、24本、91打点	19.7
6	大隣憲司	ソフトバンク	12勝8敗、防2.03	19.7
8	井口資仁	ロッテ	打率.255、11本、60打点	19.2
9	松田宣浩	ソフトバンク	打率.300、9本、56打点	18.8
10	角中勝也	ロッテ	打率.312、3本、61打点	17.3

　大黒柱のダルビッシュがメジャー・リーグへと活躍の場を移し、苦戦は免れないと予想されていた日本ハムが、栗山英樹新監督の下、西武との競り合いを制して3年ぶりの優勝。クライマックスシリーズでも3位から勝ち上がってきたソフトバンクに対し、すべて接戦ながら勝利を収め3タテした。

　MVPに選ばれたのは、リーグトップの防御率1.71を記録した**吉川**。新人だった07年に4勝、翌年に2勝を挙げて以来、3年間で0勝11敗と伸び悩んでいたのが、一気に14勝と躍進。前年に1勝もできなかった投手がMVPを受賞したのは、新人を除けば初めての例だった。防御率1.71は1位、158奪三振は**田中**に次ぎ2位。PV25.5もリーグ3位、投手では1位だった。

　日本ハムでは**糸井**が吉川を上回るPV29.1。打率.304は3位、出塁率.404は1位で、本塁打や打点の数字こそ物足りないものの、総合的な攻撃力は高かった。実際の投票での1位票は吉川181、糸井3と圧倒的な差がついていたが、貢献度において両者に大きな差はなかった。この2人以外にPVトップ10入りした日本ハムの選手はおらず、MVP候補はこの2人と、2位西武でリーグ1位

のPV42.9だった**中島**に絞られる。

　まず吉川は、西武相手には2勝3敗と負け越しながらも防御率は2.54。0.5ゲーム差の2位で迎えた9月14日の試合では1－0の完封勝ちで首位に立ち、2ゲーム差をリードしての対戦となった28日にも再度完封勝利。8月以降、優勝が決まるまでに日本ハムの先発陣に勝ちがついたのは20試合あったが、うち7勝を吉川が挙げており、この間9試合に投げ2失点以上は1度だけ、防御率1.11と完璧に近かった。糸井も同期間に出場した41試合で159打数53安打、打率.333、6本塁打、24打点、出塁率.411、長打率.516の好成績。だが西武戦では79打数17安打で.215の低打率、1本塁打で5打点。OPSは.681と苦戦していた。ダルビッシュの退団により、大きな穴が開いたローテーションを見事に埋めた吉川の働きは糸井以上のもので、西武戦での成績も考慮に入れれば、PVの3.6点差は逆転する。

　中島は西武の選手で唯一のPVトップ10入り。四番打者の中村剛裕やリードオフマンの片岡易之が故障がちで、終盤戦には栗山巧までも欠いた打線を一人で引っ張った。チームが優勝していれば文句なしのMVPだったはずだが、西武は日本ハムとの最後の3試合に全敗し、そこで中島は11打数1安打1打点。敗れたのは中島だけの責任ではないけれども、最も大事な試合で打てなかったのはマイナスになる。日本ハム戦の年間成績も87打数25安打で打率.287、3本塁打、15打点、OPS.765と特別良くはない。MVPは吉川、次点は糸井で間違いないだろう。

◆2012年のパ・リーグ年間チーム順位
　1北海道日本ハムファイターズ△、2埼玉西武ライオンズ、3福岡ソフトバンクホークス、4東北楽天ゴールデンイーグルス、5千葉ロッテマリーンズ、6オリックスバファローズ

◆2012年のパ・リーグのタイトルホルダー
　首位打者：角中勝也、**最多本塁打**：中村剛也、**最多打点**：李大浩、**最多盗塁**：聖澤諒、**最多勝**：攝津正、**最優秀防御率**：吉川光夫、**最多奪三振**：田中将大、**最多セーブ投手**：武田久

◆2012年のトピックス
　→セより　東京スカイツリーが開業。東京電力、家庭向け電気料金を値上げ。

2013　セ・リーグ

実際のMVP＝ウラディミール・バレンティン（ヤクルト）
本書でのMVP＝ウラディミール・バレンティン（ヤクルト）、初
次点＝阿部慎之助（巨人）

PVトップ10

1	W・バレンティン	ヤクルト	打率.330、60本、131打点	94.9
2	阿部慎之助	巨人	打率.296、32本、91打点	78.9
3	T・ブランコ	DeNA	打率.333、41本、136打点	51.8
4	梶谷隆幸	DeNA	打率.346、16本、44打点	42.1
5	鳥谷敬	阪神	打率.282、10本、65打点	37.1
6	村田修一	巨人	打率.316、25本、87打点	36.2
7	前田健太	広島	15勝7敗、防2.10	31.6
8	H・ルナ	中日	打率.350、9本、51打点	25.9
9	能見篤史	阪神	11勝7敗、防2.69	20.7
10	西村健太朗	巨人	4勝3敗42S、防1.13	20.6

　巨人が6月中旬以降独走し、2位阪神に12.5ゲーム差をつけ2連覇。クライマックスシリーズでも、すべて接戦ながら広島を3タテした。だがMVPに選ばれたのは巨人の選手ではなく、長い間"聖域"とされてきた王貞治の年間本塁打記録を更新し、60本の大台に達した**バレンティン**。最下位球団からの選出は史上初めてであった。本塁打だけでなく打率.330も2位、出塁率.455と長打率.779も1位で、PV94.9は73年の王、75年の田淵、02年の松井に次ぐリーグ史上4位の大記録だった。
　MVPは本当にバレンティンで間違いなかったのか。主砲がこれほど打ちまくったにもかかわらず、ヤクルトは巨人に28.5ゲームの大差をつけられ最下位。もちろん、その責任をバレンティンが負う必要はない。しかしながら、優勝した巨人にも通常の年であれば当然MVPとなっていた選手がいた。PV78.9で2位の**阿部**である。打率こそ3割を下回ったものの、出塁率.427は2位、長打率.564も3位。32本塁打と91打点も、バレンティンと**ブランコ**に次いで3位だった。これまでセ・リーグでPV70以上を記録した優勝チ

ームの選手は、それ以上の数字だったチームメイトがいない限り、例外なく本書のMVPとしていた。優勝チームからMVPを選ぶという原則からしても、阿部にも資格は充分にあるはずだ。

　そうは言っても、やはりバレンティンをMVPとしないわけにはいかない。この年は11～12年に使用していた反発力の低い統一球に代えて、以前の水準まで反発力を戻したボールを使っていた。そのため、500打数あたりのリーグ本塁打数は8.07→12.30本と急増していたが、特別に飛ぶボールになったわけではない。バレンティンの修正本塁打数も65.8本で、実数の60本を上回っている。この本数は、64年の王の57.4本を8本以上も更新するリーグ最多記録であり、実を伴った新記録であった。だからこそPVもこれだけの数字になったわけで、狭い神宮がホームグラウンドだった点（58試合で38本塁打を量産）を考慮しても、歴史的な好成績と断言していい。

　阿部も凄い成績ではあったが、PV 93.3だった前年の水準には届いていなかったこともあり、一歩譲らざるを得ないだろう。それでも次点は阿部以外にはあり得ない。実際の投票ではチームメイトの**村田**が2位となったが、PV 36.2は阿部の半分にも満たないとあっては、この投票結果はまったく納得できない。

◆2013年のセ・リーグ年間チーム順位
　1読売ジャイアンツ△、2阪神タイガース、3広島東洋カープ、4中日ドラゴンズ、5横浜DeNAベイスターズ、6東京ヤクルトスワローズ

◆2013年のセ・リーグのタイトルホルダー
　首位打者：T.ブランコ、**最多本塁打**：W.バレンティン、**最多打点**：T.ブランコ、**最多盗塁**：丸佳浩、**最多勝**：小川泰弘、**最優秀防御率**：前田健太、**最多奪三振**：R.メッセンジャー、**最多セーブ投手**：西村健太朗

◆2013年のトピックス
　WBC、日本は3連覇を逃し、3位。長嶋茂雄と松井秀喜に対する国民栄誉賞授与式挙行。パへつづく→

2013 パ・リーグ

実際のMVP＝田中将大（楽天）
本書でのMVP＝田中将大（楽天）、初
次点＝ケーシー・マギー（楽天）

PVトップ10

1	田中将大	楽天	24勝0敗、防1.27	54.1
2	長谷川勇也	ソフトバンク	打率.341、19本、83打点	45.8
3	金子千尋	オリックス	15勝8敗、防2.01	38.6
4	浅村栄斗	西武	打率.317、27本、110打点	32.7
5	糸井嘉男	オリックス	打率.300、17本、61打点	30.8
5	C・マギー	楽天	打率.292、28本、93打点	30.8
7	中田翔	日本ハム	打率.305、28本、73打点	27.2
8	井口資仁	ロッテ	打率.297、23本、83打点	21.8
9	陽岱鋼	日本ハム	打率.282、18本、67打点、47盗塁	21.7
10	内川聖一	ソフトバンク	打率.316、19本、92打点	21.1

　楽天が結成9年目にして初のリーグ制覇。得失点差＋91はソフトバンクの＋98を下回ったものの、7月4日に首位に立ってからは一度もその座を明け渡すことはなかった。その勢いを保ったまま、クライマックスシリーズでロッテ、日本シリーズでも巨人を撃破し日本一に輝いた。

　その原動力がエースの**田中**だった点に異論の余地はない。レギュラーシーズンでは27先発（ほかに救援登板が1試合）で、一度も敗れることなく24勝。前年からの連勝記録も28まで伸ばし、57年の稲尾の20連勝を軽々と超えた。これまでも勝率10割を記録した投手はいたけれども、最も勝利数の多かった81年の間柴茂有（日本ハム）でも15勝。これを9勝も上回っただけでなく、防御率1.27も2位**金子**に0.74の大差をつけた。4失点以上の試合は一度もなく、6〜7月にかけて42イニング連続無失点も記録。パ・リーグの全球団に対し防御率1点台以下、クライマックスシリーズに進出した西武とロッテ相手には合計40回で自責点3、防御率0.68と、どこをとっても非の打ち所がなかった。奪三振だけは183個で、1位の金子に17個及ばず投手三冠こそ逃した

264

ものの、PV 54.1 は投手としては 80 年の木田以来、リーグ 33 年ぶりとなる 50 点台。イーグルスの投手では他に PV 10 以上の者は皆無で、たとえ優勝できなかったとしても MVP に選ばれて然るべき内容。実際の投票で満票を得たのも当然であり、日本での最後のシーズンを最高の形で締めくくった。

次点は誰になるだろうか。田中に次ぐリーグ 2 位の PV 45.8 だった**長谷川**は、打率.341 で首位打者、198 安打も 1 位。ソフトバンクは 4 位に終わっていたが、個人としては申し分のない数字を残した。楽天では**マギー**がいずれもチームトップの 28 本塁打、93 打点で、PV 30.8 は 5 位。田中以外ではただ一人 20 位以内にランクされた。

実際の投票でもこの 2 人は僅差で 2・3 位だったが、ここではマギーを次点としたい。ソフトバンク打線は長谷川以外にも**内川**が PV 21.1 で 10 位、柳田悠岐が 18.3 で 12 位と、力のある打者が何人もいたが、楽天の野手でマギーに次ぐ PV だったのはアンドリュー・ジョーンズの 7.7。マギーはイーグルス打線をほとんど 1 人で引っ張っていたようなもので、チームにおける重要度は長谷川よりもずっと上だった。所属球団の順位も考慮すれば、15.0 点あった PV の差をひっくり返すだけの働きはしていたはずだ。

◆2013 年のパ・リーグ年間チーム順位
1 東北楽天ゴールデンイーグルス△★、2 埼玉西武ライオンズ、3 千葉ロッテマリーンズ、4 福岡ソフトバンクホークス、5 オリックスバファローズ、6 北海道日本ハムファイターズ

◆2013 年のパ・リーグのタイトルホルダー
首位打者：長谷川勇也、**最多本塁打**：M.アブレイユ、**最多打点**：浅村栄斗、**最多盗塁**：陽岱鋼、**最多勝**：田中将大、**最優秀防御率**：田中将大、**最多奪三振**：金子千尋、**最多セーブ投手**：益田直也

◆2013 年のトピックス
→セより　楽天・田中将大が日本プロ野球新記録の開幕から24連続勝利投手。富士山が世界文化遺産に登録される。

2014 セ・リーグ

実際のMVP ＝ 菅野智之（巨人）
本書でのMVP ＝ 菅野智之（巨人）、初
次点 ＝ 丸佳浩（広島）

PVトップ10
1	山田哲人	ヤクルト	打率.324、29本、89打点	68.7
2	W・バレンティン	ヤクルト	打率.301、31本、69打点	40.1
3	丸佳浩	広島	打率.310、19本、67打点	39.5
4	鳥谷敬	阪神	打率.313、8本、73打点	35.3
5	雄平	ヤクルト	打率.316、23本、90打点	31.2
6	H・ルナ	中日	打率.317、17本、73打点	28.8
7	菅野智之	巨人	12勝5敗、防2.33	27.6
8	前田健太	広島	11勝9敗、防2.60	26.8
9	菊池涼介	広島	打率.325、11本、58打点	26.1
10	坂本勇人	巨人	打率.279、16本、61打点	26.0

　本命視された巨人が打率.257でリーグ5位、596得点は4位と打撃が振るわず苦戦を強いられる。最後は阪神と広島を振り切りリーグ3連覇を果たしたが、クライマックスシリーズは阪神に4連敗。得失点差は巨人が＋44で1位、広島が＋39で、－15の阪神が日本シリーズに進出する珍事が発生した。

　MVPを誰とすべきかは、シーズン中から議論の的だった。優勝した巨人にこれといった候補者がいなかったからである。受賞したのは防御率2.33で1位の**菅野**だが、故障のため8月上旬から1カ月戦列を離れた点に不満を唱える声もあった。それでもPV27.6はチーム1位。上位との対戦でも、広島には防御率3.09ながら3勝0敗、阪神には2勝1敗でも防御率0.86に封じていた。巨人の投手で他にPV20位以内は皆無。終盤戦で再度肘を痛め、クライマックスシリーズで投げられなかったのは印象が悪いけれども、MVPはあくまでレギュラーシーズンが対象なので、その点は関係ない。野手では**坂本**の26.0がトップだったが、打率16位・出塁率19位・長打率18位はいずれも平凡な順位とあって、MVP候補とはならない。

ＰＶ１位の**山田**は、打率.324／出塁率.403／長打率.539がそれぞれ３位／４位／３位。193安打は"日本人の""右打者として"の新記録として連盟表彰もされた。とはいえ、彼の真価はこのような但し書きが２つもつく曖昧な記録にあるのではなく、守備が優先される二塁を守りながら、68.7というハイレベルなＰＶを叩き出したことにある。一塁手や外野手ならこのくらいの打撃成績も珍しくないが、二塁手では99年のローズ（88.7）以来、リーグ史上２位の数字。巨人戦でも106打数36安打（打率.340）、７本塁打、15打点、13四球、ＯＰＳ1.039と打ちまくっていた。

　ただし、パ・リーグでは02年の松井稼頭央がＰＶ87.4、03年の井口資仁は72.4と、打てる二塁手・遊撃手は近年に何人もいた。また山田は本拠地の狭い神宮球場で29本塁打中17本を稼いでいて、神宮以外では打率.297／出塁率.360／長打率.467、ＯＰＳ.827とそこまで凄い数字にはならない。しかもヤクルトは最下位であり、そのこと自体は弱体投手陣の責任で山田と直接の関係はないけれども、ＭＶＰとして推薦する理由にもならない。同じことは31本塁打で２位の**バレンティン**にも言える。神宮では12本塁打だけで、ホームグラウンドに助けられての本数ではなく、ＰＶ40.1も２位ではあるが、13年の半分以下とあってはインパクトは弱い。

　阪神では**鳥谷**がＰＶ４位だったが、巨人戦では100打数28安打、０本塁打、７打点、ＯＰＳ.641と今一つ。ＰＶ３位の**丸**は巨人戦で93打数28安打、５本塁打、11打点、15四球、ＯＰＳ.914とよく打っていた。巨人に突き放された９月以降の28試合も打率.340、ＯＰＳ.927。山田との比較でも、条件を同じにするため神宮での成績を除外すると、打率.302／出塁率.414／長打率.469、ＯＰＳは.883で.056も上回っている。とはいえ菅野とのＰＶの差は11.9点で、順位を無視してＭＶＰとするほどでもない。よって若干の物足りなさはあってもＭＶＰは菅野、次点は丸としたい。

◆2014年のセ・リーグ年間チーム順位
　１読売ジャイアンツ、２阪神タイガース△、３広島東洋カープ、４中日ドラゴンズ、５横浜ＤｅＮＡベイスターズ、６東京ヤクルトスワローズ
◆2014年のセ・リーグのタイトルホルダー
　首位打者：Ｍ.マートン、**最多本塁打**：Ｂ.エルドレッド、**最多打点**：Ｍ.ゴメス、**最多盗塁**：梶谷隆幸、**最多勝**：Ｒ.メッセンジャー・山井大介、**最優秀防御率**：菅野智之、**最多奪三振**：Ｒ.メッセンジャー、**最多セーブ投手**：呉昇桓

2014 パ・リーグ

実際のMVP = 金子千尋（オリックス）
本書でのMVP = 糸井嘉男（オリックス）、初
次点 = 柳田悠岐（ソフトバンク）

PVトップ10

1	糸井嘉男	オリックス	打率.331、19本、81打点、31盗塁	50.2
2	柳田悠岐	ソフトバンク	打率.317、15本、70打点、33盗塁	36.2
3	金子千尋	オリックス	16勝5敗、防1.98	34.4
4	E・メヒア	西武	打率.290、34本、73打点	25.9
5	陽岱鋼	日本ハム	打率.293、25本、85打点	24.2
6	大谷翔平	日本ハム	11勝4敗、防2.61	17.1
			打率.274、10本、31打点	3.9
7	佐藤達也	オリックス	6勝4敗、防1.09	20.7
8	中村剛也	西武	打率.257、34本、90打点	19.6
9	岸孝之	西武	13勝4敗、防2.51	19.5
9	内川聖一	ソフトバンク	打率.307、18本、74打点	19.5

　序盤戦からオリックスとソフトバンクの2強状態が続き、一時は2位オリックスにマジック7が点灯。だが10月2日の直接対決でソフトバンクが勝ち、最終戦で3年ぶりの優勝を決めた。得失点差はオリックスが+116で、ソフトバンクの+85を上回り、PVランキングも1位**糸井**、3位**金子**に加え7位も**佐藤**とオリックスが優勢。実際のMVPも16勝、防御率1.98の二冠を制した金子だった。ソフトバンクは**柳田**の2位以外、トップ10には9位の**内川**だけで、投手ではサファテ（37セーブ、防御率1.05）がPV19.3で12位だった。

　優勝チームで一番の選手をMVPとするなら、柳田が受賞すべきだろう。打率.317は3位、出塁率.413と33盗塁は2位。PV36.2はチーム2位の内川の約2倍、実際の投票でも次点に入った。ただ、ソフトバンクには松田がPV13.6、長谷川も13.0と優秀な打者が何人もいて、打線全体に占める柳田のウェイトはそこまで重くはなかった。一方、オリックスの野手で糸井の次にPVが高かったのは安達了一の7.8。柳田を欠いてもホークス打線はそれなり

の得点力があっただろうが、糸井を欠いたバファローズ打線は得点を挙げるのに苦労したはずである。

ソフトバンクとオリックスの直接対決でも、柳田の87打数26安打（打率.299）、1本塁打、10打点、OPS.730に対し、糸井が90打数27安打（.300）、3本塁打、15打点、OPS.896と大幅に上回る。両球団のゲーム差は0で、ここまで数字に差がある以上、糸井をさしおいて柳田をMVPとするのは難しい。

金子は見事な成績ではあったが、ソフトバンク戦では4勝を挙げたものの、防御率は3.43。PVで15.8点上の糸井ほどの貢献度があったとは考えにくい。1位票が金子の125票に対し、糸井がたった3票だったのは解せない。

ところで、この年は日本ハムの**大谷**が二刀流として開花し大きな話題となった。投手としては11勝が5位、防御率2.61と179奪三振が3位で、奪三振率10.37は1位。PV17.1は金子に次ぎ投手では2位だった。打者としてはDHで起用され234打席で10本塁打。同一年に10勝＆10本塁打はプロ野球史上初であり、メジャー・リーグでも1918年のベーブ・ルース（13勝＆11本）以来例がないとあって、まさしく歴史的快挙。長打率.505は32本塁打のペーニャ（オリックス）、27本塁打・100打点の中田翔（日本ハム）をも上回り、「二刀流は客寄せパンダ」などと決めつけていた評論家に大恥をかかせた。

けれども、その活躍はMVPに値するほどのものなのか？　投票では金子、柳田に次ぐ35票の1位票を集めたが、打者としてのPVは3.9にとどまり、投手での数字を合算しても21.0でリーグ6位。チームメイトの**陽**よりも下だ。これは通常のレギュラー野手の半分の出場試合数だったことに加え、DHだったため守備位置修正でマイナスになったのも理由だった。日本ハムが優勝していたらMVPの有力候補だっただろうが、6.5ゲーム差の3位とあっては"プロ野球史上初の快挙"でもMVPとはできない。

◆2014年のパ・リーグ年間チーム順位
1福岡ソフトバンクホークス△★、2オリックスバファローズ、3北海道日本ハムファイターズ、4千葉ロッテマリーンズ、5埼玉西武ライオンズ、6東北楽天ゴールデンイーグルス

◆2014年のパ・リーグのタイトルホルダー
首位打者：糸井嘉男、**最多本塁打**：E.メヒア・中村剛也、**最多打点**：中田翔、**最多盗塁**：西川遥輝、**最多勝**：金子千尋、**最優秀防御率**：金子千尋、**最多奪三振**：則本昂大、**最多セーブ投手**：平野佳寿

1950-59 セ・リーグ

年代別MVP＝別所毅彦

50年代通算PVトップ20

❶	杉下茂	中日	301.5	⓫	長谷川良平	広島	164.7
❷	与那嶺要	巨人	299.3	⓬	広岡達朗	巨人	143.2
❸	別所毅彦	巨人	290.9	⓭	岩本義行	松竹・洋松	142.2
❹	金田正一	国鉄	267.6	⓮	西沢道夫	中日	136.7
❺	小鶴誠	松竹・広島	220.9	⓯	藤本英雄	巨人	129.2
❻	藤村富美男	大阪	218.6	⓰	長嶋茂雄	巨人	126.1
❼	川上哲治	巨人	191.7	⓱	吉田義男	大阪	125.7
❽	大友工	巨人	178.4	⓲	白石勝巳	広島	124.5
❾	田宮謙次郎	大阪	171.8	⓳	千葉茂	巨人	123.9
❿	青田昇	巨人・洋松	170.8	⓴	金田正泰	大阪	116.3

　50年代で最も多く本書がMVPに選んだのは、51・52・55年の3度輝いた別所。PVも1位2回、3位2回で合計5回5位以内に入った。50年代の通算PVでは杉下、与那嶺、別所の3人が10点差以内にひしめいている。与那嶺は56・57年にMVPとなり、PVも56年1位、54・57年に2位だったが、ほかに5位以内の年はない。杉下の5位以内も3度だけで、トータルのPVは杉下・与那嶺を下回っていても、50年代を通じてのMVPは別所だろう。

　10年中8年は巨人が優勝し、通算PVでも上位10名中5人、20名中9人が巨人勢と、戦力面では圧倒的に優位だった。長嶋などは実働2年だけで16位に食い込んでいる。優勝はなかったタイガースからも、6位の藤村を筆頭に4人が入った。50年に結成された新興球団の中では、国鉄の大エース金田が4位。広島は勝率5割以上の年は一度もなかったけれども、個人レベルでは優れた選手がいて、3人がランキング入りを果たしている。

1950−59パ・リーグ

年代別MVP＝中西太

50年代通算PVトップ20

❶	中西太	西鉄	336.5	⓫	別当薫	毎日	147.9
❷	山内和弘	毎日	306.9	⓬	土井垣武	毎日ほか	144.3
❸	豊田泰光	西鉄	300.2	⓭	関口清治	西鉄	131.4
❹	大下弘	東急・西鉄	241.5	⓮	戸倉勝城	毎日・阪急	117.6
❺	稲尾和久	西鉄	219.8	⓯	柚木進	南海	107.3
❻	荒巻淳	毎日	200.1	⓰	毒島章一	東急	107.2
❼	飯田徳治	南海	181.6	⓱	L・レインズ	阪急	105.8
❽	野村克也	南海	168.6	⓲	川崎徳次	西鉄	101.0
❾	岡本伊佐美	南海	163.5	⓳	飯島滋弥	大映	100.8
❿	蔭山和夫	南海	159.4	⓴	榎本喜八	毎日	100.4

　50年代のパ・リーグは南海（5回）・西鉄（4回）・毎日（1回）の3球団で優勝を分け合ったが、その理由がこの表によく表われている。15位までの選手は全員、この3球団のいずれかに在籍しているのだ。最下位6度の近鉄や、3年間で消滅した高橋ユニオンズの選手は20位以内に1人も入らなかった。西鉄は1位中西・3位豊田・4位大下・5位稲尾とトップ5に4人を送り込んでいる。

　本書で複数回MVPになったのは、55・56年の中西と57・58年の稲尾。中西は53・55年にPV1位、6位以内が6回。稲尾は58年に1位だったが、そもそも入団したのが56年で実働年数は4年だけとあって、合計PVは中西に100点以上の差をつけられた。50年代のMVPは中西以外にいないだろう。55〜57年に3年連続2位だった山内は、西鉄勢の間に割って入って2位。53・54年の2年しか阪急に在籍しなかったレインズの17位も、セ・リーグの長嶋同様に凄い。

1960-69セ・リーグ

年代別MVP＝王貞治
60年代通算PVトップ20

❶	王貞治	巨人	654.9	⓫	金田正一	国鉄・巨人	137.3
❷	長嶋茂雄	巨人	524.3	⓬	G・バッキー	阪神	132.3
❸	江藤慎一	中日	344.3	⓭	山内一弘	阪神・広島	112.0
❹	村山実	阪神	199.9	⓮	木俣達彦	中日	104.8
❺	中利夫	中日	198.1	⓯	柴田勲	巨人	101.1
❻	桑田武	大洋	186.5	⓰	城之内邦彦	巨人	99.2
❼	近藤和彦	大洋	172.1	⓱	江夏豊	阪神	92.1
❽	高木守道	中日	157.7	⓲	豊田泰光	国鉄/サンケイ	92.0
❾	山本一義	広島	140.8	⓳	興津達雄	広島	91.0
❿	D・ロバーツ	サンケイ	138.2	⓴	並木輝男	阪神	81.6

　63年までは4年間で3回長嶋が本書のMVPとなったが、以後は王が6年連続受賞し、PVの合計でも長嶋に130.6点差をつけ1位だった。当然年代MVPも王とすべきだろう。この2人以外でPVが200点を超えたのは江藤だけで、どれほどONが突出していたかがわかる。

　50年代は通算1位が杉下、3位別所、4位金田と投手が上位を占めていたが、60年代で10位以内に入った投手は4位の村山だけ。巨人勢の割合も減っていて、ON以外は誰もトップ10には入らず、20位まで範囲を広げても65年に移籍してきた金田と、柴田・城之内の合計5人にとどまった。一度も優勝のなかった中日勢は10位以内に3人。60年に日本一になった大洋からも桑田と近藤が6・7位に入っていて、戦力分布図が変わり始めている様子が見て取れる。67年にサンケイが獲得したロバーツ、同年阪神に入団した江夏は、それぞれ実働3年で10位、17位と健闘した。

1960-69 パ・リーグ

年代別MVP ＝ 野村克也

60年代通算PVトップ20

❶	野村克也	南海	711.9	⓫	豊田泰光	西鉄	137.5
❷	張本勲	東映	485.0	⓬	和田博実	西鉄	124.4
❸	榎本喜八	大毎/東京	271.1	⓭	池永正明	西鉄	118.1
❹	広瀬叔功	南海	229.2	⓮	小玉明利	近鉄	109.9
❺	D・スペンサー	阪急	200.7	⓯	毒島章一	東映	106.7
❻	J・ブルーム	近鉄・南海	190.2	⓰	長池徳二	阪急	97.6
❼	山内和弘	大毎	184.1	⓱	田宮謙次郎	大毎	93.1
❽	稲尾和久	西鉄	183.8	⓲	尾崎行雄	東映	87.8
❾	皆川睦雄	南海	179.4	⓳	杉浦忠	南海	86.4
❿	土井正博	近鉄	153.7	⓴	西園寺昭夫	東映	85.4

　西鉄は優勝が一度だけ、62年に東映が初優勝し、67年からは阪急が3連覇と明らかに勢力図が書き換えられた年代。本書のMVPは野村が63年から4年連続で獲得した。PVでは60・61年に3位だったあと、62年から7年連続1位。10年間の合計でも張本に200点以上の大差をつけ、700点を超えたのはこの年代の野村が唯一である。年代MVPは彼以外に考えられない。張本の485.0点も相当の数字なのだが、相手が悪かった。

　セ・リーグ以上に戦力の均衡化は進んでいて、トップ10には6球団すべての選手がランクイン。50年代には20位にすら誰も入らなかった近鉄勢も、6位ブルーム、10位土井、14位小玉と存在感を発揮している。チームの衰退に合わせて、西鉄勢で10位以内は稲尾だけ。豊田は62年まで西鉄に在籍し11位、その後国鉄に移ってセ・リーグでも18位。池永や尾崎など、追放処分や酷使による故障で短命に終わった選手の名も見られる。

1970-79セ・リーグ

年代別MVP＝王貞治
70年代通算PVトップ20

❶	王貞治	巨人	624.8	⓫	小林繁	巨人・阪神	118.3
❷	田淵幸一	阪神	462.7	⓬	衣笠祥雄	広島	110.6
❸	山本浩二	広島	306.2	⓭	平松政次	大洋	108.4
❹	木俣達彦	中日	287.6	⓮	松岡弘	ヤクルト	105.6
❺	J・シピン	大洋・巨人	244.7	⓯	新浦壽夫	巨人	105.2
❻	若松勉	ヤクルト	222.7	⓰	柳田真宏	巨人	97.6
❼	藤田平	阪神	196.4	⓱	松原誠	大洋	97.5
❽	掛布雅之	阪神	162.1	⓲	柴田勲	巨人	95.1
❾	江夏豊	阪神・広島	138.7	⓳	G・マーチン	中日・大洋	93.2
❿	三村敏之	広島	126.1	⓴	谷沢健一	中日	89.1

　60年代と同じく、王が6回本書のMVPとなった。当然70年代のMVPでもある。PVでは70〜73・76年の5度1位、通算624.8点は2位田淵に162.1点差。田淵はMVPこそ75年の一度だけだが、PVは74・75年に1位、72・73・76年に2位と、72〜76年の5年間の合計は王より5.7点少ないだけだった。

　後半は山本浩の時代で、77・78年にPV1位、75・79年に2位。巨人の連続優勝が73年を最後に9年で途切れたことを象徴するかのように、王以外の巨人勢は上位から姿を消している。代わって台頭した広島からは、山本を筆頭に上位12位までに4人がランクイン。阪神も10位以内に4人いるが優勝は一度もなく、スター選手の力がチームの勝敗に結びついていなかった。75年から正三塁手となった掛布は実働5年で8位。阪神から75年に南海へ移籍、78年に広島でセ・リーグに戻った江夏は実働7年で、投手では最上位の9位だった。

1970−79 パ・リーグ

年代別MVP＝福本豊

70年代通算PVトップ20

❶	張本勲	東映/日本ハム	278.8	⓫	山田久志	阪急	175.4
❷	福本豊	阪急	275.8	⓬	山崎裕之	ロッテ・西武	163.1
❸	加藤英司	阪急	269.2	⓭	村田兆治	ロッテ	151.0
❹	野村克也	南海ほか	247.9	⓮	基満男	太平洋/クラウン	146.1
❺	有藤通世	ロッテ	215.4	⓯	B・マルカーノ	阪急	123.8
❻	鈴木啓示	近鉄	198.3	⓰	大杉勝男	東映/日本ハム	114.9
❼	G・アルトマン	ロッテ	191.0	⓱	C・ジョーンズ	南海・近鉄	110.0
❽	門田博光	南海	188.3	⓲	L・リー	ロッテ	98.2
❾	長池徳二	阪急	186.6	⓳	足立光宏	阪急	90.6
❿	土井正博	近鉄・太平洋	186.2	⓴	富田勝	南海・日本ハム	89.1

　60年代の野村のような飛びぬけた選手がいなかった上、張本が76年に巨人へトレードされたことで、合計PRは上位が大混戦になった。福本にわずか3点差で1位の張本は、70年に本書のMVPとなり、70・72〜74年の4回PV1位。他に複数回1位になった選手はいなかった。

　しかし、後半5年間はずっとセ・リーグにいた選手を年代MVPとしてよいものか。この間6回リーグ優勝、3回日本一と全盛時代を築いた阪急からは、2位に福本、6.6点差の3位に加藤、その他合わせて6人が20位以内。実際のMVPに3度輝いた山田は11位だった。福本は72・74年に本書のMVP、PV1位は一度もなかったが3位が4回。加藤は75・77・79年の3回MVPで、79年はPV1位だったが、3位以内はほかに75年だけ。両者の活躍度はほぼ互角だが、PVでは正確に評価できない守備力の差や、阪急黄金時代の象徴的存在だったことを考えると、70年代のMVPは福本だと考える。

1980−89 セ・リーグ

年代別MVP＝山本浩二
80年代通算PVトップ20

❶	山本浩二	広島	274.5	⓫	高橋慶彦	広島	172.2
❷	真弓明信	阪神	235.5	⓬	高木豊	大洋	162.0
❸	原辰徳	巨人	234.3	⓭	大野豊	広島	152.0
❹	岡田彰布	阪神	229.5	⓮	落合博満	中日	146.7
❺	R・バース	阪神	227.0	⓯	西本聖	巨人・中日	145.8
❻	掛布雅之	阪神	203.7	⓰	江川卓	巨人	142.8
❼	W・クロマティ	巨人	185.2	⓱	吉村禎章	巨人	138.6
❽	宇野勝	中日	173.9	⓲	C・ポンセ	大洋	136.8
❾	篠塚利夫	巨人	173.8	⓳	谷沢健一	中日	114.9
❿	杉浦享	ヤクルト	173.2	⓴	小松辰雄	中日	113.9

　80年代に優勝したのは巨人が4回、広島3回、中日2回、阪神1回。こうした状況を反映するように、60〜70年代の王のような絶対的な選手は不在で、本書のMVPも10年すべて異なる顔触れになった。山本は80・81年にPV1位、82・83年も2位。80年代前半では間違いなく最高の選手だった。86年を最後に引退したので合計PVは274.5にとどまったが、他に有力候補がいないこともあり、年代MVPとしていいだろう。

　2〜5位は8.5点の中に4人がひしめく。真弓は83年に1位のほか、10位以内が5回。原は81年に巨人に入団、次世代のプロ野球の顔と期待されたものの88年の3位が最高で、合計PVは岡田とほとんど変わらない。81〜85年に5年連続5位以内だった掛布は、86年以降急速に衰えてしまった。バースとクロマティはともに実働6年でトップ10入り。87年にロッテから中日に移籍し、セ・リーグには3年いただけの落合も14位にいる。

1980−89 パ・リーグ

年代別MVP = 落合博満

80年代通算PVトップ20

❶	落合博満	ロッテ	388.5	⓫	大石大二郎	近鉄	110.2
❷	門田博光	南海・オリックス	227.8	⓬	福本豊	阪急	108.1
❸	石毛宏典	西武	221.5	⓭	郭泰源	西武	99.8
❹	松永浩美	阪急/オリックス	162.8	⓮	D・デービス	近鉄	99.4
❺	ブーマー	阪急/オリックス	152.9	⓯	清原和博	西武	96.7
❻	東尾修	西武	139.0	⓰	阿波野秀幸	近鉄	91.9
❼	山田久志	阪急	125.7	⓱	渡辺久信	西武	91.2
❽	秋山幸二	西武	119.2	⓲	スティーブ	西武	80.4
❾	L・リー	ロッテ	114.5	⓳	村田兆治	ロッテ	79.2
❿	簑田浩二	阪急	110.7	⓴	松沼雅之	西武	78.9

　セ・リーグの山本同様、実働7年の落合が1位。2位門田に160.7点の大差だった。三冠王に輝いた82・85・86年に本書のMVP、81・84年もPV1位。セ・リーグ時代と合わせた10年間のPVは535.2で、60年代の野村、60・70年代の王に次ぐ高水準。年代MVPは彼以外にいない。

　優勝6回、日本一5回の最強軍団・西武からは、3位の石毛を筆頭に8人がランクイン。85年にレギュラーになった秋山、同年に台湾からやってきた郭は実質的に5年、その翌年に入団した清原は4年で、それぞれ8位・13位・15位。87年に近鉄に入団した阿波野は3年だけで16位。84年に優勝した阪急（89年からオリックス）も12位までに5人と、70年代のクォリティを維持していた。一方で81年に優勝、Aクラスも6回あった日本ハムからは、80年に木田、81年にソレイタが本書のMVPとなるも、年代を通じては1人も20位以内に入らなかった。一度もAクラスのなかった南海も、門田以外は誰もランクインしていない。

1990－99セ・リーグ

年代別MVP＝古田敦也
90年代通算PVトップ20

❶	R・ローズ	横浜	334.6	⓫	T・オマリー	阪神・ヤクルト	166.9
❷	古田敦也	ヤクルト	328.6	⓬	金本知憲	広島	147.3
❸	江藤智	広島	285.6	⓭	大豊泰昭	中日・阪神	146.5
❹	野村謙二郎	広島	262.6	⓮	緒方孝市	広島	140.1
❺	松井秀喜	巨人	256.1	⓯	A・パウエル	中日・阪神	134.0
❻	立浪和義	中日	214.9	⓰	J・ハウエル	ヤクルト・巨人	118.7
❼	池山隆寛	ヤクルト	196.4	⓱	G・ブラッグス	横浜	116.9
❽	前田智徳	広島	180.5	⓲	鈴木尚典	横浜	116.3
❾	斎藤雅樹	巨人	170.8	⓳	今中慎二	中日	111.7
❿	落合博満	中日・巨人	169.7	⓴	石井琢朗	横浜	107.3

　長く弱小球団に甘んじてきたヤクルトが、3度の日本一を含む4度のリーグ制覇。98年は横浜が38年ぶりに優勝した。合計PVもローズ・古田と両球団の選手が1・2位を占め、20位以内には合計8人が入った。本書のMVPは古田が3回、ローズが2回。外国人選手の年代1位はローズが唯一で、20位以内にも5人外国人がいる。PVはローズのほうが6.0点多いが、チームの優勝回数などを考慮に入れれば、年代MVPは古田だろう。
　優勝3回の巨人からは4人、生え抜きは松井と斎藤の2人だけ。10位の落合、16位のハウエルのように、FA制の導入などで自前の戦力を育てるより、他球団から引っ張ってくる安易な姿勢が目立ち始めた時期だった。広島では野村が2度本書のMVPになったほか、20位以内に江藤・前田・金本・緒方の5人が入っている。しかし投手が1人もいないように投打のバランスを欠き、優勝は91年の一度だけだった。

1990-99 パ・リーグ

年代別MVP＝イチロー

90年代通算PVトップ20

❶ イチロー	オリックス	291.4
❷ 吉永幸一郎	ダイエー	174.3
❸ 田中幸雄	日本ハム	146.0
❹ 清原和博	西武	143.5
❺ 秋山幸二	西武・ダイエー	137.5
❻ 工藤公康	西武・ダイエー	128.1
❼ T・ローズ	近鉄	117.6
❽ 堀幸一	ロッテ	116.5
❾ 松井稼頭央	西武	115.2
❿ 鈴木健	西武	106.9
⓫ 藤井康雄	オリックス	106.2
⓬ 石井浩郎	近鉄	106.0
⓭ 赤堀元之	近鉄	105.4
⓮ 潮崎哲也	西武	102.2
⓯ 小久保裕紀	ダイエー	94.4
⓰ 野茂英雄	近鉄	91.6
⓱ 片岡篤史	日本ハム	74.0
⓲ 城島健司	ダイエー	72.5
⓳ M・ウインタース	日本ハム	72.0
⓴ 石井丈裕	西武	70.9

　80年代に引き続き西武が強さを発揮し、90～94年の5連覇を含む7度の優勝。本書のMVPも郭、秋山、工藤、鈴木、松井と5人が一度ずつ受賞し、年代合計のPVでも5人が10位以内、7人が20位以内に入った。90年代のトッププレーヤーはもちろんイチロー。94～96年は実際のMVPと同時に本書のMVPも受賞。実質デビューは94年からでも、2位吉永に117.1点の大差をつけた。

　この時期はパ・リーグの選手の小粒化と、FAでのセ・リーグ移籍（清原）やメジャーへの流出（野茂）が同時に進み始め、また外国人選手でランクインしたのもローズとウインタースの2人と、優秀な選手が来なくなっていた。そのため、イチロー以外に200点以上のPVを積み上げた選手は皆無。吉永は93・96年に2位、10位以内が5回。3位の田中も98年の2位を最高として3回5位以内に入ったが、両者ともそこまでの好成績だった印象はないかもしれない。

2000-09セ・リーグ

年代別MVP＝金本知憲
2000年代通算PVトップ20

❶	金本知憲	広島・阪神	363.3	⓫	T・ウッズ	横浜・中日	152.3
❷	阿部慎之助	巨人	336.1	⓬	村田修一	横浜	140.1
❸	福留孝介	中日	314.5	⓭	矢野輝弘	中日・阪神	131.1
❹	松井秀喜	巨人	243.6	⓮	二岡智宏	巨人	118.3
❺	R・ペタジーニ	ヤクルト・巨人	231.1	⓯	岩瀬仁紀	中日	118.3
❻	岩村明憲	ヤクルト	198.2	⓰	上原浩治	巨人	116.9
❼	高橋由伸	巨人	197.5	⓱	藤川球児	阪神	116.9
❽	A・ラミレス	ヤクルト・巨人	179.0	⓲	G・ラロッカ	広島	116.2
❾	青木宣親	ヤクルト	169.4	⓳	井川慶	阪神	113.3
❿	古田敦也	ヤクルト	164.6	⓴	井端弘和	中日	109.4

　複数回本書のMVPとなったのは松井（2000・02年）だけ。03年からアメリカへ行ってしまったので実働は3年に過ぎないが、それでも4位に入り、年平均のPVは81.2。2000年代最高の選手だったのは間違いないけれども、実働年数が少なすぎる。年代MVPは合計PVが最多の363.3で、05年にMVPとなった金本だろう。3位の福留、6位の岩村も全盛期にメジャーへ移籍しており、日本に残っていればもっと上位だったはず。01年のMVPに選んだペタジーニも、04年までの5年だけで5位だった。

　ヤクルトは優勝が01年だけだったにもかかわらず、トップ10に5人を送り込んだ。優勝5回の巨人からは7人。90年代は好選手が数多く輩出した広島は2人と、チームの低迷状態を反映する結果だった。上位14名は全員打者で、7位まですべて左打者。投手は15位岩瀬の118.3が最多PVで、他のどの年代よりも少なく、2000年代のセ・リーグが明らかに打者上位だったことを示している。

2000−09パ・リーグ

年代別MVP＝松中信彦
2000年代通算PVトップ20

❶	松中信彦	ダイエー/SB	301.8	⓫	ダルビッシュ有	日本ハム	149.6
❷	A・カブレラ	西武・オリックス	298.0	⓬	中村紀洋	近鉄・オリックス	146.7
❸	小笠原道大	日本ハム	286.0	⓭	杉内俊哉	ダイエー/SB	131.6
❹	城島健司	ダイエー/SB	265.0	⓮	稲葉篤紀	日本ハム	120.5
❺	T・ローズ	近鉄・オリックス	234.1	⓯	里崎智也	ロッテ	117.8
❻	松井稼頭央	西武	230.2	⓰	J・フェルナンデス	ロッテほか	104.5
❼	和田一浩	西武	196.1	⓱	小久保裕紀	ダイエー/SB	102.3
❽	中島裕之	西武	189.2	⓲	岩隈久志	近鉄・楽天	97.1
❾	井口資仁	ダイエー/SB	179.5	⓳	西岡剛	ロッテ	92.7
❿	松坂大輔	西武	169.6	⓴	斉藤和巳	ダイエー/SB	91.5

　西武と日本ハムが3回ずつ優勝したが、合計PVの10位以内に西武が5人いるのに対し、日本ハムは3位の小笠原だけ。小笠原は07年に巨人へFA移籍、11位のダルビッシュはデビューが05年、14位の稲葉も同じく05年にヤクルトから移籍してきて、2000年代を通じて日本ハムで活躍した選手がいなかったのが理由だ。ホークスの優勝は2回だけでも、04・05年はペナントレース1位。プレーオフで引っくり返されていたので、実質的には優勝4回に相当する。ランキングでも1位の松中を筆頭に6人が顔を出していて、戦力の充実度がはっきり見てとれる。
　セ・リーグと同じく、キャリアの途中でアメリカへ渡った選手が多く、10位以内だけでも城島・松井・井口・松坂の4人。2000・02年に本書のMVPだった松井は、03年までにPV230.2を稼ぎ出したが、4年いただけの選手を年代MVPとはしづらいので、その栄誉は松中に与えるべきだろう。

2010−14 セ・リーグ

年代別MVP＝阿部慎之助
2010年代通算PVトップ20

❶	阿部慎之助	巨人	309.0	⓫	梵英心	広島	68.4
❷	鳥谷敬	阪神	188.1	⓬	青木宣親	ヤクルト	67.8
❸	W・バレンティン	ヤクルト	187.5	⓭	丸佳浩	広島	67.8
❹	坂本勇人	巨人	159.1	⓮	内海哲也	巨人	60.9
❺	前田健太	広島	149.4	⓯	山口鉄也	巨人	60.5
❻	和田一浩	中日	111.0	⓰	川端慎吾	ヤクルト	59.4
❼	長野久義	巨人	108.7	⓱	A・ラミレス	巨人・DeNA	56.4
❽	M・マートン	阪神	91.8	⓲	浅尾拓也	中日	55.0
❾	T・ブランコ	中日・DeNA	87.5	⓳	森野将彦	中日	53.6
❿	山田哲人	ヤクルト	79.3	⓴	吉見一起	中日	53.3

　2010年代前半は、わずか5年で300点台に乗せた阿部以外に年代MVPは考えられない。00年代も1位の金本に僅差の2位だったが、この5年間は2位鳥谷・3位バレンティンに100点以上も差をつけた。PVは10・12年に1位、11・13年も2位。だが14年は大きく成績を落としており、10年代が終わる頃には1位から転落しているかもしれない。5位の前田もメジャー移籍が予想されていて、最終的に1位となるのは現在2位の鳥谷か4位の坂本ではないだろうか。

　12〜14年に3連覇した巨人勢が20人中6人、10〜11年優勝の中日も5人を送り込んでいるが、この間Aクラスが1度だけのヤクルトからも4人が食い込んだ。山田はほぼ1年だけの活躍でトップ10入り、メジャーへ移籍した青木も2年だけで12位。投手では前田がPV149.4で、2番目に多い内海を88.5点も上回っており、この年代のリーグ最強投手であることを証明している。

2010-14 パ・リーグ

年代別MVP＝糸井嘉男

2010年代通算PVトップ20

❶	糸井嘉男	日本ハム・オリックス	179.3	⓫	松田宣浩	ソフトバンク	66.9
❷	田中将大	楽天	143.4	⓬	田中賢介	日本ハム	60.5
❸	中島裕之	西武	124.5	⓭	西岡剛	ロッテ	59.7
❹	井口資仁	ロッテ	100.9	⓮	柳田悠岐	ソフトバンク	55.9
❺	金子千尋	オリックス	100.8	⓯	陽岱鋼	日本ハム	51.7
❻	中村剛也	西武	96.5	⓰	A・バルディリス	オリックス	50.6
❼	ダルビッシュ有	日本ハム	87.5	⓱	平野佳寿	オリックス	50.5
❽	内川聖一	ソフトバンク	79.5	⓲	攝津正	ソフトバンク	47.4
❾	長谷川勇也	ソフトバンク	73.6	⓳	浅村栄斗	西武	46.4
❿	栗山巧	西武	72.1	⓴	松井稼頭央	楽天	46.2

　13年まで1位だった田中将を、14年に糸井が追い抜いて10年代前半のMVPとなった。年度別のPV順位は7→4→2→5→1位と上位で安定している。ただセ・リーグの阿部ほどには、2位以下との差は開いていない。田中将のPV順位は12→2→5→1位で、もう1年日本に残っていたら糸井といい勝負だったかもしれない。メジャー移籍組では、3年プレイしただけの中島が3位。ダルビッシュは2年だけで7位、西岡は1年だけで13位。田中将、12位の田中賢と合わせて5人がメジャーに移り、逆にアメリカ帰りの井口と松井も顔を覗かせている。

　その一方で、外国人選手は16位のバルディリスのみ。パ・リーグではレインズだけだった50年代以来のことで、トップ10にバレンティンら3人が入っているセ・リーグとは大きな違いだ。投手が多いのも特徴で、10位以内に3人（田中将、金子、ダルビッシュ）がランクインしている。

出野哲也（いでの・てつや）

1970年、東京都生まれ。メジャー・リーグ専門誌『スラッガー』で「MLB歴史が動いた日」「殿堂入りしていない英雄列伝」などの連載ほか、MVPやサイ・ヤング賞の受賞予想・分析を長年行なっている。『プロ野球 最強選手ランキング』『プロ野球 背番号を楽しむ小事典』（以上彩流社）『改訂新版 メジャー・リーグ人名事典』（言視舎）などの著書のほか、『野球小僧remix』シリーズ（白夜書房）『プロ野球オール写真選手名鑑』（日本スポーツ企画出版社）などに寄稿している。

装丁………佐々木正見
DTP制作………小牧昇
編集協力………田中はるか

言視BOOKS
プロ野球　埋もれたMVPを発掘する本
【1950-2014】

発行日❖2015年2月28日　初版第1刷

著者
出野哲也

発行者
杉山尚次

発行所
株式会社 言視舎
東京都千代田区富士見2-2-2 〒102-0071
電話03-3234-5997　FAX 03-3234-5957
http://www.s-pn.jp/

印刷・製本
中央精版印刷(株)

©Tetsuya Ideno, 2015, Printed in Japan
ISBN978-4-86565-011-2 C0375